非常生长——校园里的那些人和事

施会华◎著

线装书局

图书在版编目（CIP）数据

非常生长 ：校园里的那些人和事/施会华著. --
北京：线装书局，2024.1
ISBN 978-7-5120-5841-5

Ⅰ.①非… Ⅱ.①施… Ⅲ.①小学教育－文集 Ⅳ.
①G62-53

中国国家版本馆 CIP 数据核字（2024）第 034884 号

非常生长：校园里的那些人和事
FEICHANG SHENGZHANG:XIAOYUAN LI DE NAXIE REN HE SHI

作　　者：施会华
责任编辑：林　菲
出版发行：线装書局
　　　　　地　址：北京市丰台区方庄日月天地大厦 B 座 17 层（100078）
　　　　　电　话：010-58077126（发行部）010-58076938（总编室）
　　　　　网　址：www.zgxzsj.com
经　　销：新华书店
印　　制：北京四海锦诚印刷技术有限公司
开　　本：787mm×1092mm　　1/16
印　　张：12.25
字　　数：258千字
版　　次：2024年1月第1版第1次印刷
定　　价：88.00元

线装书局官方微信

目　录

作者自述

写一本书的宏愿，一部分来自功利性的需要——教育战线上的竞争充满着对"荣誉"的渴望，依靠荣誉的堆砌证明一位教师的合格加特长，后一个荣誉需要前面的荣誉叠加证明优秀。自带光环的人少有选择当老师，选择在一线当教师的人捆绑着职称与声望，最有利的应该是所教儿童的成长，可惜此证明方式不可以数字确定也不能及时佐证。于是，许许多多教育上的"能师"发展路径大同小异，进入教师职业想成为名师从文章发表开始，挣得自己专业的第一桶金，随后鲜花掌声常常环绕，荣誉利益集中选择了这少数人，教育资源分配就是这样选择了经济学规律。

叶圣陶先生说，世界上有许多怀着理想的人被称为傻子，您对教育自有一套理想，很可能立刻取得傻子的徽号。但这是多么可爱多么不容易取得的徽号啊！支教校长走下来，如果没有真正的教育情怀，或许会走得很累很苦；一份看起来虚无缥缈的教育理想，以及师生成长带来的荣誉感，让我真正体会到为人师的光荣。我的身上有一些泰山山人的狡黠和笨拙，依然用一句话砥砺自己——无论贫贱富足还是平凡伟大，安守一份教育初心，斯世足矣。

出生在泰山西麓，有人说水质硬的地方说话比较"zhou"（说话艮让人难以接受的意思），就把亲身经历充当唯一的资本，再试图把真话说得好听一点，虽然对我是一件不容易的事儿，站在自我这个主观的角度上去看去判断，写下来，一份记录，一个交代，展现真实的内心而又觉文字不够激情，脱不了俗套，就像英国小说家毛姆在《月亮与六便士》中写道"那些讲些豪言壮语的人，好像觉得这些话无比新颖，其实过去先人们早讲过一百多遍了，腔调都很少改变过，钟摆来回游荡，往复循环，那个圆圈从来都在重新启动。"如何选择不至于跌入无趣的境地？我选择绝对坦诚地讲述，直面自己对不住，坦然面对自己的低段，讲真话、办真事、述衷肠。人生就像一张有去无回的单车票，没有彩排，每一场都是现场直播，把握好每次演出便是最好的珍惜。

做白手起家的新校校长，虽然只有短短的一千多天，以学术品格影响，智慧管理引领，一路走来筚路蓝缕、绽放铅华，从弱小到茁壮，教育教学事业开枝散叶、内涵发展，实现了跨越式发展。老师们一路簇拥，一路砥砺，一路相随，一个个向上向善的故事，一段段记载着教育情怀的人缘。"扮演"支教校长角色的三年半，手里没有鞭子只有一面旗子，旗子上写着：教育情怀。

第一章　非常校长

第一节　新学校的出发与使命

城市依山而建，自泰山向南向东西延伸布局。新区地处泰安城市南部，属于正在规划发展中的新城区。一所占地五十亩设计规模 36 个教学班的小学 2017 年 6 月底建成了，尽管对照当初计划晚了一年时间，校园里依然有没撤走的装备，遍地的泥泞，且没有一名正式工作人员。央企背景的房地产公司，尝到了在别处嫁接名校成功办学吸粉的甜头，他们先调研了当地老百姓心目中的名牌学校，为了吸引客户买房，从工程奠基之前即大造声势。当地老百姓知道被称为"北实小"的学校将派出一名执行校长，以及若干骨干教师，复制一所优质学校。

二十年前，年轻敢干的一位学弟改行去做"承包"办学校的大业，调动一些在我看来莫名其妙的巨额资金，把一所高校的民办教育资质买断自行招生办学，有点蛇吞象的样子。当时学弟认为——你做不了全国优秀教师，顶多在专业上冲到省里就不错了。自己的虚荣心没有谦虚地去问一下为什么有这个断语，或是在说不管从事什么职业有些天生注定的成分会决定一个人可以摸到多高的天花板，仅仅靠勤奋很难突破呢？从那到现在一直在这所学校还在做着小学教育工作，从班主任、中层干部到副校长，没动过地方，也非常舒服地保持着往前走的状态，享受着确定性的生活。回想起来，那时面对学弟的不安分内心有点不以为然，端着铁饭碗何必下海翻出点浪花来？这一种狭隘的优越感，让我麻醉。

怎么就做了这个"承包"学校的校长呢？我们选择做一件事或者不做一件事往往来自认知基础上的选择，比如我饿了，新鲜的食物让我愿意选择，看起来糟糕的食物会让我克制饥饿选择忍耐。因此，开始给我谈"外放"二十多里外的开发区任执行校长的时候，我的认知上是否定的。首先，其他学校合作办学的经验是安排中层干部去任校长，作为副校长的虚荣心显得这样的安排令人灰心；其次，以前诸多前人外放经历表明，所有出去的和尚被视为云游四方，影响在本庙的威信；再次，"输出经验支援别人"听上去高大上，其实属于寄人篱下两头不爱，这种滋味不好受，"过来人"都这样劝说。

改变一个人认知的理由千奇百怪。一位同事四十岁之前没怎么喝过茶，据她说主要是怕喝了茶睡不着觉，哪怕是早上喝茶都会影响晚上的睡眠。一次，在家里打扫卫生，发现隔夜茶倒进马桶，居然把上面残留的油渍清除了，她联想到体内的宿便不就是类似油渍的东西吧，这样来说喝茶对于健康一定有用。第一，我们不知道她看到的现象是否就是她相

信了的现象；第二，或许她的这个推理过程很不科学，但是她信了，而且改变了以往认知。从此，她爱喝茶了。

对担任支教校长认知上的改变说起来很有意思。起初上司在前面的动员主要是晓之以理寓之以义：我们学校和高新区有协议，是市政府领导牵的线，教育局主要领导定的调子把学校办好，安排一名副校长任校长。还说过，班子八个人就你年轻，你不去谁去呢？既有循循善诱讲大局，又有陈述厉害讲政治。我自己一直都没有说服我自己，怎么能去选择大家口中的"种好别人的田荒了自己的地"这样的傻事儿。后来，领导的一句话打动了我——去吧，可以实现自己的教育理想。今天看来，属于白日做梦一般的自欺吧，或许像文人的空想，或许那些精致的利己主义者认为的蠢。

高新区被规划为泰城的副城区，城市化建设的速度快，各类社会保障设施完善起来，医院、学校等两年就能规划、建成使用，龙泉路上几年前看不到几辆车，现在随时可能遭遇堵车。但人的城市化却是一个漫长的过程，首先是文明素质和精神境界需要提升，其次是现代社会治理体系的建设和调控作用，需要整个区域的效能提升。产业发展迅速与民生事业发展滞后形成鲜明对比，新区的百姓从城乡接合部到新城区的定位，硬件达到城市的标准，人的素质尚未具备城市人的文明程度。这一点从几年的家校联系中感受比较明显。多数当地老百姓以坐地户自居，动辄就拿"学校占的是原来俺村的地，上个学理所应当"来说事。有的村干部用堵校门来威胁，有的老太太因为放学时间晚了站在校门外破口大骂，有的家长拳打脚踢"解决"孩子的上学恐惧……

面对的教师队伍状况什么样子呢？部分来自新区的原教师，受到以前学校管理的影响，专业性不强、理念陈旧、积极性不高、缺少创新意识。记得第一批十五位教师报到的时候，都是耷拉着脸硬着头皮来的，有一位男老师穿着大裤衩小背心，有的女老师一直在低头叹气，或许在原单位也有诸多不满意，但是面对新学校新岗位的不确定感更加委屈迷茫。还有，新区教育主管部门建制不全，只有三个正式干部，其他人员都是借调的学校教师或乡镇干部，缺乏专业领军的骨干力量，考试指挥棒替代研究指导也是无奈之举。

名利限制想象，降低心灵的高度，纯粹的利己主义者做不了有益师生的好校长。校长的官德，看他为成就谁而领导。且不说老师经常拿校长当"牌位"压服家长、吓唬儿童，有的校长把自己当成握有生杀大权的最高首长。在一场各界人士参加的饭局，校长通常都能混个上座，即使有从政者级别高或是事业成功者财力雄厚，但凡有点儿层次的人物也到乐于谦让"校长"端坐首位，"校长"身份让校长和所有人有一种尊师重教的虚荣感，既不失请客人的面子也不伤主要宾客的脸面。然而，校长千万不要把自己当成"领导"。特别是像我这样以支教身份脚踩两只船的校长，手中无权，多靠魅力。

教人者，成人之长，去人之短也。适合自己的才是最好的，"自己的"就是本地较好的实验，校长既要有战略思维，又要有战术思维；既要善于做基础性的工作，又要能俯下身子做接地气的事儿。心中有理想，手中有武器；脑子里有远方，眼中有细节；既能站在一域谋全局，又能围绕大局做精细。

新校新立，人心散乱，不能拿起制度和管理的鞭子吓唬甚至把人赶跑，而要竖起聚集人心的旗子，让人感到温暖、看到希望。这面旗子上写着：让每一个孩子享有公平而有质量的教育。让所有教师过一种幸福完整的教育生活，让孩子享受教育的幸福完整。

第二节　老师的老师

师者，长也。校长，一校之"长"也。校长是学校的灵魂，是"教师的教师，师生的楷模"。在我心目中，最像校长的模样是蔡元培先生，为民族为学校弘毅担当而又不拘雅俗不唯主义，有人把他与孔子作比，以为然。陶行知也做过校长，为教育做而更名，让西方教育的种子开出东方文化的花朵，他的伟大是基于思想家更是教育改革实践的行动家，需要基础教育工作者不断地研究诚心诚意学习践行。叶圣陶先生著述的教育箴言，读后的感觉像某品牌广告语——真诚到永远。真诚，是人与人交往的基础，如果要交到知心人，那是要真诚以对，如果泛泛之交那就泛泛真诚。对儿童，对儿童教育，真诚绝不可少，当以赤子之心坦然待赤子，哪怕一点点的虚情假意，在儿童那里都会带去一份惊扰，使其疏远，让教育无效。

校长真诚对教师，教师真诚待儿童。校长先为教师做榜样，教师再为人师表，这样才有健康的学校生态。管理学大师韦尔奇说，"成为领导之前，成功就在于完善自己；成为领导之后，成功就在于推动他人成长。"上好道德与法治课，让孩子们喜欢，又从中积累了教学研究的素材。经常随堂听课，与不同学科教师研究教法学法，分析学情和教师个性专长，科学认识课堂得失，具有了理性思考的环境，在互动交流中建立了关系链接。每当给老师鼓劲指导，看到老师们的变化有一种满满的成就感。

校长至少每日"三省"都不够，要时时事事小心谨慎，才能从境界和学养上确保火车头的领先位置。修身就像给自我架设一道道安全防护。晏子（婴）谓曾子曰："今夫车轮，山之直木也。良匠揉之，其圜中规，虽有槁暴，不复赢矣。故君子慎隐揉。和氏之璧，井里之困也。良工修之，则为存国之宝也，故君子慎所修。"君子修身像古代木工制

作车轮一样，慢慢地雕凿，平常看不出效果，等到东西做成功了，效果就出来了，到这时候，才看出成绩。所谓"慎隐揉"，就是慢慢地、渐渐地、静静地、不急躁地去做。人生的学问道德修养，不是一下子变好的。

日本"无赖派"文学大师太宰治的《蟋蟀》，用妻子的口吻刻画了一位"神奇地获得了成功"的画家丈夫，"要么一言不发，要么只会模仿别人的话。"突然成名后的画家在妻子看来，并无寂寂无名时候的真实可爱，外在的名利把人变得像"蟋蟀"一样叫声嘹亮而心理阴暗的虫子。有的校长一年到头读不了一本书，即使读书也是为了某个目的，希望速成一些东西吧。因为学校的光环也可以到处介绍办学经验，发表改革宏论。更让人赞佩的是，分明一些人教学的时候一塌糊涂，讲起理论来却能滔滔不绝，发人深省。另一位某老师，同事们私下会叫他"人精"老师。用学校现有的制度去评价，他总能得"优秀老师"，学校评价体系中哪样工作记分他就做哪样。在一定时间段，他主动上公开课优质课，什么公开课都上，那个学年上公开课可以累积量化分数。其他的家长会、对特殊儿童的关注谈心等工作，难以量化的部分就没有多大动静了。与此同时，同一组的老师上课积极性并不高，大家不争的自觉性很强。另一个方面，他做学生心理工作和家长沟通工作积极性很低，看上去这就是学校里的"两面人"，赤裸裸地功利化损害了一些本分人的默默和奉献。教育领域若干年就能冒出"蟋蟀"，穿越回来领导改革或者偷取发展的成果，看起来与太宰治描写的画家相似，享受着成功的福利，在背后贬低着实干者的迂腐与落伍。

从教二十多年，从青年到中年，像很多人一样觉着看到了事业的天花板，内心虽有不甘，现实就像鞭子——抽了前胸打后背，专治各种"不服"，后来，渐渐心气平和了，做好该做的事儿，努力去做能做的事儿，感受这个世界给予的境遇，体验生命平凡不平庸的历程，问：夫复何求？有位师兄却有感而发：一百个副校长都顶不上一位正校长。在其位谋其政，在其位看到的风景不一样，感慨也该不同了。当校长就像做大户人家的总管。啥都管，啥说了都不算。难题要解决，解决不了难题可能总管就被解决。总管也有不能管的事儿，管不了要及时上交，哪怕有后果也是人家主人的事儿。

"成就他人，成就事业，成就自己。"没有生来如此的圣人，在人性决绝淬炼与生存方式的拷问中修正出来的一块玉石。做了一个"承包"学校的校长，坚持读书和坚持听课研讨，在我本心与自我舒适区隔离，不让自己在周围冒出来的敬畏和奉承中迷惘。学校里，说话的分量与理解老师熟悉儿童的程度正相关。其实，很多校长不是不懂，这是一条辛苦无趣的路径，少有人愿意走。做校长总是比普通老师掌握的资源多，一层楼有一层的风光，尤其校长手里掌握着自我封赏的法术，捷径很多，很多人走得顺利，走上来站在一起的人毕竟少，且没有必要告诉底下楼层的观众。"星星的光亮尽管微弱，但它的光辉永远

不会熄灭，它为周围的一切带来了希望之光。"决不可随意决策。一旦决策产生，所产生的后果涉及至少三方来承担：决策者、被决策者和决策者的上级。一决策一责任，决策结束，责任总在。人性不可随意戳破，就像医生不要随意揭开待愈合的伤口，除非要清理后重新包扎。暴露矛盾和揭开疮疤一样，要在能够把控的前提下，否则只能造成被动或伤害。

第三节　激活儿童的"学志"

2017 年首招儿童 560 人，400 多名一年级新生，另外为解决原学校大班额问题转入 150 名二三年级儿童，分流过来的。分，却不是平等的分，其中绝大部分都是在原班级"后十名"的儿童，被劝导，被说服，他们最终离开了原来的班级，加入了"分流"的群体中。这样一种分流生源的状况，是万境水岸小学所意想不到的。传言说来的都是"差生"，来的都是人家不要的儿童，传到老师的耳朵里，于是有的开始建议校长拒绝这样的儿童过来，与原学校交涉"退货"，担心影响学校的办学质量。校长施会华没有采纳意见——义务教育阶段，哪能有教师舍弃不要的儿童呢？怎能放弃对每一个孩子公平地实施教育呢？他们何尝不是期待在新的环境获得新的成长呢？不论是新的一年级，还是分流来的四个班，在万境水岸小学，都将是北实小的儿童，都是崭新的开始。

一视同仁，专心培育，激发儿童的学志。让儿童喜欢学校，首先要有儿童喜欢的老师。亲和力强，业务能力突出、带班经验丰富的北实小支教团队，指导带领新入职教师聚焦课堂，专心育人。教师们焕发着活力，在很短的时间里消除了儿童的陌生感、距离感，让他们重新感受到学习的快乐，校园的欢乐。曾经打过老师、骂过家长的家皓同学，来到半年彻底改掉骂人打架的陋习，担当班级节目主持人、加入学校足球队等，让人刮目相看。曾经因落后而沉默、失落的志远、平安等十多人，在课堂上逐渐打开了话语，新的班级、新的老师让他们萌生了亲切的归属感和接纳力。曾经日常测验 20 分、50 分、70 分的二十多名学生，经过新的学习和成长，自信地步入 80 分、90 分的行列。面对一个个富有朝气的新老教师，儿童在富有人文气息的课堂中重拾自信，学习的热情得到了唤醒，"差别"的长度逐渐缩短，学习的意志与斗志在这里被激发。

开发课程，创设活动，让儿童快乐绽放。秉承北实小的课程开发和育人理念，学校精准着眼于儿童个性发展，着力打造特色社团课程、研学课程，满足选择万境水岸的每一位

儿童全面发展的需求，特别是注重发挥设施设备优势，依托三点半课程开设，建立了足球、网球、游泳、围棋、创客、陶艺、舞蹈等儿童社团，以艺体、文化课程为导线，搭建全员体验平台，丰富课内外文化生活。组织"祖国记心中"合唱比赛、经典诵读、书法比赛、科普讲座、庆六一大型文艺会演等丰富多彩的活动，引领式设计开展了"重阳美德研学""清明红色研学""力明国医研学""博物馆奇妙课馆学课程"等研学项目，多门类课程覆盖全体师生，素质教育在这里全面开花结果，孩子们开阔了眼界，感受着快乐，也收获了进步的喜悦。

引导家庭，关注心灵，给童年美好的留痕。家长对学校赋予高度期待，也同时要对自己赋予更高的责任。通过调查了解，现有儿童家庭中，有不少家庭存在教育方式粗暴、家庭教育缺失等问题。这些成为导致儿童习惯不良、学习动力不足、成绩不佳的重要因素。为了减少这些羁绊儿童成长的思想认识障碍，学校定期举办家庭教育讲堂，开设心理讲座等，让家长培训既是课又是窗，联通了家校对话，传递了教育新思考，使学校育人理念更容易直达家长。逐渐引人的家长义教课程，日渐成熟的家长护学机制等，让家长融入学校教育的频度一年比一年大，改变了影响成长的力量组成，让每一个孩子更加乐于融入家庭，更加懂得体味社会，童年的过程留下深刻的教育痕迹。

第四节　唤醒教师的"师心"

校长面对教师群体出现的"逆行者"，首先摈弃歧视与偏见，不可以成见论长短，以坦诚应对代价最低，要相信绝大多数内心是希望"用心工作、服务儿童成长"，只不过我辈皆凡人，得有外部力量不断唤起本真的"师心"。

教师是人类文明信念的守望者，共享经验提升教师道德素养。宋代刘义庆曾说过"百行以德为首"。为人师者，更要有"德"，这个"德"是"大德""公德"，大德就是《管子》和《礼记》等著作中推崇的品德高尚、品行端正；公德就是"公共道德"。对工作、对岗位、对上级要求，赞成不赞成、拥护不拥护、积极不积极、尽心不尽心，这就是态度的差别。态度差别一点点，工作效果的差距就是一大块儿。例如，打扫各办公室卫生这项工作，简单而又重复，细小而又琐碎，不管哪个同志如果把这件事周而复始地做好，那就真叫不简单，天天做而且每次都精心，就说明对这件工作的态度端正，工作精神敬业。如果做起来朝秦暮楚、得过且过，那一定从认识上就觉得这项工作不值得做，或者认为做好

与否并不重要，这样不端正的态度就会有令人失望的后果。

古语道："亲其师，信其道"，教师，是否应在努力研究课程的基础上，在新时期的课堂教学、课程改革中，最大化地提高学科教学效率，发挥学科教育作用，更应不断提高自身素养，树立职业理想，建立育人的大格局观，真正把我们的儿童培养成有道德、有素养的公民。

一问：是否点亮职业理想的灯，在经济大潮中不迷茫。

《晋书·文苑列传》中讲："玉生虽丽，光不逾把。德积虽微，道映天下"。教书易，育人难。育人之难就在于更需要我们教育者全身心地投入教育，它需要付出极大的努力，花费很多心血，甚至要迎接现实的考验，抵制各种诱惑，而又见效不快，稽考不力。

经济社会的发展，带来前所未有的物欲和心理冲击，许多教师在市场经济环境中，在社会不良风气的影响下，或只注重物质现实的追求而忽略自身师德的修养，或重利忘义、逐名趋势而异化教书育人的本职，甚至丧失了为人的底线，触犯法律的也时有发生：体罚、变相体罚现象屡禁不止，有偿家教之风屡见不鲜……作为承载着道德教育重任的品生品社，教师能不能点亮职业理想的灯，在经济大潮中不迷茫？

一个有血有肉的教师要坚守自己的理想，做有思想的教师，做教育的思想者。这就需要我们确立无私的职业理想，坚守"大德"，满怀教育真情，实现对儿童真实生活的正确理解和有效指导，我们的教育才能实现从"专业技术"到"职业艺术"的飞升，从而真正享受教育的乐趣，体验为人师的幸福。

二问：是否坚守社会主义核心价值下的师德。

自古以来，我们习惯于遵循道德评价的最高标准——圣人言，如《论语》《三字经》《孝经》《道德经》等等。我们靠什么来维护这样的道德秩序？主要是家法和乡约。但是近现代社会的发展，"颠覆"着这样的"道德秩序"，比如小说《白鹿原》所描写的就是在近现代历次运动中被撕裂、焚毁的封建的道德秩序。当今社会，政治、经济文明的高度发展也证明，中华文明几千年来的道德秩序与道德约束原来可深入到基层的管理体系，现在岌岌可危。我们需要在继承中发扬其精华，在与时俱进中建立科学崇高的道德信仰和道德秩序，这就需要我们遵循社会主义核心价值观，依靠社会主义核心价值凝聚人心，凝聚离散的灵魂。

作为思政课教师，我经常能从自己的经历中找到与儿童讨论的话题，这个学习的过程，能通过很真实的社会生活，教育我们，更牢固树立社会主义核心价值观，遵循社会主义核心价值指导下的师德，以德施教，以德育人，并且有自己独立自主的价值追求和理想，有自己的职业担当。

三问：是否超越自我，保持淡泊名利的心态和安心笃定的生活态度。

物质生活的丰富带来人心的浮躁，这不是某个人、某个群体一时一地的浮躁，而是集体无意识的浮躁。用香港文人梁文道的话说："这是一个急躁而喧嚣的时代，我们就像住在一个闹腾腾的房子里，每一个人都放大了喉咙喊叫……这是每个人都要说话但没有人想听的年代"。人们急于表达，渴望成功，甚至无法忍受成功的过程来得过慢，一切都要趁早，出名、赚钱、晋升、买房子……作为一名品社教师，我们能不能超越自我，保持淡泊名利的心态和安心笃定的生活态度？

教师之"德"既是为师之道，又是教人之术。因此，真正的教师首先一定是淡泊的、淡定的，唯有淡泊名利，才能自有定力，从而拒绝一切诱惑，并永远保持教育的公心和自身思想、人格的独立。其次，真正的教师是积极入世的，海德格尔曾说：诗意地栖居在大地上，除了坚守理想、淡泊名利，保持人格的高尚与浪漫，还要脚踏实地积极生活，正如钱理群教授认为还要做"常识的捍卫者"，这个"常识"，笔者认为是做儿童积极生活行为的诱导者。

古语"桃李不言下自成蹊"，教师高尚的道德、阳光的心态与积极的生活姿态往往是无形的教育力量，对儿童的影响更大。当然置身这样喧嚣而聒噪的环境，静心教书，保持淡泊名利的心态和安心笃定的生活态度确实需要定力，而这种定力来自坚定的教育信念和职业操守。

四问：是否能从儿童身上汲取力量。

古人云：教学相长。意思再明了不过：通过教学，不但儿童得到进步，教师也得到提高。的确，传道解惑，授业育人，我们既是知识与文明的传播者、思想与智慧的启迪者，又何尝不是一个受益匪浅者呢？儿童们每时每刻都在用他们的言行影响着我们的职业生活，我们能不能从儿童身上汲取力量？

教育的本真是"开启心智，传播伦理"，即以德育人，以教养德。苏格拉底、柏拉图等哲学大师以学为乐，以学习的园地为欢乐的家园；孔子弟子三千，游学为主，杏坛设教，其乐融融，这都给人无限的启迪。从儿童身上汲取力量来源于科学崇高的教育观、儿童观和教师自身的真诚、纯粹。

《沙乡年鉴》中"对于事物这一类不可估量的本质，一位哲学家称之为'灵魂'。它恰好与'现象'形成了鲜明对比，后者是可计量、可预测的，哪怕是一颗星辰在最遥远处的闪烁和转动。"新校发展中改变着灵魂，集体会议学习、主题教育、活动教育、培训研究等形式，加强了教师学习，也在一事一事的共处中，坦诚地交换看法，更有以身示范的担当和奉献，逐渐得到绝大多数教师的理解、认同和跟随。

理性对话，触摸教师内心发展愿望。专设"悦谈室"——悦谈，顾名思义，敞开对话，坦诚沟通，相互倾听，愉快交流。与老师面对面坐下来，聊天式的会面，消除疑虑和顾忌，保护隐私和自尊，打开一扇平等对话的门。评优落选的事儿能讲得明白、透彻；严肃批评的问题能说得信服、在理；产生误会的地方、不曾表达的困惑，都能在一对一谈话中赢得理解、体谅。一句"既往不咎，专心育人"，让教师感受到校长的包容。一句"盼望尊重，期待认可"，教师向善向好的本心坦诚表露。一句"淡泊名利，宁静致远"，警示着教师远离功利主义、享乐主义的牵绊，回归教育本真与朴素，回归渴望发展的真实愿望，在新的岗位和环境中努力实现。针对不同特点的教师"对症开方"，一把钥匙开一把锁，把这些教师拉回到的明确航向上来。

制定标准，明确教师成长评价准则。没有哪一片树叶是与其它完全相同的，所有的老师都因他们自身的个性而自然存在。因此，管理团队针对不同教师特点制定了不同的成长指标与评价准则——行为懒散的看工作态度转变如何，个性突出的看业务能力施展如何，成绩平平的看学习、认识进步情况。为跟进督促，我们围绕教师成长话题，定期召开支委会专题会，合议师德师风、教学教研、主题活动等常规工作成效，掌握教师成长动态，定位教师成长需求，跟进辅导的助力，给予他们持续不断地关注和帮助，促进教师工作有动力、学习有榜样、成长有目标。教师研究共同体、儿童成长指导部等新型育人团队，不仅仅是一种概念，更是一种实实在在地行动，多一份教育力量才有多一份教育成功。

搭建平台，促进教师自我认知、自我实现、共同进步。不轻看一人，不排斥一人，在适合的空间和环境下，人人都有可能做出卓越的成绩。项目负责制打破部门包揽、领导权威的局限，以民主决策引发教师思想共鸣，以项目负责制激励教师创新作为。学科教学不能胜任"文"的，为他创造"武"的选项，转变涣散懒为的状态；个人禀赋适合一线教学带头的，大家推举为教研组长、学科骨干；业务不精、成绩平平的，在主题活动项目上鼓励参与、提供磨炼，从小事积累成就感、荣誉感。

校长既要给孩子上课又要给老师上课，校长要做校本培训的首席讲师。无论教孩子还是教老师，身教重于言教。校长对教师最有效的培训，就是自己做好了，让老师自觉跟随。为教师提供磨砺、进步的平台有三招：

一招：吹响新教师再学习成长的集结号

基于教育教学问题的教研是教师终身学习的方式，也是教师队伍专业发展的有效方式。大量的教师专业发展研究文献证实，最有价值的教师业务进修活动之一是同事和校长听课后的真诚交流。与医学界相比较，教育领域内的互助往往是敷衍了事。事实上，学校里教室与教室之间、教师与教师之间、教师与学校领导之间树立着一道道"隔绝之墙"，

或来自教师过于强烈的"个人领域感"，这方面的局限性也即教师专业生活的私密性，教育对象发展水平状况的难测量性，还有最重要的是教师对于自身专业素养的不自信。医生们在相互观摩和真诚交流中得到提高，教育者之间要进行诚挚的专业对话才能有效拆除无形之墙。人工智能技术下，医学界的手术观摩和远程会诊台，已经走向更加真实更加高效的观摩、合作、共享。为什么教育界就不能如此呢？是因为我们面对的并非关乎生死的健康需求吗？还是因为教育的专业性比医学专业性更复杂呢？客观上讲，教师的教育生活弹性大，能力差一截不至于立刻形成教育事故，甚或一些无心之恶要到多年以后才被挖出来，这一点与医生面对的立见生死的压力是不可比拟的。但是，这一点不恰恰是学校应当不遗余力去改变的核心文化吗？

教师就职以后所学所用就已经过时，面对学校发展和儿童发展需要出现大面积水土不服。以校为本再培训，就要聚焦教师发展直接需要，针对教育实践中的真问题，就像新教师面对新战场吹响集结号，通过有效的校本培训，缩短新手适应期成长期，理解认同学校办学价值，为教师专业发展科学助跑。

建立新教师培训课程，以三年为时限，设计破冰、试水、大副、独木舟四个阶段的课程，以见习期和成熟期两个阶段面临的教育教学问题为线索，突出课堂教学与儿童管理两个重点，案例化学习培训，一人一案师徒结对指导，定期汇报课、工作述职评议等形式交流考核，三年期满"上岸"答辩，全方位帮助新教师成长成熟。

二招：校本教研转化为教育生产力

学习不转化，等于无用功。教师队伍发展离不开终身学习，学校要为教师创造终身学习环境，校本培训经济实惠，又能整体系统设计实施，具有强大的"黏合性"。以校为本，理论辅导、专题讨论、自主学习、案例教学、课题研究等多种形式，明确研究性主题，开展个性化研究，教师共学共享，分类、分岗、分层灵活组织，综合运用五种学习形式：以案例为支撑的情景学习、以问题为驱动的行动学习、以交流互动为基础的合作学习、以经验提升为目的的反思学习、以发现规律为追求的研究学习，理念开放、情感互动、时间高效、精心设计、科学组织，令教师学在其中、乐在其中。

三招：陪伴催生成长

在学校教研风气的营造上，作为校长要做李云龙式的学术首长，每次教研就像冲锋在前的旗手，亲自捉刀真研究真用心，在教研上多用力才能说得出行内话，带动学术型组织的建设，这也是为学校发展积蓄真正的硬核力量。

研出好风气。教研的目的是怎样实现教师团队一块儿成长，以促进儿童健康成长为共同价值追求。南师大鲁洁教授倡导"共在"，师生共在课堂，教育者共在研究场。真正的

教研是基于问题的，并且这样的问题是发生出来的不是设计出来的。从问题出发，聚焦问题的求解，让教研有的放矢，既关注学科研究发展，探索跨学科、跨界学习，又应该兼顾教育综合改革的精神，既要跟踪国内外教育改革发展动态，不断地深化教师对教育教学改革的规律性认识，又要发现和鼓励教师的微创新和小改进，探索适应新时代要求的教书育人有效方式和途径。每周半天无课日全员会诊教育教学问题成为习惯，教研有了学术气，教师具有研究者的心态和探究教育问题的视野，全心投入终生发展有了新动力。

校长或学术带头人常态化陪伴，像医生会诊一样，定期研讨问题，汇集智慧，解决行进中的问题。真正为教师需要，由教师自主推动的无形之手，收拢老师们的心气，把主要精力用到教育教学上来。

唤醒师心之后，就要凝聚人心。聚人心，关键在树正气，管理者为人无私、处事持中，办事能坚持公开公正。教师评优是从第一次推荐区里优秀教师优秀班主任开始的，有的老师提出不同意见，说是投票的方式不科学，要求把从教以来的经历和荣誉一道计算，全面比一比谁更优秀。可以体会出老师的上进心，也能分辨出一些教师莫名的优越感，看问题站在自己的角度，不愿也有意拒绝理解和换位思考。由于新区是在乡镇基础上发展起来的，时间虽短，但物质环境迅速优化，人们穿上了新装，脑子里的思想观念却跟不上新变化。在一系列评优选模工作中，各种观念激烈碰撞，有矛盾是好事儿，因为斗争才能产生真正的改变。

教师评聘、评优评奖、干部竞聘等工作，不搞暗箱操作，首先校长自律管住自己的权力之手。真心实意依靠教代会、民主生活会、教师恳谈会等，从收集意见，到研究讨论方案，做到"与谁利益相关就向谁公开"，关注度高的工作再造流程，彰显民主、公平。"敬畏法律、敬畏制度、敬畏规则"的风气，就是这样一件事一件事地做起来、树起来的。

第五节　校长是学校文化的一部分

校园文化建设需要校长接续奋斗。"校长是一所学校的灵魂""一个好校长，就是一所好学校"的说法，让校长们的野心膨胀，很容易认为自己无所不能，尤其当久了名校的校长，一言九鼎惯了，受人尊重那是自然，不由自主地把自己放到教育家的位置上，想搞什么就搞什么，校长有多牛，学校就有多牛！发展好一所学校，绝不是一两任校长的接续奋斗，文化是一个积淀的过程，好学校也是一步步成长起来的。不过，搞烂一所学校，三五年就够了，第一原因在于人心散了学校的管理漏洞百出，生源、周边环境等渐渐发生变化，到了不可收拾的时候真有一种无力回天的感觉。有人说，"再牛的校长也是一个普通人，把全校的灵魂交给一个普通人，可怕！""如果一个校长以为自己是灵魂了，那么师生有可能就是祭品。"把正反两方面的话放在这里，对当校长的人一些警醒，别太膨胀，学校管理和每一节课一样，需要一生来备课，需要认真研究管理对象，更需要树立终身学习的意识，一直谦虚谨慎，一直兢兢业业，才不会败坏了学校文化，最终害了老师伤了儿童，成了人们口中的"伪"教育家，贻笑大方。

"开风气之先不易，持风气之正亦难。"一所新建校的学校文化处于萌发之时，稚嫩而又脆弱，做好培土植根的基础工作重要且艰巨。风气，本意是指空气和空气流动产生的风，是不是叫做"气风"更合适？谁也离不开风气，谁也超脱不了风气。就像有的网民开玩笑说，雾霾是一种有毒的风气，在雾霾面前终于没有"特供"了，大家人人平等。

教师个性迥异：悟性的，韧性的，肉性的；工作风格上：惯性的，创新型，欲望型。一个社会或是一所学校，风气的重要性不言而喻，在其中浸染的人必要受到风气的影响。好风气使人成长，坏风气传播肮脏。

90年代"专业学习共同体"（PLC）概念被广泛接受认同，刘京秋、阿尔维合著《建设使命共振的学校》提出"学校正在被塑造成师生互教互学的合作的专业学习共同体（CPLC）"。每所学校在规章制度的引导下以它自有的规律日复一日地运转着，同时学校里潜藏着一种无声无形的力量，也在支配和推动着学校的运行，这种力量就是学校的"文化"，或称为"风气""氛围"，属于"隐性课程"。

这种文化就是合作学习的风气。校长以其学识和胆魄带领大家营造这种文化，全校形成一个合作的专业学习共同体。什么是好风气，使人向善的风气是好风气。违反道德、违背人性的风气，就是歪风邪气。

如果作为思想引领者呈现信仰与思想的方式是不真实的，我们传递的精神与价值观不能为儿童所理解和认可，那这份工作是失败的，我们所做的工作就是对国家对社会对未来的欺骗。

引领学校文化发展，校长需要有清晰的教育信仰。美国著名的管理学家吉姆·柯林斯（Jim Collins）描述的杰出领导"首先是对事业、对改革、对使命、对工作充满雄心壮志的人，而不是为了个人名利。他们有坚定的意志，敢于实现他们的理想"。校长以什么样的姿态行走在学校教育的道路上，教师团队就用什么样的状态对待儿童。校长秉持着"捧着一颗心来不带半根草去"办学理校，教师就能做到"爱心奉献、真心育人"。作为教育

人应有的敏锐，能感受到来自心与心的唤醒，情感激发的力量。

未来学校的样子——基于自然主义和生命教育的共同价值追求，把教育实践作为立足于实际探索与研究的生命修炼场，全员参与发展规划且人人全力以赴。

在这里，为了每一个儿童成长而存在，努力帮助每一位儿童实现自我发展，以助人自助成人之美为愿景。

在这里，儿童是学校的中心，一切资源围绕儿童的成长建设，登高必自天道酬勤为校训。

在这里，教师是最宝贵的资源，最大程度地体现每位教师的价值，相互尊重、相互激发，建设教育命运共同体实现共同成长；打造一支师德高尚专业化程度高的教师队伍，作为新校的首要任务。

在这里，校长是学校首席服务官，以专业的管理能力、诚挚的教育情怀，服务、激发每一个人。

在这里，"崇德尚善崇文尚武崇尚科学"为共同价值追求。

这里，是教师读书学习的基地，专业成长的摇篮，教育生活的家园。

学校应该是富有文化的地方。"文化是一个社会过日子的方式。"文化表征办学实践的正当性，也凸显学校作为独立系统的个性。学校因人的聚集有了故事，故事里的人和事生成了理解，随着时间生长为学校文化。在这里，可以没有统一的号令，但有共同的行为准则，如面对儿童的不上进每位老师定会教导，语文老师对于错字纠正就像瘾君子对待可心之物一样。

校长要记住你是谁、能做什么，首先是个社会角色，其次才是校长，作为个体的独特角色。德国教育家赫尔巴特说，"道德普遍地被认为既是人类的最高目的，也是教育的最高目的"。义务教育学校校长专业标准，是对校长这一社会角色的最新解读和职业认定的标准，从制度上解决了作为校长"要到哪里去"的问题。与《中小学教师专业发展标准》相比，"以德为首、育人为本、能力为重、终身学习"四个方面有更高的专门的要求，而且特别强调了"引领发展"的要求，"引领学校、教师发展，促进儿童全面发展和个性发展"。

校长这个角色承担了太多的责任，具有挑战性。老师熟知儿童才能当一个好老师，校长要熟知老师才能当一个好校长。在我国当中小学校长还要有更为深奥的学问和更为广泛的能力，这是国情决定的。有特色的校长必是实事求是、找到适合学校发展路径的校长。任何办学经验都不能依样画葫芦似的照搬，从儿童实际出发才有"因材施教"，从学校办

学的环境和教师队伍状况出发，依据办学的规律，常抓不懈方能成功。事情是否成功，关键在于我们用什么样的坐标系来了解世界，设计道路，把握自己。2017年我和老婆因为买房子的事情发生争执。老婆想换大房子，但是价钱也大，全部房款得要260万，手里就二十多万，缺口不是一般的大。当时正是国庆假期，我们在岳父家里吵了起来，我就认为没有必要为了脸面去换房，现在住的地方离学校近，且建筑面积足够，不是非换房不可。老婆说："我就是要买，没钱可以借，重要的是这套房子位置更好，还是复式带阁楼，我花钱买个心里得劲儿，就是要买。"于是她开始去借钱，先是办了现居住房子公积金贷款，一年后提取了两个人的公积金，再找同学朋友亲戚等十七个人借款，同时找了三个关系去讲价提附加条件，前前后后房价拉下来二十几万。买下这房子两年多就升值八十多万。我最惊讶的是借款十几个人后来通过公积金提取，老家拆迁款抵一部分，居然还了将近一半的借款，有点匪夷所思："你怎么做到的呢？"老婆说："咱为人好，有资源。"常人做事的思维是：先掂量自己占有的资源，再考虑要不要做这件事情；有的人像我老婆买房子这事，先去发现本质，这事值不值得做，如果值得，先把做的事情作为目标，再去调动已有资源，配置使用。除了自己手里的资源，如果不够，进一步撬动其他方面的资源（请人说情房款降价或打包赠送等），直到把事情做成。有人说："抓住本质，让你永远在正确的方向上，并且事半功倍。"当校长就要有这样的睿智和决断力。

"楚王轼怒蛙，以昆虫之敢死；丙吉问牛，恐阴阳之失时。"（明·程登吉《幼学琼林》第四卷）楚王以向怒蛙致敬的方式鼓舞臣民，西汉的宰相丙吉关注国计民生的大事而不囿于细节，这两个历史人物都是尽到了自己的本色，做好应该做的事，所以被后人学习。校长的本质是引领和管理，思想行动的引领，制度和文化的管理。校长是一所学校文化建设的旗手。有人分析所谓公认的好学校有这样的特点——三流好学校靠校长，二流靠制度，一流靠文化。文化既有虚的一面又实实在在地给人以力量，文化是虚实结合体。还有人说办好一所优质学校需要历任校长的无私担当，搞乱一所学校一位校长就够了。

校长更替，可能让学校文化面临最大的变化与风险，因为可能导致文化价值观的变化，可能有人遭遇冷落有人获得新生，可能领导风格切换，可能人与人之间固有的文化认同隔膜、断裂与重建。文化的根本是在继承中创新，没有继承只有改朝换代的冲动，只会造成学校文化虚化，人心散乱。教育的本质就是文化的转述和继承，主动而又真诚地挖掘学校历史，建设属于自己学校的主流文化，创新熏陶形式，才能让学校健康茁壮地发展。

表（1）校长规——吾日三省吾身

受约束人	自律制度要求	关注点	三省吾身	关注点
校长	1. 早到校第一节课前转校园，午后到校下午第一节课前后转所有教室 2. 每周都要随堂听课 3. 上好两个校区的思政课 4. 开管理层或教师会 5. 参加学科教研活动 6. 观察儿童集体活动 7. 与教育主管部门协商争取解决学校发展建设的问题 8. 每周读一本书	校长做教师的教师内心始终"一杆秤"，先称量自己的言行，再去指挥别人为人师表	一是决策是否为了实现学校重要发展 二是工作是否坚持了师生立场，偏向教师还是儿童的利益 三是今天对学校教育专业性上有什么精进	为教师还是为儿童，体现的是校长在资源调整与权力分配中的价值选择

实话施说：

1. 妻子说我的性格中有桀骜的成分，好说话，显得自己很能，容易得罪人。女儿说爸爸有时说出的话显得水平很高，有时让人感觉一下子到了地上，为什么是这样矛盾的一个人呢？家人的评价总有情感成分在里面，且情感的色度最浓，但又能一下子掘进到天然地基，持力层，未风化层，非听不可的。

来支教数月之后，有教育同仁评价我这个支教校长有些傲气，潜台词在说有什么了不起的，让我们来干也一样还是外来的和尚好念经。《增广贤文》上的一句："狭路相逢宜回身，往来都是暂时人。"如果没有基于共识的交往，其实是无效的社会活动。话说回来，对面不相识，万里尚为邻。我这个支教校长没法用谦逊示人，谦逊源于通透，更有了目标的清晰和环境条件的充分才可以足够真正低调。有人情商高有人智商高；我凭着综合商高，有人能力强，有人家事盛，我凭着底线高。在低调的人看来，人生没有什么值得炫耀，也没有什么可以一辈子仗恃，唯有平和、平淡、平静，才能抵达生命的至美之境。

2. 做校长，非礼勿视非礼勿言非礼勿听，远离小道消息，提倡阳谋不要阴谋，用大智慧做人，用科学方法做事，小心那些见解挺深功夫不深的，脾气挺大能耐不大的人。学校办学规模扩大，名声渐响，招生和转学持续火爆，被肯定的滋味挺美的，我这个支教校长也站住了脚。随之而来的，虽有广泛赞誉也时不时来些风言风语。北实小本部的声音反反复复强调"种好了别人的田荒了自家的地",来自区域内同仁觉着占有好政策谁都能干好,不在一个起跑线上赛跑不算本事。还有人说这个校长架子大,傲气十足,爱做出风头的事儿……古人教育我们居安思危,静心常思己过,闲时莫论人非。从闲言碎语里听风头,可以感觉到的发展环境走过蜜月时期,进入油盐酱醋茶的世俗生活,就像新媳妇持家过日子一样,一旦遇到困难,娘家人顾不上,婆家人挑咱的理儿。让人闹心的事儿不止一件,迟迟不兑现的支教政策,让一支出师有名的部队变成了游兵,教育部门不出政策,本部学校和高新区拿不出有力的政策,回答一致:在一张白纸上作画,新学校建设较薄弱学校更难,钱该拿事儿该办。我就像一个抱着炸药包去攻碉堡的尖兵突然一下子觉着后背发凉,没了一往无前的勇气。

3. 幼小阶段教育者对儿童指导呵护作用特别有价值而又特别难计量,调动教师育人的自觉和动力,则是学校校长的首要。因此,学校治理当用非常之道——目标笃定只为人,气度活泼聚精神;协调内外造大势,和谐师生共长成。

4. 教师道德感。一天傍晚,正盯着信号灯徒步过路口儿。两个身着白色制服的小姑娘相互挎着胳膊迎面走上前来。其中一位身材娇小,脸上还露出些稚嫩,急急地问:"大哥,你好!能帮个忙吗?"我回道:"你好!有什么事儿吗?""我们在搞活动——要求我们在三十分钟之内筹到三十块钱,现在还缺五块钱,你能帮我们吗?"

我便慢下身子来,索性闲聊:"为什么要帮你们哪?"两个人还是在反复恳求"我们时间快到了,你就当是帮帮我们吧!""能给我个特殊的理由吧?"另一个小姑娘说,你就当是行行好吧,你是好人。我逗她,你这不就是个"要饭"吗?"嗯,然后你帮我们吧……我们的时间快到了,就剩五块钱了,你看,两块三块也行。"我说,可是你还得给我个理由啊,要不你这样我绝对不给你!不在意给你这个钱,不是真正的遇到困难而帮,这既然是一个考验就应当有一个交代吧?你这个理由儿没什么特别的,就是乞讨啊。这时候又过来一个小姑娘。显然这一位比前两个泼辣一些,继续说,"哥!您能帮我们吗?我们的任务就是找陌生人给我们钱。""你们是不是在培训?这是培训师在给你们布置任务,进行测试。"这几个小姑娘异口同声说,是啊,你怎么知道?其中一个小姑娘说,对,他是老板吧。我说既然是培训师给你们的任务就有用意,让你们用什么样的方式来获得这个钱。你看你们这个理由就是个乞讨,没有别的理由啊。这时候,后来来的这个小姑娘很不耐烦地用手一招前面的两个人,说:"算了,走吧!"

——这就是好为人师的我。其实,我的内心已经软化,准备好出手表现慷慨了,只要她们再胡乱搭讪那么两句,就…微信转账了。只看见他们三个扬长而去的背影,有些遗憾和被人认为吝啬的惭愧。

我错了还是他们错了?

实话施说：

写在支教校长任职结束后——

三年多的承包之路，手里没有鞭子只有旗子。行政手段作为稀缺资源，只有掌握了权力之鞭才能发挥效力。校长仅靠领导角色发号施令，学校必将陷入混乱。更何况我所担任的学校校长职务，受到双重领导，不可以随意安排教师来往去留，因此，鞭子无力，只有更多依靠理念和文化引领，带着往前走，跟随的脚步越来越整齐有力，证明这面旗子的鲜亮。

初中毕业面对中考志愿，十几岁的农村孩子什么都不懂，当时有一个朦朦胧胧的愿望就是能直接考成公务员吧，虽然并没有这样的专业，但是起码不要当老师，因为觉着老师无权无势，实在不吸引人。结果填报的时候鬼使神差还是填报了师范学校。"一个人，特别想成为一个什么，但始终没成为一个什么，那么这个什么也就成了他一辈子都魂牵梦绕的什么。"莫言先生刚刚出版的小说集《晚熟的人》里这句话，看来一般的人都有这样的体验。那如果是特别不想成为一个什么，但却成为一个什么，那么这个什么也就成了他一辈子都耿耿于怀的了吧。

混迹于义务教育学校二十五载，在平凡反复的教学中爱上了教书的职业，即品味到来自儿童尊敬贴护的喜悦，又觉察到同仁们感佩学术水平和管理指导的善意，逐渐发现自己很享用来自两个群体认可的职业幸福。今用一支拙笔记录从教感受，特别是近三年支教校长的经历，谈谈对小学教育的认识，以及学龄期儿童的小学经历在一生成长中的独有价值，感到有这份责任。因为来自实践有又直言不讳的个性，说起来有几分底气。有人说老师废话、虚话多，在教师岗位久了"好为人师"的感觉就越突出，社交场上共处一室容易相处不欢，常见于其中以老师模样的点评事、指导人，听者或觉着无趣或倍感压力，旁观如我等从教者不禁尴尬一二了。我身上免不了俗、脱不了教师本色。动笔写作之始种种疑虑，更怕被认为好为大言，在要妄自菲薄的边缘，暗自鼓励自己至少有一份对教育的赤诚忠心，以谨言慎行的自修自律，做到说真话实话。一则，所述经历感受皆为亲力亲为，从教管理绝不误人子弟；二则，边叙边议教育随笔，呈现教育反思批判之案例，记录与同事教育工作的所见所闻所感，与教育同仁共话共享教之乐。如果说有宏大心愿，发自内心为国家民族的百年大计鼓与呼，冀望有更多的人发自内心地支持教育。

初来高新区，看到了怡人的美景，逐渐繁华起来的街道，畅通的高速交通网，虽然同城却是十分陌生的城市一隅，怀揣着教育理想，心中默默立志在这熟悉又陌生的土地上

"大干一场"。起初担任校长的"高看一眼"也让自己有士为知己者死的激动。随着做"客卿"时间久了，渐渐浮出的真实环境客观压力，漫天遍野。维特根斯坦《逻辑哲学论》的序言中有一段话："对于能说出的东西必须清楚地说出，对于不能说出而只能显示的东西必须保持沉默。"彼时，我心中生发出一种莫名的孤独感，像浩渺的海浪层层叠叠地推挤上来，有时感觉像失群的孤雁，被熟悉的隔开，被陌生的拉近。"真正生活在一起的熟悉断定总会在未来某一个日子回来，回时即回了；曾经陌生的总会回到陌生里去，过客来时怎样风光终究会离开，不必关注哪一天，像那檐下的小燕，来来去去未必生情。"这一段话可以表达作为一位支教者的心境常常有些悲观，每当心中有不甘和愤慨我就会以求败心鼓励自己，不会更坏的。有时候，心境像汪国真的诗句："既然今天／没人识得星星一颗／那么明日／何妨做皓月一轮"。这一点直观的乐观支撑了这段特别行程吧。

第二章　非常治理

第一节　凝聚最大公约数的人心

做校长就是在做选择，对学校的人和事时刻做价值判断、确认进而启动。布置上级安排的，规划下一步建设发展，推进计划中的项目，解决遇到的困难……该出手的是哪一种，反映了校长作为"司令员"的价值选择。即使日常也有遇到轻重缓急作选择的时候，儿童的安全保障，教师的利益诉求，社会的关注和呼声等等都是重要的，必须及时做出回应。校长，就要站在学校价值选择的制高点上来当。

第一，履职应尽忠。从贯彻国家意志上讲，校长是党和国家办学的代表。依法办学、遵循教育规律和儿童发展规律办学，积极推进学校办学水平提高，为学校和教育发展争取良好的社会环境，这是校长这一职务的本分。从社会实践利益相关性上来看，校长是代表和保护儿童利益的，凡是有利于儿童健康快乐成长的事皆可做，有利于儿童发展的条件积极争取；校长是代表教师普遍的合法利益的，要积极为教师专业发展提供必要条件，维护教师的合法权益，保障他们的从教权、发展权；校长要为师生创造和谐安全的环境。管理需要回到初心——既要从"人性的优点"进行高端设计，引领教师群体的共同价值与追求，其切入点和突破点是人的潜能的全面激发和价值的充分尊重，借以让每个人在自己的基础上实现最大化的发展；还要充分考虑"人性的弱点"，并基于"现实性"进行管理常规的设计，强化底线意识和规则意识。

第二，为官要清正。以教育价值引领，以专业品质构筑微型文化场，以正气培育学校生态。一言一行乃至为人处事无不透射出文化因子，新加坡教育部颁发给校长的委任状上写着："你的手中是许许多多正在成长中的生命，每一个都如此不同，每一个都如此重要，全部对未来充满着憧憬和梦想。他们都依赖你的指引、塑造及培育，才能成为最好的个人和有用的公民。"

第三，权势平衡力量。多施点滴之恩、大道之行要大张旗鼓。最好的文化让生命自由呼吸，生发出来绵绵生命力。一言一行总关情，文化生长出来，延展开去。校长尊重老师，满足教师需要，成就教师成长；也要约束教师的力量，管住"师道尊严"这只隐形的手成为无限度威慑孩子的破坏力。校长回应家长诉求，发动家长支持，和谐家校力量；也要教育引导家长，缓冲家校之间的碰撞，限制家长的无限要求。

第四，身在局中求破局。在事业推进中，特别是要进行创新性发展，求新求突破的关

键领域，不突破条条框框就不能实现发展，一味地等着明确的依据和明显的负责主体，就不能突破因循守旧的重围。在这个过程中，灵活多样的方法只有在宽松自由的环境中产生和实现，跨越式发展也只有在人性化包容性的容错机制中产生。校长既是一校之长就有调动一个组织支持的力量，不可乱为也不可无为。一定意义上讲，有全校支持又不作为，可能是怕，也可能是无能。谨防着一种官僚，打着遵规守纪的幌子，又确实有一些看得见摸得着的条条框框放在那里，而否定和拒绝有所作为的不作为、不担当。做校长不能和老师置气，更不能想着制老师。普通群众的利益要保障和维护，这是根基。

校长应是怀揣教育理想的浪漫主义者，有关于教育的浪漫的想法，有诗意与远方可追溯，有为儿童为学校创建精神家园的意识与格局；校长又应是现实主义者，即有多元的视角理解生活，尊重和接纳儿童和老师的一切发展，有处理各种关系的实技。

杂而论之，校长就是一面旗帜，一校之长，能引领一校发展，一校之长也造福一方百姓，尤其对于我所支教的城乡接合部的这所学校，势必担起"欲化民成俗，其必由学乎"的大旗？发下宏愿，砥砺自己，明心励志：

做学校的规划者——形成学校管理及课程建构经验，通过建立符合人性的管理制度、满足需求的课程体系，让每个人的潜能在新的组织机制、文化氛围、学习方式中得到激发和释放。

做资源的整合者——整合师资、生源、制度、媒体、社区等资源，使其发挥最大的效能；善于妥善处理多边关系，注重拓展学校发展所需的学术资源。

做团队的引领者——曾国藩家书有论"行政之要，首在得人。满意之人不可得，选次之然后徐徐教之。"知人善任、培养人成就人，引领团队成员发挥优势和专长。

做终身的学习者——尊重规律，科学高效。拥有开放的心态，愿意接受未知的挑战，持续保持学习与自我精进。

校长精神境界朝向校园至高点位，鲁迅说"真正的知识阶级是不顾厉害的"，做校长最重要的品质是大公无私，最应该具有的是勇敢。以仁爱之心扶助弱小，校长和教师可能要面对强大的阻碍，会有对手力量的不理解和反制，会遭受委屈不信任甚至无端指责，敢于站出来扶助弱小需要勇敢担当。校长面对的问题当然不只是要给教师鼓劲那么简单，还要为仁爱和育人站台，没有勇敢精神是不行的。

狭路相逢勇者胜的"亮剑"精神体现了战场上的勇敢，校长的勇敢体现在担当有为上。规划建设配备了 25×15 的标准泳池，对于开游泳课的想法，上级和同事们都有所担忧，多数声音建议等等看，毕竟没有谁用刀子逼着校长开课。我也明白大家的善意，开课容易万难周全，一旦出了问题真的万劫不复。学校家庭社会各方在青少年防溺水教育上一

贯只有警告吓唬禁止，出台了游泳技能学习达标的要求，限于条件以及拖一拖不着急的思想，落地的学校不多。学校设施宁肯用坏不能闲置成荒！既然学习游泳对儿童成长十分重要，冒点风险有点牺牲也应该责无旁贷。第二个学期全校开设游泳课，到 2020 年，34 个教学班的近 1500 名儿童累计接受游泳课学习 800 多学时，8000 多人次，百分之九十的儿童通过"防溺水 懂自救"课程培训，百分之二十左右的儿童学会了游泳。

身为校长，因为承包者的身份，没有绝对权力，也就少一点正规校长的优越感。又要做事情，那么选择什么样的法杖很关键，用好手中的权力靠责任，管好身边的人靠品行，遵循规律、遵守规则经营人心，就成了我任校长的不二法门。

以最大公约的价值追求凝聚人心。管理和被管理本身就是一对矛盾，校长，作为一所学校的管理者，他所考虑的往往是学校如何发展，如何提高办学质量，提高管理品位，如何改善学校各方面条件，因此要采取一定的措施，而这些措施可能要触及一部分教师的利益。特别是在当前激烈的竞争中，有些教师可能处于竞争的劣势，势必对校长或是学校的其它管理有这样或那样的意见。而作为教师，往往处于被管理者的地位，他往往从个人利益出发，感觉校长所采取的这些措施不一定就那么得当，或是管理中把自己与校长对立，这样，管理者和被管理者之间的矛盾就会加剧。

鲁迅先生有过这样一段描述：冬天，一群刺猬为了取暖而挤在一起，挤紧了又互相刺着；松了，又达不到取暖的目的；于是既要取暖、又要互不伤害，就只好保持一定的距离。鲁迅先生的这一论述正好揭示了人与人之间相处艺术的实质：第一要双方都既得利益，第二要双方都不受伤害。这样的相处就是和谐。在学校，校长是管理者，教师是被管理者，两者之间彼此相互依存。离开了教师，学校就不成其为学校；同样，离开了校长，学校也不能成其为学校，双方是一对矛盾的统一体。历史证明，无论在什么时间什么场合，管理者与被管理者之间始终存在着矛盾。校长与教师之间，应当如何处理协调化解这些矛盾，达到和谐共处，共同发展呢？我想从校长的角度来看这个问题：

第一，互相了解，消除心理障碍。有些教师对校长有逆反心理。有些教师总是对校长有意见，总是对校长的工作横挑鼻子竖挑眼的，不管是谁当校长，也不管当校长的人过去跟他的关系怎么样。后来才慢慢明白，他们那是对校长的职位不满，并非对自然人的校长有什么不满。那是他没有把自然人的校长个人跟校长职位区分开来的缘故。

第二，相互尊重相互理解。大部分教师对校长的工作是能够理解和支持的，但总有一部分教师对校长的工作由于缺乏了解而缺乏理解。这样一来，校长和教师间难免就出现一些不和谐的因素。当然，作为校长要随时跟教师进行沟通，取得教师们的信任理解与支持。20 世纪 80 年代就有一句口号：理解万岁！理解，是双向的，你希望别人理解的同时，

你也要能够理解别人。这样，多一分理解、多一份支持，也就多一份和谐。

提出并践行"崇尚科学，崇德尚善，崇文尚武"的办学思想，即用共同的使命维系人，用学校精神塑造人，用发挥特长使用人，用对生命的尊重激励人，用情感注入感动人，使得全体教职工从"人人有事做"，到"人人兢兢业业地做事"，再到"人人高高兴兴地做事"。

抓"师德师风建设"狠下功夫，与班主任老师深入儿童家庭家访，要求教师把每一个儿童装在自己的心中，关心爱护每一个儿童，促进每一名儿童全面主动健康发展。通过会议、校本培训等形式加强教师的教育和管理，增强爱生爱教责任感。通过深抓和学习，全体教师职业道德素质有了显著的提高，在学校里只能听到朗朗的读书声。

一是在财力物力上积极支持教师参加各种培训。如为了不断提高每位老师的业务水平，学校大力支持教师外出参观学习、观摩听课，及时报销教师外出的差旅费；大力支持教师购买教学设备。在学校建立了多个功能室，美术教室，书法教室，图书室，科学实验室，心理咨询室等丰富孩子们的学校生活。

二是尊重信任每一位老师。实施了"校长会谈"，与20多名教师促膝谈心，交流工作生活中的困难，与他们真诚交流，不论遇到什么矛盾，认识上的分歧，利益上不满，工作上的失误……以信任和欣赏的态度谋求教师的理解和支持。

三是虚心听取所有老师点滴意见和建议。明确"凡涉及个人方面的问题可直言不讳地找我反映。"能办的抓紧办，一时不能办的做好解释工作，这样全校就形成了一种相互尊重、相互信任的和谐氛围。

四是为教师排忧解难。对每一位老师思想、生活方面的问题，力求想在前面，干到实处，特别是教师个人办不了的事，尽心竭力积极帮助他们解决，让他们轻装上阵，快乐工作。有老师怀孕，丈夫在外地工作，安排有经验的女教师随时注意女教师的情况，联系给予帮助。

校长的权力是很大的。这个权力，可以改变教师和儿童的幸福感，也可以给师生以无形的压力，以至于破坏力，就看当校长的他内心的道德秩序感偏向哪里。

一位新调入的教师记录：被录用为学校教师之前，孩子爸想了很多办法都没能给孩子在万境报上名。分来的第一天已经是九月一号，新一年级分班结束，第二天就是报到的日子。我怀着忐忑的心情走进校长室，其实我们已经对孩子今年上学不抱希望了，想着实在没办法就晚一年上学。没想到校长一句话"自己的孩子！先去录信息！"当时真的是意外懵了，回家的路上心里压着的情绪一下子释放出来……我会永远记得这一天，记得施校长说这句话的样子。

第二节 让生命感觉安适

办什么样的学校？学校首先是"人"校。叶圣陶先生说，"教育是附丽于人而后显出它的作用的，离开了人，也就没有教育了。"如果认为学校教育是一门学问，那么这门学问定是"人学"，具体且明确地指向儿童的研究儿童的学问，是能够帮助人成长的学问。

一、这是每一个"我"的学校

学校作为社会的缩影又同时以"小社会"样子存在。整个社会视作成年人，学校就是她未成年人时的样子。独立的人情世事，具有围墙内家天下的运作系统，还有固定下来几年甚至几十年稳定的风度。在社会人的眼里，学校人封闭在自我认知甚至自我迷恋之中，儿童是"我"的儿童，课堂是"我"的课堂，学校是"我"的学校。

一位长期开服装店的朋友很有识别顾客身份的本事，她说一对男女是否真情侣关系最好判断，一个人是否老师的身份最好辨认。我问她缘故，她说男女之间的关系正当感情真挚，看上去一定觉着和谐自然，这个发乎于心止于礼。老师优先在意货品的款式，买衣服的时候问来问去问得细但是不着重点，让人觉着不信任但自己又表现出一种我都明白的盲目自信，该出手的时候犹豫来犹豫去，这些特点或者时隐时现，表现出自以为是的自信和不过如此的武断等等，如果是初识有一种不好相处的错觉。

学校的自有系统造就了教师职业特点。学校教育的工作重复单调，面对的儿童常常变化，而教育人的本职慎终如始。从事这一职业的点线面十分清楚，学校系统自成一套，在所有的社会体系中教育的改变来得慢，惯性大，学校教育和她的实施者多了一些稳重保守的老气，少了一些革故鼎新的锐气。

二、调和生命底色

每个人生命的底色不同，就如同个性、气质的不同，适合的学校教育尊重人的底色，可丰富，可抑扬，调和生命当下的活泼因子，不横加太多干涉，而是如匠人擅长勾画，似专家能确定其底色明快，为生命起笔而埋下良善、正直、科学、健康的力，为扶助幼稚而握紧自主、合作、勇敢与诚实的意。

每所学校也有各自不同的性格气质。校长和他的老师们对教育的理解、投入的情感以

及专业水准，决定了办学品质的高下，锻造了学校的牌子，让院墙外的人们看到的是一所有"人气"的学校。

办一所让生命感觉安适的学校，是师生的向往，也是我孜孜以求的理想。学校靠什么吸引儿童，让儿童盼望上学乐在校园呢？信息化时代到来之前，学校本是社会上信息量最大最鲜活的场所，而今天信息无处不在，新鲜信息在数字化媒体肆意广播，学校失去信息传播的权威性和广泛性，学校不能再做广播站，而要成为信息创造者和思想文化生产者，这才是学校教育的价值所在，要创生学校文化，需要有思想的校长和思考的教师。文化活力来自外部思想的撞击和内部思想的生长，外部思想需要学习——这是进口，内部生长依靠时间。

从事教育就是在干有思想含量的活儿。著名语言学家教育家吕叔湘先生说过，教育的性质类似于农业生产，绝非工业生产。叶圣陶先生把小学生比作植物、把小学教师比作"种植家"，"一朵花、一棵草，它那发荣滋长的可能性，在一粒种子的时候早已具备了。"尊重自然本性，因材施教的实践才能找到出发的地方。向下扎根、向上生长，这样的"培养人"的教育，才是真正的学校教育。

三、艺体教育让生命"活"起来

幼小阶段的教育动静结合，幼儿园游戏为主偏于动中取静，小学一年级至毕业，动趋向静的过程，小学生的学习文武双全，最优的状态应是"动如脱兔、静若处子"。法国作家福楼拜说："科学与艺术在山脚下分手，在山顶上会合。"20 世纪美苏争霸，50 年代航天发射成功，在代表最先进的航天科技上先胜一筹，美国专门就美苏科技发展水平进行调查，后来研究发现，19 世纪至 20 世纪初，俄罗斯在文学上有托尔斯泰、屠格涅夫、普希金等等，音乐上有格林卡、柴可夫斯基等大师级人物，美术上有《伏尔加河上的纤夫》《近卫军临刑的早晨》等名作，当时俄罗斯艺术成就处于巅峰，正是这一代深受艺术氛围熏陶的科学家，文化素养高，情感特别饱满，因而想象力与创新力也极其丰富。相比之下，当时建国不过百年的美国在文学、音乐、美术等文科艺术方面淡薄枯燥，科技人才贫乏低端，美国人从此除了"挖墙脚"吸引世界各地的人才，更是把艺术修养等文科内容列入"核心竞争力学科"加以普及。华裔科学家李政道跑到中国，极力推动国内高校艺术教育与科技教育相结合，他说，"艺术与科学，是一枚硬币的两面。艺术与科学谁也离不开谁，都是人类创造力的顶峰。"所谓"文武之道，一张一弛"，如果没有"文"上的一流修为，"武"也难攀高峰。反之亦然，"武"商柔弱，文难力撑。

提出崇文尚武的办学理念，就是希望所有儿童都能找到适合自己的体育运动爱好，坚

持锻炼，实现身心和谐发展。培育"生动成长，向上向善"学校文化，厚植传统文化基因，开设各类传统文化课程，进一步丰富课余生活，在传统体育项目的竞技中体会到智力运动的妙处，动中取静，静定生慧，为更多儿童的特色发展和个性化成长搭建坚实的平台。

现在学校体育、美育和艺术教育都处在"副科"或者"小科"的尴尬位置。所谓"副"科与"正"科（主要）相对，这样的认识导致语数外可以称老大，音体美都是小儿科，课程表上可有可无，课时安排可多可少。在这样的学校教育里，儿童接受的教育就像得了偏食症似的，怎么会得到健康成长？清末洋务运动的思想家严复提出"强我华夏，体育为先"的办学思想，认为体育不仅是体格的锻炼更是精神和人格的锻炼。春晖中学的创办者经亨颐是近代著名教育家，他提出文武并重的教育思想，儿童每天在学校锻炼一个半小时，一个世纪以前春晖中学就建有游泳池、篮球场、足球场和四百米的运动场。南开中学校长张伯苓一直以重视体育为教育的根本，"强国必先强种，强种必先强身。"他还认为不认识体育的人，不应该做校长，只有会玩的人，才能把书读好。

蔡元培是中国近代史上一位伟大的人物，他认为"美育"便是使人类能在音乐、雕刻、图画、文学里又找见他们遗失的情感。他提出，对美的感知力和创造力是衡量一个人和一个民族素质的重要标准。就在我们泰安，有见识的教育家也曾告诫我们要重视体育。一百多年前，毛蜀云三次担任泰安县令，他大力推进泰安的新式教育，他认为"致天下之治者，在人才；成天下之材者，在教化；教化之所本者，在学校"。近代泰安教育被誉为"山东小学第一"。（《泰安文化通览》山东人民出版社）比起一百多年前的教育家，我们现在的校长和教师不应该感到汗颜吗？就在不久前，有的学校还把体育课砍掉和占用，现在有多少学校拥有标准操场？有多少学校真正落实了国务院关于中小学生每天校园体育锻炼一小时的要求？儿童观、教育观、课程观、课堂教学认识等都很根本，常常讲，建立共识才能凝聚人心。

第一年合唱队夺得全区一等奖，从0分到第四年区运动会综合成绩第一名，第五年校足球队取得全市冠军，游泳队实现全区奖牌零的突破，艺体教育活跃了儿童学校生活，快速扩大了学校知名度，起到了"湖心投石"的效果，层层涟漪荡漾开来，聚了人气，扩了声响。

"孩子的健康成长，最重要的是尊重规律，小学教育就是要让孩子自由地绽放"。第二年秋季招生期间，做了一项民意调查显示，有一成多的受访者原本打算到城区市直学校借读最后选择了留下，另有一部分原本考虑跟着父母到打工城市借读，经了解印证学校办学质量"看上去"确实不错，纷纷选择了留下来守着家门口的好学校。

第三节　校长"理"校，校"理"校长

一个人在学校里找准位置，就是发现自我在社会结构中所处的点，这个点承担社会组织结构中的角色，不可能是一个单一的角色，对上是职员，平行的组织关系是同事，对下是儿童，对家长是学校教育工作者孩子的临时监护人。不同角色都有相应的行为准则，成熟的社会人既明晰自己所处的组织位置，又清楚了解需遵循的行为准则，泰然处之者合乎社会组织的要求可以取得相应的社会利益，有所理想的人会去学习遵循更高社会角色的准则得以晋升位置，反之在社会组织结构中会成为失败者不合格者。

大多人意识不到本质，所以活得很"苦逼"，而真正把握住做事本质的人，往往活得很轻松。特斯拉创始人马斯克说自己做事的第一原理："我们在思考的时候，不要做横向比较，而应该明确基本出发点和目标，理性地推理和计算。"不要看自己手里有什么才去做什么，而要想自己想做什么，然后去让自己拥有什么，缺钱就去找钱，缺渠道就去打通渠道，这才是做成事情的本质。

一、先理后管，先管后治

有一种论调，认为由于新冠肺炎疫情的影响，人们会完全地接受并认同教育是可以远程传达的观点，这是一种想当然的错觉。对学校教育具有的社会化教育功能的认识上有一种错误，称为"撒切尔问题"。撒切尔夫人曾宣称"没有社会这种东西"。但是，我们都明白学校并不仅仅传授"知识"教给技能，甚至不仅仅培养各种能力素养。首先，学校教育价值在于能够系统而稳定地传递归属感、自信心、对成功的期望以及对美好未来的向往，这一切都指向"社会"，为了适应未来的社会生活而准备着。其次，学校教育的独特性在于是一个有"人"的场，在一定的仪式中获得非语言信息的影响，在人与人的存在地增进情感的成长。再次，学校承载立德树人根本任务，教育者培育和践行社会主义核心价值观，激扬真善美，学校的影响力恒定而普世，持续而有力。

之所以始终如一提倡和追求现代化管理，讲究遵循科学的规律，提倡科学育人、科学用人，因为这是阳光大道，这也是成就事业的阳谋。除此之外，支教者的尴尬身份，逼着我们选择"最大公约数"的方式实现自己的目的，那就要兼顾各方，实现共赢，没有硬手段，按照套路出牌就成了最稳妥有效的方式。学校发展初期，只建立三个中层部门，减少

了管理层级，淡化行政差别，体现了信则用、用必实的校园式管理理念。后来积极争取迅速成立党支部，健全党组织，建立和依靠教职工代表大会，推行项目负责制等，这些举措最大可能性地争取人、凝聚人，蹲实了马步，建立起了领导权威，为学校治理铺平了道路。

三年磨一剑，霜刃已显锋。一所健康发展的学校不是一个人能够独立支撑起来的，但如果没有核心的把握、关键的引领、务实的推进，实现快速、高质量地发展是几乎不可能完成的任务。作为校长，要用共同的使命维系人，用学校精神塑造人，用发挥特长使用人，用对生命的尊重激励人，用情感注入感动人，使得全体教职工从"人人有事做"，到"人人兢兢业业地做事"，再到"人人高高兴兴地做事"，打造教师、儿童、家长共同成长的命运共同体。"崇尚科学，崇德尚善，崇文尚武"的办学思想，"登高必自""天道酬勤"等核心理念，以培养"生动生长 向上向善"的儿童为目标导向，"自律成长"德育模式，在这些理念的宣传与解读中，逐渐形成上下对于教育理念的认同，从文化的层面引领学校迈出现代化发展步伐。

理念认同基础上，就是要以身示范激励带动，科学管理教研提升。配备的教师分流儿童质量不高，从激发教师内驱力为始，师德转化为教育生产力。教师素质差异较大，就从抓紧常规管理开始，自主人文管理与民主评议评价相结合，在规范教育教学秩序中实现全体教师齐步走、高质量走；短时间内了解人难，就大胆使用人，"人在事上练，刀在石上磨"在用人过程中培养人。儿童来源广泛，新校育人文化未成熟，就从树立全员育人理念开始，以儿童的眼光来识人。万境的办学，成功复制发展了北实小办学经验，民主人文管理产生效益，教科研与校本培训提升教师队伍建设水平，因为用心对待、方法科学，"一把普通牌也能打出一个好分数"。

二、从中国管理哲学中找寻管理之道

南怀瑾解读老子效法自然法则来处事的思想，教人要认识道的妙用，效法天地宇宙的自然法则，不执着，不落偏，不自私，不占有，为而无为。"是以圣人处无为之事，行不言之教。万物作焉而不辞。生而不有，为而不恃，功成而弗居。夫唯弗居，是以不去。"所谓"行不言之教"，是说从教者以言教不如身教，光说不做，或作而后说，往往都是徒费唇舌而已。

曾仕强先生的《从管人到安人——中国式管理经典》丛书中，论述中国人的观念中"管理"应该是"管事"与"理人"的乘积。但是管人理人都不够，唯有孔子"仁者安人"才是管理者的责任，"管理者"首在修正自己，使所接触的人安适，即修己以安人。

曾仕强先生进一步论述到，中国管理哲学是整个生命哲学的一部分。它以生命为对象，主要的用心在于调节我们的生命、运转和安顿我们的生命。管理之道，在于明德明理，再推己及人，使人人尽人事，直达格物致知的境界。

1. 认真。"世界上怕就怕'认真'二字，共产党就最讲'认真'。"这是毛泽东同志的名言。办事讲认真，是我们党的优良传统和作风。不可否认，改革开放以来人们对物质追求的强烈欲望，促进了社会经济的大发展，而浮躁之风泛起。有的一线教师一朝成名就再不愿躬耕于三尺教台；有的班主任见钱权眼开，热衷于和家长吃吃喝喝、称兄道弟，说起儿童情况报喜不报忧；有的任课教师上课接打手机玩短信，备课作业蜻蜓点水、浮光掠影；有的老师忙碌于课外讲座、家庭辅导，谈起应试滔滔不绝，讲起专业摸不着头脑……这些学校和教师丧失了对待学问的严谨和认真，在物质追求中躁动不安。

认真源于求真。一贯的认真源于对人生对社会对工作对他人的感恩和敬重，表现为一种实实在在、踏踏实实的作风；一贯的不认真，表现在对人对事态度上，可能是懈怠、随性、无序或者是轻慢，根源在于是信仰的衰退和缺失。真正认真的人都有大信仰，高远的志趣。那些一事当前只顾私利的人，对待公事不可能认真。

认真就要较真。认真就是承认、尊重真理，无条件服从真理，甘为真理和信仰牺牲一切。古今中外无数先驱为我们做出了榜样。革命先烈夏明翰高吟"砍头不要紧，只要主义真"，从容就义。有了这样的价值观，才能不唯上、不唯书、只唯实，才能不媚上、不媚俗，认真办事，一心为民。

认真必须较真。要坚持真理，特别是在大是大非面前，坚定自己的正确选择，敢于讲实话、摸实情、办实事、求实效，而不会人云亦云，随波逐流。认真就是敢于碰硬，坚信邪不压正，而不会明哲保身。"一趾之疾伤数尺之躯，千里之堤溃于小小蚁穴"，认真就是坚持从小处做起，从细处抓起，善始善终。

教育人的过程是教给人探求真善美、探索真理的过程，需要沉下心来，坚持态度严谨、方法科学，认认真真地教。教育的"认真"，就如陶行知所说，为师者要"千教万教，教人求真"，做儿童的要"千学万学，学做真人"。

2. 包容。《菜根谭》："处世让一步为高，退步即进步的张本；待人宽一分是福，利人实利己的根基。"北实小、高新区、五矿地产三个方面对待支教团队的期望要求在发展变化中，和而不同。作为本部的北实小派出支教团队顺利办起一所新学校，只要第一年招生顺利，儿童家长对教育教学质量基本认同，就算完成了任务。五矿地产作为建设学校的一方，从履行约定承诺的角度来看，校园建设竣工按期招生开学，并且以实实在在的销售业绩证明当初规划项目的合理性，也算实现了预期目标，集团总公司那里也有一份满意答

卷。高新区作为一级特殊的管理主体，民生事业有其特殊的地位，主要是营商环境中的一环，学校办好了锦上添花，学校办起来已经对老百姓有个交代，至于要不要迅速发展一所优质学校，制造出一种不均衡，有些人是担心的，因此，高新区对协作办学的模棱两可始终存在。置身其中的支教者们，内心的惶恐一直也在。想一想在世上混的，何时没有委屈又没有抱怨呢？个体在体制面前的弱小，就像摘掉的菜根，包容这个世界，也就是在宽厚自己吧。

"君子和而不同，小人同而不和。"教师这个群体中不同秉性和生活经历都可体现为不同的儿童观、教育观，体察教师认知上的差异，包容教师的牢骚，比处置错误或者纠正观点更有效。

一年左右的时间，学校拥有在校教师三十多人，这个群体不大不小，从陌生到熟悉人际交往逐渐复杂。一天，甄老师来报告，卜老师又在发牢骚说风凉话了，他这样下去会把办公室搞乱甚至能将学校风气带坏了。普通老师哪有把风气带坏的能量呢？要是有这种破坏力那就该干校长了。此时，主要看校长怎么来表态，怎样应付积极报告的信息以及表达对特定对象的看法。当校长不能当聋子瞎子，但也不能像蜈蚣一样各种应急反应频发。校长要有"让子弹飞一会儿"的气度，才能营造出宽松和谐的学校文化。但是，一个人偶尔打一两次的喷嚏可能因为触动了鼻黏膜，老是打喷嚏就要去看医生。一位年纪尚轻的教师几乎天天迟到，就像老打喷嚏的那个人，就要建议他（她）去看医生了。

3. *平和*。动画片《一休和尚》第一集，讲了这样一件事：一休出名了，许多人都来求他帮忙，有想致富发财的、有让帮着变聪明的、有让治病的……一休很想帮助所有求助的人，但师傅不愿意，给一休安排了更加艰苦的修行任务。这一天，一休外出背稻草，正赶上下雨，他拒绝了师兄秀念和小叶子的帮助，好不容易把一车稻草推到安国寺，师傅因为稻草淋湿了，非常"生气"，关上寺门不让一休进门。一休很委屈：自己几天来一直艰苦修行，从来没有偷懒磨滑，今天适逢下雨，那也是老天爷的"错儿"，师傅为什么这样不近人情地对待他呢？他使劲儿拍门，他想跳进院里，他激动地问"我错在哪里了？师傅说这扇门只有有修行的人才能进来。最后一休伏下身子，虔诚地请求。此刻一休明白了师傅的良苦用心：作为一名有修养的僧人，面对荣辱和不公，要始终保持心平气和。

老师要向"聪明的一休"学智慧：经常回过头或换过来看我们自己，教育儿童能否心平气和，面对别人怎样冷静思考，始终存有一颗善心，这种修为一生的平常心。

教育儿童做什么样的人？以此例喻儿童：独生子女的娇纵之气确实可怕，与同伴交往一点亏不能吃；面对批评，难得接受；对待亲人，多少恩泽都乐得要，多一点给予都难以舍得；面对比自己强的人，妒忌常有，不服气常有，真诚的心悦诚服没有；面对集体，逞

强常有，心平气和地服从少有。

4. **静气**。儿童练字就是在训练学习态度：把一件事做好的训练，一是要有明确的目标——练字；二是要有正确做事的方式方法——头正身直臂开足安；三是良好的专注，学习自我控制；四是爱上不带有任务型的写字，逐步习得静定生慧躁则生祸的人生智慧。

教师练字其实是关于工作态度的训练：每周拿出一段时间静下来写一写字，就像读一读书一样，训练自己能够静下来，投入地做一件事儿的状态中来。不至于匆匆中迷失，不至于起伏中纵容了情绪。

《摆渡人》中一段对话：迪伦问崔斯坦："护送所有这些人，带着他们长途跋涉，穿过荒原，然后看着他们消失，穿越过去等等，这趟下来一定很辛苦，我相信他们中间有些人并不值得你去这么做。"崔斯坦说"这是我的工作，保护每个灵魂平安无恙，这就是天底下最重要的事情。"

态度决定前途。学习就是一件苦差事，要努力追求苦中作乐。听一位专家发过一通宏论，大意是说，学海无涯苦作舟应该改为"乐做舟"，为什么呢？现在儿童负担太重了，我们应该大力宣扬让孩子快乐地学习，学得快乐。对"书山有路勤为径，学海无涯苦作舟"这句话的理解仁者见仁智者见智，不必追求统一，我理解这位专家的"苦心"，他所提出的观点我举双手支持，可他拿这句"古训"开刀，我不赞同。读书与学习的过程都是由不知到知、由易到难、由浅入深，书山学海要下功夫去求索，有困难，有辛苦，有失败，这就是学习。如果我们以追求快乐追求轻松去指导孩子的读书学习，那岂不是一种误导？师生练字，并非随意之举，在练字中炼心，在师生相融共享，从心出发，才能达到远方。

5. **智慧**。"有诸己而后求诸人，无诸己而后非诸人"。教育帮助我们了解广大生命的所有精微面——它惊人的美、它的哀愁及欢乐，否则教育是没有什么意义的。你也许会得到学位，得到一连串的头衔，得到非常好的工作，然后呢？如果在这些活动的过程中，你的头脑变得迟钝、衰竭、愚蠢，那么生命的目的又是什么？教育的真正意义，是培养智慧，借着它找出所有问题的答案。教育的智慧是一种无限的包容力，允许自由地思想；没有恐惧，没有公式，让我们发现什么是真实的、正确的事物。教育智慧没有任何形式的野心，不论是精神的或是物质的。

6. **坚持**。在人生的长跑中，活得精彩的是那些跑得最持久的，而不是跑得最快的。跑得持久因为有远大的目标，不会为近忧困扰，也不会为暂时的挫折停下前进的脚步。人与人的差距归根结底是时间的差距，做对事情的时间有多长，人生的精彩就有多长。做正确的工作的埋单有多长，工作的业绩就有多大。譬如挖井，有的人在很浅的位置上就挖到

了水，那是人生的幸运，这样的运气可遇而不可求。更多的时候，在没挖到水的情况下就停止了工作，这是半途而废，看看我们的生活，有多少时候不是因为"坚持"而一次次离成功越来越远。

三、刚柔并济说治理

现代学校治理是一个系统工程，通过学校自身系统所具有的一切教育手段和教育途径，协调全体教育力量的最佳搭配，持续地提高学校效能，促进人的最优发展。以教师专业化发展促师资水平提高，建设学习型学校，保持"学习与工作的融合阶段"，"治"在科学性、开放性，"理"有自主性、人文性。

管理到治理，原则的刚性不能软，那就是文人武治的特点，即奖罚分明树规矩。表扬奖励留痕，或精神或物质，或重仪式感或者选好时机，奖励有为、包容错误。错的尽量以吓唬为主，因为新人新环境很多错的不至于发展为误国误民的实质伤害，及时点出来不要真的把打板子起到威慑作用就够了。当然触碰红线的行为也决不能姑息，处置过程对犯错者是教育，对全体教师是管理。例如，有的老师三番五次体罚儿童，几次处罚后坚决调整到非班主任岗位且安排写承诺书等施压方式。有三位年轻老师对学校管理消极逃避，安排写检讨书。

美国管理学大师彼得·德鲁克著作《管理：使命、责任、实践（实践篇）》开宗明义把管理界定为一门学科，即管理是一套条理化的"认知体系"，因而管理适用于任何地方——在这个意义上说，管理就是"文化"。管理本身以文化为前提，管理者也可以塑造文化与社会的形态。

1. *刚性的制度*。好的校长都会平等对待每一位教师员工。这种平等不仅是态度上的一致，而是建立在对制度的遵守和执行上。"睚眦必报，锱铢必较"，当不了校长。

执行制度和贯彻以人为本不矛盾。严格执行制度，是促进和谐管理的重要内容，没有制度就没有秩序，没有制度的落实就没有公平可言。对教师的严格要求恰恰体现了对教育对象——儿童的以人为本，对教师的以人为本需要制度和规定来保障。

人的自觉性生而不定，如果没有制度的约束，谁不会避重就轻？

一位老师找校长理论："学校里那么多代签字，为什么处罚我？"校长说："发现一个处分一个，你说有谁，一经落实，绝不姑息。""我不说，反正要罚就都罚，不能单来罚我。"

管理中常出现这种情况，如果教师也来换位思考，谁当领导能真正做到周密，更别说教育行为是人对人的行为，复杂的社会关系掺杂在其中，很难保证对个体是绝对公平的。

正如我们不能要求监考者一定把所有作弊者都发现并处罚一样，也不能说随机抓到的作弊行为就不应处罚。错误是不可原谅的，管理中惩戒是处罚的两种方式或者一个过程的两个阶段。对当事人是处罚，对其余人是警戒，这就是秩序。并不是一定要让老师当顺民，但平和心态不但对校长有益，对老师更重要。我们应当用平和去感染儿童，这不正是以人为本的真正需要吗？

管理制度一旦确定在教育教学实践中应当被尊重，此为"抓而不严不如不抓"。常规管理必须宽严相济，文武兼行。常规务必讲究实效，就要避免花拳绣腿的形式主义、刻板套路的教条主义，活学活用对症下药。精炼多练是确保高效的法宝。按照"多快好省"要求，从信息速度质量投入等方面进行控制。控制论告诉我们，控制无效，突出长效；控制难点，解决关键；控制平衡，反复出现适当程度。

应急管理：分清轻重缓急；冷静面对，摸清实情，妥善处理。学校里会不时传递着各种信息，有时候老师会选择性地传递信息，或加以整合，辅以情感色彩，或者进行转化，朝着目的性发展。例如，中年女老师长期处于家庭生活的紧张压力下，教育子女的压力以及夫妻关系的调节等，这些生活中的不如意未必都能在一些场合进行公开和化解，于是有些生活导致的不良情绪可能转化为对工作的不满，表达出类似我付出了很多，却得不到积极肯定的牢骚，甚至会表达出我不干了的信息，这时候校长要先去理解她的情绪而不是按照她传递的信息进行判断，否则可能解决不了问题又生出新问题。还有时候，老师遇到一些评价上的不如意，像评优选模职称评定等没能实现愿望，有的老师会去找方案的毛病，有的抱着一种心理——我得去找领导理论理论，否则显得我干得不好。仿佛找校长理论就代表着一种应该，其实这样的行为更多地理解为"要认可"，给予积极而有原则地回应，就可以及时避免或化解扭曲信息的传播。总之，管理者如果不能在恰当的时候总揽全局地审视信息，找不到其中的要害，容易误判作出错误决策。当一些突发事件发生，第一时间的震惊往往是大多人处于蒙圈状态，这时候非故意地出现集体误判，传递虚假信息的可能性很大。作为管理者应及时作全面深入地调查了解，以防止错误信息的积聚和变种。再者，小学生天然具有幼稚性理解问题的天性，经常出现夸大所见、忽略事实的现象，作为教师要理性应对，合理引导。例如，经常有小学生慌慌张张地跑到老师的跟前："不得了了，某某的流了很多血……"就像孩子在极端害怕的情况下哭喊妈妈一样，这样的信息播报更多的是一种本能反应，而不是什么真实情况的写照。

2. *柔性的管理*。有人说，经济发达地区似乎"人情淡薄"，到江浙一带学校挂职学习有种感觉，校长、主任、老师一应人各忙各的，对于外来的和尚不冷不淡的，也许是他们见得太多求贤若渴的眼睛，也可能他们有时间工作没时间搞关系。时间久了，渐渐能够发

现一些端倪：在学校和社会治理中，他们更讲究规则和秩序，公共场合规则起作用，"人情味儿"打折。其实，真正"淡薄"的并不是"人情"，而是"人情世故"。例如2015年在江苏无锡挂职学校，到位的第一天中午就给我们排出挂职活动安排表，部门主任、教研组长依次到我们办公室面谈接洽而不是团拜会一样的形式，还有赋予我们随意地走动，在学校每个角落以及每位教职工的知无不言、言无不尽……越是经济社会发达的地方，大家都心向文明，无暇在意披着"人情"面具的利益，因此，人情反而会显得更纯粹一些。

　　我在学校里经常会与老师交流交心，有时候是面谈，有时候是随意的聊天。刘老师是新招考进入学校的体育老师，她说，还记得第一天踏进校门，映入眼帘的是随处可见的施工现场及不完善的设备设施，各种疑问和顾虑不禁而生。唯一支持自己不失望的是看到一张张天真烂漫的笑脸，听到无忧无虑的笑声，有幸参与孩子们的成长，支撑着去寻找对学校的归属。周老师在原来的乡镇中心学校呆了10多年，有感情，突然离开，有舍不得，更有离开家的迷茫。带着这种心情，她说，来到万境水岸小学一个多月了，从一开始的陌生到渐渐地融入，开始逐渐适应。在我看来这样的适应也许有些被迫和不甘，大多数的教师很容易为了儿童而安定下来，在行政命令下，教师这个职业的人可以随遇而安地压抑自己的爱好，他们有时候就像杜鹃一样，只管着孵蛋一样的责任，忽略自己的个性化需要这里的一切了。她说，记得刚接到通知时，心中没有一丝的惊喜，反而不知所措。心情也随之变得复杂起来，既有对新学校的惶恐与不安，又有对新学校的期待，还有对原学校的留恋。周老师接班的年级是学校的三年级，也是新学校的最高年级，就是那些分流来的31个孩子，这些收养的孩子令人"刮目相看"，课堂上，面对老师提出的问题"视而不见"，只是呆呆地坐在那里；作业中，时不时会出现你不认识的字符。这群孩子让经验丰富小有名气的周老师服气，新为后娘的满腔热情变作失望和彷徨……随后，及时帮扶交流达成了共识：只要以养成好习惯为目标，而不是单纯的只注重成绩，似乎可以取胜得高分。做不到成绩出类拔萃那就做到读好书、练好字。从转变心态开始，逐渐在心底里接受这些别人"经过手"的孩子。"孩子，你慢慢来，慢慢来"。龙应台的话语成了老师的箴言，每一个脚步，都为等待而踟蹰，不再为孩子的"无知"而恼怒，课堂上多了几分鼓励，多了几分宽容，多了几分期待。渐渐地，孩子们变了：课堂上，高高举起的小手多了，渴求知识的目光多了；课下，漂亮整洁的作业多了，调皮捣乱的同学少了。就这样，公开课上，孩子们出色的表现证明老师的真情没有铺张。周老师这样描述自己的心境："每天清晨，我都会从操场路过，高大的教学楼，腾空的走廊，宽阔的操场，美丽的花园，构成了一幅那么和谐、动人的画面。每每此时，心中总有几分感慨：这就是我的学校，一个梦想开始的地方。傍晚，徜徉在回家的路上，龙应台的话语又在耳边回荡：

我，坐在斜阳浅照的石阶上，

望着这个眼睛清凉的小孩专心地做一件事，

是的，我愿意等上一辈子的时间，

让他从从容容地把这个蝴蝶结扎好，

用他五岁的手指，

孩子，你慢慢来，慢慢来……

任老师来自原来高新区唯一一所的准城区学校，标准的中年教师，她记录自己突然莅临万境的经历："八月底的一天，当我们一行10人像犯人一样冒着小雨被'押送'到万境水岸小学时，我的内心受到了莫大的伤害。工作单位变动了，但我连被告知的权利都没有。迈过泥泞的、未完工的马路，踏进陌生的校园，唯一能给我一丝安慰的是施校长的笑脸和桌子上的那瓶矿泉水。我没有任何爱上这所学校的思想准备，当然这所新学校也没有好到能让我对它'一见钟情'的地步。随着新同事和儿童的陆续到来和工作的进行，9月底的某一天和几位同事聊天，我问：'有没有觉得有点爱上这个学校了？'同事连连点头。"

新校让人喜欢的几个方面：

以前连年级组长都是可以开会教训老师的，这里的领导没有，他们在用实际行动影响着、带动着大家；现在上课的方式师生共在，写字课和孩子一起练字，阅读课和孩子一起读课外书、讲故事；体育课孩子们都能到操场上活动……新入职的年轻老师们手把手教我在手机上用wps，分享他排桌子的小窍门，每天早晨都早早到校把四个教室门都打开……当老师们打心底里接受这所学校、爱上这所学校时，才能怀着愉悦的心情，积极主动地去把工作做好。经过近两个月，"我"是万境水岸小学的一员！

另一位刚刚生完二胎回校上班的女教师年近不惑，一样不情愿，习惯了往常，不想再改变了。即使来到新校，看到崭新的教学楼和办公大楼，感觉不是属于自己的建筑，没有一点欣喜感。仅仅一次平等相待以诚相见的谈话就能让老师感觉到："被狠狠地尊重了一回！我已经不知道怎么出的校长室了，在回去的路上鼻子酸酸的，心里暖暖的。回想以前，这是不曾有过的。我想说，处于特殊时期的女性真的是很不容易，多希望被大家理解。不要以为我头发没怎么梳好就是不尊重工作；不要以为我匆匆走进教室就没认真备课，其实授课流程已在心中；不要以为我整天看上去没精神，就没精力批改作业……这一次我真的被感动了，忽然发现这里的新楼太漂亮了，天空也格外蓝！"

许多老师都是这样可爱，也许在精明的利己主义者那里这些老师的反应迂腐而简单，然而我所见到的是老师们渴望尊重，希望幸福工作的渴望，还有教师这个职业所需要的珍贵的纯粹。

新入职的男老师这样叙述自己的所见所闻所感——见面会的气氛很轻松。可我还是有些紧张，当校长问到我的时候还是有些不知所措。每次都这样，对自己也很失望。最让我感到不同的是校长反反复复强调儿童，最重要的我当了班主任，体育课、美术课、音乐课都上，还有足球、道德、绘本等课程。老师们都说：看看其他学校的孩子，咱们学校的孩子有多幸福。学校揭牌仪式背景墙上的八个字：砥砺前行，共创未来。好多老师都感受到了这不仅仅是一句口号，而是实实在在感受到的呼唤和力量。

3. **关键在人**。一所学校能把所有的工作做到圆满有为，特别需要皮实点儿、肯吃苦又能创新的干部队伍，怎么打造？在做事中选拔人，在委任中锻炼人，在关键时候推动人。弗洛姆坚定地指出，在所有社会和经济活动中，最高价值是人，社会的目标是营造各类环境，让每个人充分发展其潜能、理性、爱和创造力，真正实现自由和发挥个性。学校治理的境界高，就能发挥每个人的积极性主动性，人尽其才，领导的威信自来；人人能干说明领导能干。

现代学校治理不是校长的独角戏，而是汇聚多种力量的协奏曲。这次的重大公共卫生危机考验了中国和世界上其他国家的社会文化，对于我们小小的学校治理文化更是一场拷问：有没有凝聚人心的价值追求，有没有高效有力的统筹调度，有没有令行禁止的领导威力等等。这样的机会并非我们期盼，来了必须应答，而且要答对答好，毕竟是人命关天的大题目啊。

学校教育功能在疫情面前的淡化虚化，反映出的是教育责任落实得不到位和不平衡。即使同一所学校，始终存在着学科教育的不平衡，德育智育体育的不平衡，也表现为"功利化"倾向在学校不同层面的分布态势也是不均匀的。最后的结果在儿童受教育的效益上表现出来，看上去学校集体教育无力或紊乱，社会不良影响乘虚而入，学校教育溃退就在情理之中。

4. **一决策一责任**。常说的"屁股决定脑袋"，强调了在其位谋其政，一个人拥有了决断权力的时候责任随之而来，或短或长的时间里会表明尽责的效果，不可以随意和懈怠。事在人为，但为事要讲规则，现代社会，现代管理制度渐入各行各业，教育管理制度的现代化也呼唤阳光，也需要落地。

初任执行校长，做的第一件关于学校建设的决策就是学校中央空调配套电缆。现在看来，属于配套设施的电缆由校舍建设方即五矿地产负责，但是由于该电缆为学校几百万的中央空调系统使用，原来学校建设设计没有中央空调一项，而且学校招生以来一直没有正规的校舍建设竣工交接，五矿地产不搭理。高新区管工委负责学校"建成"后设施设备的

投入，中央空调属于先期一千万设施设备投入的一部分，合同中没有投入建设电缆一项。在此情况下，学校征求了有关领导的意见（后来这位领导说不知道），通过比价采购的形式，以四十万的投入，在最短时间内实现了中央空调（含新风系统）的投入使用。

对这件工程的反思：

一是按照程序。学校应该以汇报为主，汇报给社会事业局领导，什么时候解决什么时候使用。

二是用人不疑疑人不用。负责此项工程联络的干部是从北实小过来支教的老同志，认为他有经验，完全交给该同志全权处理，作为校长不能深入事情，了解自己所不擅长的事情，以至于决策上盲从。

三是处于建校初期的这种不规范和随意性，在教育教学管理中也有出现。十月份，推荐市区级教育教学先进个人人选，按照全员民主投票评议的形式推荐，几位老师反应不公平，有的认为应该把工作以来的成绩摆一摆，计算量化才公平。我以"指标是给万境水岸小学的指标，评的是来到新校后的变现，时间只有两个月大家凭印象推荐"为表述，老师不服气地回应——怎么能"凭印象"评优选模，这样太随意。一个侧面可以看出初任校长经验不足表现的进退失据；另一个侧面可以发现最初的管理只能依靠人管人。制度不可能凭空出来，要在一件一件事情当中形成制度。之后，开始起草学校评优选模流程，制定各种标准。第一学期，建立学校教代会制度，第二学期借鉴北实小评价制度确定了第一个教师考核细则和班主任考核细则。

如果说述职是"听其言"的过程，常规就是"观其行"的过程，评价考核就是检验是否言行一致。

实话施说：

1. 彭钢《校长专业精神的自觉与超越》："专业追求可以体现、统整并超越专业自信和专业坚守，并不断更新为稳固、坚定、执着的专业自信和专业坚守，从而成为一种校长的人格、理想和价值。"南怀瑾家训，人生有三个基本错误不能犯：第一，德薄而位尊；第二，智小而谋大；第三，力小而任重。崇德之德就是具有配位之德为目标。

一场"微信群风波"突然而至。

学校冬令营游学活动计划于1月23日出行，乘坐大巴出发去省城机场。可就在出发前一天，天公突然变脸，早上九点左右突降大雪。由于气温骤降，有的路面结了一层薄冰。这场雪一直持续到中午12点左右。

活动在出发前一周就建起了微信群，儿童家长、活动组织者、带队老师都在群里。十点左右开始，部分家长开始在微信群里陆续发声：有的家长把路面状况的图片上传，有的则是转载的车祸场景，这在群里掀起了轩然大波。逐渐，组织者的解释被家长的疑问、挑衅所淹没。许多旁观的家长从开始对道路安全的担忧，到最后与大多数人一样不断喊停。各种建议、猜测一下子涌出来几百条，最后形成两个集中的意见：要么延期出发，要么取消行程！

十二点一刻，经过校方和旅行社商量，根据交运集团的建议，决定下午三点开始集合，乘坐大巴去机场附近宾馆入住，第二天早上再搭乘飞机。旅行社的辅导员老师逐一打电话通知家长，在此过程中有的明确表示不参加，有的表示看看再说。最后有 45 名儿童到位，另外 22 人没有到。晚上六点半左右，所有师生 55 人顺利到达预定酒店。此时，有 7 名家长打电话又想乘高铁赶到济南汇合，有些家长还在群里表示第二天自己驾车送儿童。第二天，因南方突降大雪，我们预定的航班取消，于是改签到第二天出发。听到这个消息，先后有十几名家长代表同学，纷纷表示愿意把儿童送到机场跟着大部队继续活动，也有的建议旅行社再派车辆送站。此时，因为机票缘故已经不能保证家长意愿达成，组织者明确拒绝了家长。

到达预定目的地哈尔滨后，活动进行得十分顺利，师生都觉得不虚此行。同时，删掉前面的微信群后重新建立了微信群，活动照片实时传递到群里，微信群里充满了家长的满意之情。

事后反思，这场由微信群引起的风波，曾经强烈影响着组织者的判断，去还是不去？如果真的发生了危险怎么办？微信风波让当事人患得患失，无所适从。

回顾整个事件，微信风波是怎么发生的？根源在于无法说服家长对未来不确定安全因素的担忧。其实，任何天气情况下都有一定的安全隐患，不确定性因素的特点就是未知和不可知。由于有了微信群的互动，触发了群体的"非理性"思考，所有人的感觉一下子敏感起来。因为这个话题涉及"自己"的孩子，助长了内心的不安，相关话题的煽动性翻倍增长。在二十多个放弃冬令营活动的家长中，有一些属于盲从者，有的仓促决定后悔不已，有的个别家长本来就不支持儿童参加这次游学，他们曾经怀疑这次游学课程"在最冷的时候去一个最冷的地方"，遇到下雪路险这个突发事件刚好可以利用。

那么，作为组织者应对的又是否得当呢？一开始组织者在群里也进行了解释和说明，可是却发现既解释不通，又说服不了。正是因为组织者没有第一时间做出决断，并及时给出明确的计划路线图，并且态度不够诚恳又坚决，让大家的怀疑和担忧左右了舆情。直到后来组织者亡羊补牢，分别进行点对点的沟通，逐个下通知，当面征求家长的意见，才迅速扭转了局面。与此同时，做好其他家长的疏导工作，既无请求他们继续参加活动的态度，又没有表示出对他们反应的理解，以及通知他们要承担部分违约损失。后来，到达目的地后，解散旧的微信群，建立新的沟通平台，才算彻底截断了干扰。

通过这次微信事件，组织类似的游学活动如何避免被舆论左右呢？首先，应当制定完整的应急预案，不仅要重视安全防范事项，还要把天气等不确定因素考虑在内，进行事前设计。其次，适当时机建立和使用微信群。比如事前召开家长会、儿童会议，讲清楚启程前的注意事项，就不再做无谓的讨论交流。如果发生临时改变，使用电话点对点、各对各的联系是最有效的方式。最后，一旦发生突发事件，第一时间研究应对策略并且及时通报到应知范围，避免不必要的猜疑，可以有效控制事件的不良影响。

2. 沟通之难。

早上，炒菜放了三个鸡蛋，妻子突然问："放了几个鸡蛋？"听到我说三个鸡蛋，她不高兴地说："这么小的鸡蛋放个四五个也不多，这样几筷子就夹光了，孩子才能吃几口？"起初我有些不服气，被训得有点懵，后来想了想，有些释然：可能看到我自己一个劲儿的吃，怕给孩子留不下多少，因故这样说挑我的错吧。你看，我们人与人说话的意思总是夹杂着情绪和话外之音，如果单单凭着字面意思来理解可能造成歧义。再者，谈话者之间的交流除了语言本身的字面意思，还要考虑说话时的背景、环境、时机不同的影响。听话听音，十分重要。因此，微信、网上留言等方式，很难恰当地做好人的工作，面对面地沟通交流可以实现察言观色、抚慰人心，提高人与人之间关系的密切性。这样就能深刻体会到教师教育工作的独特性，教师的工作不可能被翻转课堂的讲说者替代；学校教育远比在线教育更具有无可替代的人际关系修炼营的优势。

3. 做官与做专家。

校长是行政职务，教育家是学术模范，校长应该成长为教育家。

一个想做事的校长总要面对做什么和如何做的考验。"做什么"其实关键在于"不做什么"——不利于儿童成长的不做，受到社会反感的不做，不利于学校长期健康发展的不做，教师群体排斥的不做。校长的领导力不受制于职权，优秀的校长能够超越职权影响他人，它不仅是决策某件事的能力，在一切学校发展诉求中，富有教育意义的价值体现和正确表达，并在符合教育本质的前提下，以灵活的方式影响上级部门、同级单位以及全体教职工。

校长要将注意力集中于现在和未来，而不是对昨天的过失进行没完没了的追责，因为没有哪个人因为关注昨天，而得到了更美好的明天。

第三章　非常教师——建设专业发展命运共同体

第一节　"戴着镣铐跳舞"的生命

　　小学教师作为一种职业有什么特殊性呢？首先小孩子的老师必须有着特别的信仰。塑造灵魂，需要一个更高尚的灵魂，这种高尚，通过不虚伪不矫饰，体现在教育生活中，一举手一投足，点点滴滴，春风化雨。这就是小学教师的德性。然而，广大教师是普普通通的人，不是也不可能成为圣人。五千年的中国文明史称得上圣人的屈指可数。"只有不会教的老师，没有教不好的儿童"这样的教育信仰只会让教师无所适从，作为普通人心怀忐忑而不是心存敬畏，战战兢兢而不是尽职履责。教育者过分追求教育物质化、功利化，走向南辕北辙的内心荒漠化，让施教者自己痛苦也让受教者痛苦不堪，如同形同陌路的夫妻除了消耗就是伤害。培育灵魂需要鲜活的灵魂长善救失。

　　古话说，家有隔夜粮，不当孩子王。小学教师并不是一个令人羡慕的职业，选择当小学教师的除了就业需要以外，有的贪图教养小孩子便利，有的娶一个假期生活有规律的女老师照顾家庭有保证。但是，做小学教师不易，做一个优秀的小学教师更不容易。除了地位低、任务繁重以外，小学生年龄跨度大发展变化大带来的教育难度不言而喻，这就要求小学教师独有自己的专业性。

一、良好师德，为师之首

　　第一，德为底色，才为笔锋，德性比专业性更为宝贵。以仁爱之心待儿童，即使教的方法有什么笨拙质朴，也不至妨害到小学生的成长。小学教育者以通透教懵懂，以慈悲待无知，以了解面对童真。有仁爱之心的小学教师，追求艺术的教育人生，会以一己之力努力维护人性化的成长空间，既宽阔又长久的空间，让"他"和"他们"做阳光自然、生动生长的小学生。

　　散发着德性光芒的教师在管教儿童的时候，不以伤害为目的为首要原则。谁也不能保证对待每一个儿童的每一个时刻，都能像老木匠打出的墨线，尺度上不偏不倚，效果上又恰到好处。只要出于仁爱之心，呵护之善意，即使施教过程中偶有逾越，也不至于成为小学生的终生疮疤。但是，那些从想着刺痛儿童内心，甚至虐待其自尊，打击越惨越快乐的教育行为，就是作为教师的耻辱，必然为多数小学生记忆深刻，落下永远的痛，为有德之士所不齿。

第二，小学教师具有描画孩子未来生命蓝图的权势。小学阶段是培养孩子人格雏形的阶段，错过这个关键期，再也没有回头的可能。有些孩子长大变成了"草莓族"：看起来鲜红可爱，随便捏一下就烂得汁液遍地；而所谓的学霸，考试成绩出色，可是对人生的理解与想象，却空洞得可怕。

随着学习型社会到来，延长了人一生高质量学习的时间，学习的方式更加多元，如此看来，小学教育被很多人不再看重，好像初中一旦按照学区招生，小学就变得无关紧要的阶段，甚至小学校长和老师也无所适从，一方面特长学习吸引了更多家长的注意力，另一方面，小学教育阶段的成长目标却变得模糊。许多家长都有这样的心态：反正从初中开始孩子就要面对繁重的学业，现在就让她们好好地玩吧！

至于指导儿童学习的能力，其实更像是小学教师的基本能力，只要持续学习力依然旺盛，且能够坚持一线实践的探索，指导儿童学会学习，比起良好的德性来，显得容易了。只不过成长为小学教育的"能师"，对儿童研究的兴趣和与时俱进的学习能力，同样重要，都需要涵养。

第三，小学教师要端正的应该是儿童观，一定要去理解小学生的世界。怎么看待一个个鲜活的生命，怎样人师这一段小学生活在一个人生命中的意义尤为重要。正确地看待面对的教育对象才能拥有持续而浓厚的教育热情。人没有了热情和理想，不只是可憎，也是种自残。教师整个职业更需要一种稳定的是意义感，失去教育理想的坚守，教师生涯就会走向空虚和恐惧。

在成人眼里小学生难教，教育者经常批评他们"不懂事"或"不听话"。其实，这是不懂得也是不负责的，有时候，小孩子之所以没有办法"守规矩"，恰恰因为成人已经固化在各种社会制约中，丧失掉太多的幻想，不相信各种可能性，小学生的可爱和可贵就在于她们的轻信，他们愿意模仿认为对的（美的）东西创造无限的可能。

大人常常用过度社会化的眼光去看小孩子的世界，因此忽略了小孩子可贵的地方。小孩子在学习上的表现，有时候反应的不是他天分的高低，而是他接受各种约束，放弃非社会性本能的快慢而已。一般来讲，学习表现好的小孩天分通常都不错，可是这里头也有一部分是因为自己没有独特的坚持与创意，只是因为听话和勤奋；学习表现缓的小孩天分往往较不出色，但其中也有一部分是特别有创意，思考比大人灵活，因此很难习惯于一种事事都有成规的僵硬体制（爱因斯坦显然就是这种例子）。

第四，和小孩子一起去创造新的世界。在引导小孩子进入成人社会的过程中，必需注意不要轻率地截除了他们中规中矩之外的创意，不要粗暴地给他们的愚、智、优、劣等定性评价，或者替他们决定未来发展方向。面对孩子，我们只能不怀主观地给他所有可能的

教育机会，而不要去判定谁有希望或谁没有希望。因为——你永远不会知道，在什么时机，在什么场合，你会因为哪一句话，或哪一种神情，对哪一个人，造成哪一种影响！

当然，爱不等于纵容，而是接纳每一个不一样的"他"，关心他，愿意去了解他。即使处罚的时候，都还有办法让他们感到这是单一事件，不是对他个人的否定，也不妨碍家长、老师对他的接纳。

大人多半都早已忘记自己小时候的模样，也不愿意再重新从小孩的观点去看世界，只急迫地要求小孩迁就自己的生活秩序，而不管在这过程中可能会牺牲掉小孩子那些可贵的本能和天真的禀赋，甚至会不会造成他们的冤屈，乃至于个性的扭曲。

一个好的家长或小学老师，必须愿意（甚至乐于）重新站在孩子的立场看世界，体会到自己所扮演的角色，其重要性甚至于超过大学教授，然后他才可能终身不倦地，一再重复回到小孩子的观点，去仔细观察那个早已被大人遗忘的世界，以及在那个迥然不同于成人世界的奇妙法则：儿童的天真感情，对人的态度的敏锐感受，正在被扭曲中的性情等等。

学会做事，学会做人；指导做事，指导做人。幼小阶段的教师首先是人师。善良、热情、诚恳、活泼、开朗与接纳，具有这些不可或缺的德性，才能指导幼小阶段的人的成长。这个时期，绝大多数儿童的知识学习有快慢早晚之别，没有绝对的好坏之分。"人"的态度学习，至关重要，且质的差别如同冰山沉没在海水以下的部分，巨大而又坚固。家长、老师和伙伴对他的态度，怎样做事如何为人处事的态度及能力，影响长大后对这个世界以及对他自己的态度。儿童阶段的"人"的教育，为儿童一生的身心发展奠基。

第五，以慈爱之心不断改进教育教学。会教书的老师在学生印象里大多是这样的：儿童的眼神看着老师的时候亮起来了，如果教师跟前每一双眼睛都像死鱼眼睛，黯然无光，那真的是有问题的教育场。要教到儿童眼睛可以亮起来，教师课下所下的功夫无法算得清楚，备课备儿童真是对教师综合能力的全面检验和挑战。具有吸引儿童的人格特质，浓厚的为儿童所感受到的对于求知的热情，老师对儿童心理的体察和情绪的同感，教师自己生命里的感动，具有把知识重塑为可以感动人心的场景等能力。教育的过程不是在给儿童一个"标准答案"，关键在师生交流和互动。会教的教师能真正走进儿童的心坎，师生关系是一对命运共同体，相知、相伴相互激励。教师具有自我激励自我治愈的能力，持续保持不竭的职业激情和教育创造力。

二、改进认知，提升格局

提升人生格局，教师师德就不是问题。格局是指一个人对事物所处的位置及未来变化的认知程度。格局小，意味着眼界狭小，看问题角度单一，做事没有规划，没有目标，斤斤计较，不爱学习和思考。格局狭小会使人越来越走向平庸。从这个意义上讲，师德不是问题本身，教师人生格局才是硬核。教师真能讲究师德修养的最低的格局要求是"一言一行，都没有消极的倾向，一饮一啄，都要有正当的意义。"师德给予儿童积极向上的精神状态，坚守高大上的行为准则。叶圣陶先生说，凡是带点教育以为的事都一样：自己做不到的，别叫人家做，自己教人家，要想收到效果，就得自己做出榜样来。教师的说教很难奏效，要用行动引领儿童，让儿童信服，最关键的是"能做到才说"，良好的师德体现在为人师表的实践之中，表里如一，一以贯之。

定位一个人在社会群体中所处层次的本质，就是认清人生格局的层级。从自身讲，就是要拓宽我们的眼界和解决问题的思路，有意识地用正确的方法去提升自我格局。

如何提升人生的格局：一要学会读书；二要不断从身边的人身上去学习；三要懂得扬长避短；四要学会从更高的角度看待世间的万事万物。只有这样，才能够从自己所画的牢笼中解脱出来。这时，我们对世界的认识才会有质的变化，人生的格局才能变大。

建校第二年，增加了二十多位教师，其中一位从临近学校调来，大家有些意外，原来所在学校有文明单位奖励，来到新学校可是一年少拿不少钱的。令人不解的是第三年又调来一位，这两位在原单位可称得上骨干，作为校长有点儿沾沾自喜。但随之而来的异样声音出现了：北实小的管理模式在高新区水土不服，管理上"东一下、西一下"，感觉混乱，云云。

校长与老师面对面会谈，听听他们的心声。有位年轻教师工商管理专业毕业后，曾任职出纳、会计等工作，非常喜欢教师岗位，考取教师资格证后，以优异成绩考入学校。在任课情况方面：自评对一年级语文的教学更加有信心，认识到三年级道德与法治课需要丰富活动和游戏方式，自己的方法还不够灵活，仍需努力。

校长：作为老师，尤其是班主任工作，跟你以往从事过的会计工作也有异同之处。相同点是都需要把工作条理化、可视化，尤其是细节处都要更加细心。不同在于，处理数据工作能找到固定的文本条目公式参照，而儿童的问题更具有多样性，更侧重于语言和行动的影响和带动作用。

问：工作以来感受到的最大收获是什么？

老师：工作的价值感更强，一想到自己的工作与"儿童的未来"息息相关，就有动力，非常喜欢这个职业。

校长：在下班乘坐公交车路上偶遇她所教儿童，儿童主动礼貌问好，自信大方，也体现出日常工作的扎实和努力。

建议：作为年轻老师，要认识到自己无所适从的问题和事情本源，多学习，有必要重温《教育学》《心理学》等资料或相关理论知识，在教学实践中弄清楚教学和教育的概念不同，从了解儿童发展观开始，研究育人科学，在理论方面充电。在实践中，多去发自内心地亲近儿童，和儿童主动对话，了解需求，从情感、阅历、知识等方面做好典范。

老师：一定再接再厉，向老教师看齐，多向身边老师请教，加强学习。

中年教师：在工作中的消极情绪、抵触情绪，通过对话感受到教师需要多方面的思想疏通和方法指导，尤其是从认识上要端正正确的导向，既要用关心、关怀、关注消解对立情绪，又要旗帜鲜明地纠正错误认识和不当回应，营造积极向上的育人环境，打造师德正、作风过硬、敬业奉献、业务精良的教师队伍。

校长：从建校以来，老师们也都很努力，很投入，我们组织今天这种形式的对话，希望通过跟大家面对面，一对一的交流谈话，了解一些个人工作的情况、获得对学校发展的建议，帮助老师解决实际存在的困难、困惑等。

老师：好的，我总体感觉还行。没什么特别事儿，我就是自己干好自己的工作，其他事情没考虑太多。

校长：那通过这一两年的工作和适应，你对在这里工作和学校的管理等方面有什么感想吗？

老师：我就是觉得不是跟以前设想的一样，离开前一个单位，换一所学校就能轻松。我觉得现在感觉也并不轻松，工作的事儿还是那么多，我自己并不很开心，和你们领导交流不多，我也没考虑那么多，反正觉得也有不少不满意的地方。

校长：那你能给我们提一提都有哪些问题吗？提出来我们领导班子都反思一下，进一步促进工作，毕竟让老师工作不开心，并不是我们管理的本意，不是我们所追求的效果。

老师：我没什么准备，我也想不起什么建议，就是感觉我不停地在干，事儿总是不少……我也不喜欢跟别人说太多没用的，干好自己的事儿就行了。

校长：通过你这话，我倒是感觉有些不解了。如果你有不开心的事情或者对学校管理和发展有什么好的建议意见，通过这样的沟通，我们从管理上做些改变，营造更好的环境，这不是挺好的事情吗。刚才你提到了在这个单位也不开心，如果给你选择的话，你会选择回到原来那个学校吗？

老师：（沉默）

校长：我的这个问题是出于对你职业幸福感负责发出的，如果你真的感觉自己更适合回到原先那个环境，在原来学校更快乐，真的不喜欢"被派往"到咱这个学校，我们真心愿意尊重你的选择和决定，也愿意在力所能及的范围内尽心尽力帮你。不管答案与否，那也希望你能开诚布公地说说学校哪些方面做得不够到位，让你感到不满意或者失望的？

老师：不是，我没有要选择回去的意思……我觉得……你们来自不同的学校，我个人与你们交流不深，我一时也想不出想交流什么，我就这个样子的人，不喜欢表现什么，我就自己干自己的工作。

校长：我感觉这是一个矛盾的回答。一方面你感到工作不开心，对学校不够满意，另一方面又不愿选择原来的工作环境，这个矛盾的答复确实没法让我们正确理解和认识你。那我们聊个具体的事情吧。有位你班的儿童家长前两天通过各种渠道反映，说自己被请出了班级微信群。一开始出于不解和气愤，要求给孩子换班，但经过办公室王主任和贾校长先后谈话做工作，现在她希望和你直接取得联系，重新回归班集体，但是你一直没回应她。

老师：这个家长太让我生气了。在班级微信群里多次问我问题，也多次在非工作时间给我打电话、发微信，我没理她，她孩子挺好挺优秀的。我感觉她太过于敏感、太焦虑，我因为不方便回复，她就在群里公然问我是否对她有意见。这太不合理，太不正常了。

校长：对于这儿童的家庭，之前你做过家访吗？现在家访了几个了？

老师：没去过。不愿见这个家长。其他的在这学期应该家访12户了。

校长：那你能不能跟我们分享一下，通过家访，你有什么发现吗？或者你感觉家访起到哪些作用了吗？

老师：感觉作用不大，没什么发现。

校长：这个回答要是我来评价的话，"没什么作用"，说明你在家访这项工作上做得确实不到位，家访工作怎么能"作用不大"呢。或者我进一步判断的话，你跟你们班级的家长交流和沟通上，也很可能存在不少问题。

我们之所以提倡家访、推动家访，不仅仅是因为这是个上级任务，更重要的目的是通过老师亲自去看看儿童的家庭生活背景，了解儿童成长的家庭环境，和那些每天与他们在一起的长辈面对面聊一聊，感受一下家庭教育的氛围，把教育做成合力，共同教育孩子、解决问题。这些事情做到位了，对于我们教育质量提升特别是对孩子的健康成长有着至关重要的意义。

认真去做家访，也是在帮我们改变保守的教育认知。我个人觉得，很多时候，我们如何认识一个人，直接影响到我们的认知和判断。对于你这位"焦虑"家长的心理，我也建议你要有主动对接，主动面对的意识，不要等待矛盾爆发，等待不可预知的各种后果。用个人的情绪来抵触教育的科学，这结果必然是百害无一益的。

因此，我希望你能够主动和那位家长见一面，贾校长做个见证，和解一下。她作为家长想要关注孩子班级群的信息，这要求并不过分。如果你还是这样固执己见，过度计较，万一激化了矛盾，后果只能由你自己负责。

老师：我为什么要牺牲自己的时间面对这个不可理喻的家长呢？她说话不注意场合、方式，影响了我，当班主任这么多年了，我不觉得有义务天天考虑她面对的问题。另外，我们当班主任那么忙，我们也干了很多事，我需要学校认可，学校评价制度什么的不能忽视班主任做的工作……

校长：说到评价，我们举个最近的例子，在这次推优评选中，两人报名，你的得票数是个位数1，你思考过这意味着什么吗？为什么一个工作二十多年的老师竟然得票没有超过一个年轻教师。这仅仅是因为评价制度的事儿吗？我觉得，除了制度，对于老师更有意义的，还有同事的认可、家长的口碑、儿童的记忆…，比起制度的那几分，有些评价更加珍贵！您觉得呢？

老师：（沉默）

校长：班主任这个角色，承担着落实学校任务、协调家校沟通、做好日常教育等多个责任，辛苦是必然的，如果没有点辛苦付出、认真负责、敬业爱岗，我们怎么能赢得家长和社会持久地对老师的尊重呢。如果不辛苦工作，我们怎么能对得起那些站在孩子身后的家长的期待呢？师德要求提到的爱岗敬业，定义的这是"本质要求"。因此，班主任受我尊敬，班主任在学校考核评优制度中有很多的优先权，班主任是学校的关键角色。——处理和家长之间的矛盾问题，作为班主任，是最适合的人选。不然，如果所有的班主任都以这样的情绪来抵触个别的家长，我这个校长天天应付投诉和质疑，这还有可能去优化管理，让学校发展，让你们快乐去吗？这是我们教育该用全部精力关注的事儿吗？我们全体老师组成了这样一所新学校的教育团队，我们是一个集体，我们相互分担和支持，才可能走得更远，创出成绩，才可能办得出"让人民满意的教育"，这句话不是空话，这个定位是不是反映出了师德之本、教育根本，您思考一下，是这个道理吧？

老师：我现在很混乱，我对今天这个批评感到很意外，我也不知道为什么你指责我工作做得那么不满意……

在这个过程中，校长的谈话引起老师的反感，认为表现出对老师的严厉指责。一方面说明教师反感校长谈话中流露出的居高临下的权威性，另一方面也说明中年教师的敏感和对立情绪。

分管校长：我觉得按照平时的工作印象，老师无论是在管理班级还是落实工作上，基本上都没有出现什么失误，我们一直对你是积极肯定和支持的。今天的谈话绝不是什么批斗会，刚才校长提到的这些，从语气上我倒认为都是在提醒你注意转变认识，转变观念。我个人也受益很多，我感觉是提醒我们正视自己内心那些消极的态度、认识、结论，反思工作，做好工作，完全不是针对个人的指责、批判。同时，谈话也是希望你能把这个完全可以通过沟通解决的家校误会大事化小，和家长建立互信关系，这样具体的指导，之前那么多次谈话都没有今天对您这样细致。

沉默……

老师：是的，现在我也是感觉到自己对工作的认识上确实存在一些偏差，我多年来就这样过来的，一下子都转变不太可能。

校长：这一定会有个过程。回看刚才你说的那几个判断，"不开心""不愿意"，这些凭着个人感觉来支撑的结论，都不能代表全部，甚至连代表办公室的老师的意见都算不上。这样看问题的结果往往是我们对事物"真"或"假"的判断越来越不理智。我也衷心希望你作为学校里相对意义上的"老教师"，树立起正确的影响力，端正自己的态度和认识，主动融入和改变身边的环境，然后才可能获得环境的反哺，继而获得所谓的幸福感。另外，作为教师，我们一定自己一定要首先有敬意，对同事、对家长、对儿童，都要怀有敬意，这是一种基本的对等意识。班里的家长，我们有五年的时间相处，处得好了都是助力，交往不善、沟通不畅处处有阻力。有时间也希望你能向自己的内心发问一次：工作上，我到底想要什么？我到底想做什么？用真正的思考找回自己的"教育初心"。

老师：好，我尽力吧。

以上不加粉饰地照录了校长和两位教师的恳谈，校长与教师对话，身份影响也可能发挥反向作用，平和的对话看起来不痛不痒，管理上"水过地皮湿"的感觉。反而有所冲突的中年教师对话，能激起我们对于学校各种关系状况的了解和反思。语言是思想的外衣，人生格局在内外力的施压下发展变化着，在一些教师那里内省力停滞的时候，组织就要从外部发挥影响。我们可以来一些天马行空的思考：

有的人许多年努力之后却发现只是走了一个圈，不管走了多久、走出多长，最终又回到原点，错误一直在循环重复。这个时候要反省自己，为什么总是这样？因为我们不会或不愿告别过去的模式。

有些人喜欢抱怨别人，其实每一个来到你身边的人，都是你自己把他们吸引过来的，每一个你所遇到的人，都是你宿世的因缘。如果你不能去面对，那么痛苦的只能是你自己。如果你能够把这种抵触的情绪转换为接受时，很多的问题自然都会得到解决。

教师是独立的自然人，自然有局限，有情绪，但是教师亦是具有重要社会角色的社会人，传道授业解惑、文化传承、价值引领、灵魂唤醒、精神铸造，教师的格局无不影响着自己的教育教学行为，无不影响着儿童的成人成事。

教师要成长，需要有大格局。师德，不该是一个问题。

第二节 从教研共同体到命运共同体

一所学校，影响力最大的无疑是校长。时间久了校长领导风格甚至可以决定一所学校总的性格和气质。但是，校长更替不可避免，是否能够持续被记住被遵循，要看校长领导期内是否建立起先进的治理文化。要避免校长人走茶凉，就要把教育理念和学校文化在教师那里扎根，建立起教师专业发展的命运共同体。

生态伦理之父、美国生态学家利奥波德认为"所有伦理的形成都依赖于这样一个前提：个人是各个组成部分相互依赖的共同体中的一员。他的本能，促使他为了在群体中获取属于自己的地位而去竞争；而他的个人伦理观，又促使他跟群体中的其他成员共同合作——或者，这合作的目标是为了创造对其自身有利的竞争环境。"共同体的概念基于中华民族传统文化精髓的仁政善治，超越简单的竞争合作关系，是基于共同价值追求的共同发展。

命运共同体是一个有生命、有意志、可成长的与人类历史同终始的同呼吸、共命运、心连心的组织体；命运共同体具有相同的价值观；成员以共同的学习来实现一致性行动；一致的目标与理想……尊重规律、遵守秩序为核心原则；领导者发挥引领、服务、指导作用。

以一次视频会议谈教育命运共同体的构建与特点。

数学教研会议

逐步实现组织保证：数学组共有 25 人，会议从一开始很稳定地保持在 22-23 人，总有 2-3 人因为各种原因请假不到会。如果认为一件事不值得去做，做出来的这件事其价值不大。如果觉着这件事有价值，才可能实现这件事价值的最大化。因为坚持教研组会议定时、定人、定主题，因为不回避不计较不放过每一次每一个人，最终保持了 25 人全部到会。

每次会议精益求精的仪式感：开会有人拍照、有人记录、有人整理材料（主要记录各发言人的主体意识、集体意识、基于学科的创见），每一个人都有任务，人人动起来心就聚起来。打开手机摄像头，主持人点名问好，教师客串电教人员调试话筒，安排细致且时间精确的会议议程，过程调控和流程再造的矫正等，每一次常规教研活动对仪式感的渴望，都变成了一种凝聚的力量，让所有的人心沉下来，投入到思想的盛宴中来。

每一次会议都要有一个灵魂人物：这个人可以是主持人，也可以是某个专家，更可以是这次出课的教师，总之要围绕这一个人的所为所感所倡导展开。教研会的领导者可不是一定要有"领导"身份的人，一次会议的灵魂人物其领导能力在过程中发挥着联络、协调以及评价提升的作用，处理突发问题。处理突发情况，引导至正常轨道实现事件的顺利推进，是一个合格领导者的责任。特别情况下，线上会议的主持人承担起特定事件内的临时领导人，可以是一个也可以是两个人。

即使一次普普通通的会议，也可以在整合协同状态下，编织一张"具有凝聚力量的网"，用于把儿童、学科和自我统统编织到一起，使每个人生活经历的每个重要线索都得到尊重。

"三段跟踪"，量出课堂教学习惯。

教师的教学也要做好习惯养成。课堂上怎样的装扮出现，课堂语言是否恰当适合，教学流程是不是体现学科性和育人性等等，教师建设好自己的课堂教学技能，成为习惯，就具有了基本的教育力。学校设计了低中高三个学段课堂学习习惯观察量表，帮助引导教师自主规范自己的课堂教学，将习惯养成和方法指导作为重点观察项。分三步走：

第一阶段：教师自我指导规范（一个月）。要求教师首先熟知自己课堂中儿童的习惯养成项目，并在自己的每节课堂教学中要逐一对观察量表中的习惯进行自查，挂账销号，直至全部到位。

第二阶段：儿童评价（一个月）。以生为镜可知得失。教师指导儿童建立好的上课习惯，也从儿童的听课发言中反馈自己的课堂教学习惯，师生共进、合作成自然。

第三阶段：课堂评比打分评价（教研组校优质课评选）。将参与听评课人员分两组，一组专门负责儿童课堂学习习惯观察量表对本课堂进行打分评价，另一组对本课堂教师维度进行全面评价。为教师自我改善提供客观全面的数据，做到有的放矢。

教师是学校发展最宝贵的资源，教师专业发展共同体首先是教研共同体。一位教师从新手到成手，从骨干到名师，专业发展不是一蹴而就的，要经历不断暴露问题、解决问题的过程，既要向他人学习又要反思进取的过程。教师的成长，是为了教好书育好人，更是为了遇见更美的自己。教科研是为了解决教育教学中的问题，集体教研能充分发挥好校本资源作用，促进教师发展。在万境水岸小学，有一种常态的教研机制，每位教师都在相对固定的时间参加集体教研。例如，周一上午音体美、周三上午语文、周四数学，每学科每周至少半天、4个课时。有效的管理要创造让人放开胆子说真话的环境，可以尝试建立教师、家长和儿童的自组织。可以利用新媒体网络，促进各个群体在学习和交流中成长，让集体教研展示其团结带领成长的力量。

教研的力量体现在哪儿呢？

赋能。教研的力量在于赋能，教师们通过现在的教研获得可迁移的能力和方法、毅力和激情，让自己可以解决现在的问题，能够面对未来的新挑战。新时代教研强调学以致用，经历输出性的学习，才能加深理解，建构意义。只有经历学以致用，才能建构起教书育人的新思路，也才能够将育人理念融入血液，化成行为。

链接。教师的专业成长不是线性的，而是一个教育生命个体立体化的成长过程。通过教研可以实现多元链接，一是实现国家课程方案、课程标准等政府文件与课堂教学的链接；二是实现教育理论与课堂教学的链接；三是实现优秀经验与课堂教学的链接。这些链接是基于教师实际需求的转化，帮助教师理解学科育人的新要求和儿童成长的新需求，解决实际难题，引领教师前瞻性地思考，逐步转变话语体系，丰富教学方式。

除了与课堂教学的链接，教研还将教师的工作与其个人成就、家庭与社会链接起来，这样的链接有助于教师全面成长。教研还能将师生成长与大数据链接起来，大数据揭示的是关联关系，充分解读、使用大数据，教师与人工智能之间可以互相增智，通过链接实现赋能。

引领。当变化已经成为常态，儿童的学习目标发生变化，学习内容、学习方式、评价方式以至学习环境都在发生变化，这就要求教师要具备道德情操、育人境界、学科知识、教的知识、学的知识、班级管理能力以及个人发展能力等。21世纪，教师的素养还需要家国情怀、教育创新、跨界融合、应用技术、高适应力、高转化力和同理心。教研回应时代发展、社会变革，就需要超前的链接，要将现在与未来、单一学科与多学科、个人与团队、中国与世界链接起来。这些链接是对育人理念、育人目标的引领，也是对育人方式、育人环境创设的引领，更是对积极向上、开拓创新育人态度的引领。教研通过引领给教师赋能，帮助教师感受到责任、激发内在动机，帮助教师创新、善于解决问题。

在万境，盛开着六种教研课：

1. 亮点展示课。

开学初，每个学科均选取两名骨干教师在校内进行课堂教学展示，发现典型，搭建平台，让一部分老师凸显出个人教学特点。

2. 同课异构课。

至少两人同课，并设计不同课型。"以同一课例展示理念，让理念回归不同课堂"的思想，一课两上，同唱一首歌。人人为师，群体反思，诊断教学，解决问题。

3. 多种课型课。

针对学科特点，设计所有课型进行展示，数学学科的练习课、语文学科的作文指导

课、各学科期中考试之后的单元试卷讲评课等等课型，让每位老师熟悉并掌握课堂教学的全部过程，提升教学的效率。

4. 万境入门课。

新教师作为学校的新生力量，在参加工作初期的引领至关重要，所有新教师在开学第一周进行入门课堂教学展示，第二个学期进行新任教师过关课展示，凡是课堂没有达到要求的均进行二次上课，直到过关为止。

5. 万境开门课。

教师敞开门上课、教育同仁推门听课已经成为常态，从校长到教研组长，每人每周至少1节推门听课，"两不一直"（不打招呼、不提前通知、直奔课堂）的开放让老师放下侥幸，以平常心态对待教研。听课之后的评课更是常态，时间可长可短，所有教研当事人开诚布公，有滋有味地研在当下。

6. 回锅课

每学期学校确定人选跟踪指导课堂教学，第一次试讲，两天之后进行跟踪听课，看看教学理念和改进意见是否被吸收，存在哪些困难。捆绑式评价大大提升了教学的团队意识，两人一组共同研讨，第一位老师上课之后，根据大家的评价第二位老师接着跟进。老师们在每一次研讨中各抒己见，共同提升。

教研的力量，不以"我们能做什么"为标准，而以"我们应该做什么"为准则，始终以儿童、教师、学校的需求为方向、目标。通过链接、引领来赋能，通过信任、创新来赋能，给予教师全专业发展的内生动力和外部支撑。

教研的力量，就是我们在一起，实现教育理想和人生价值的统一。

持续无中断教研，队伍整体发展。每周的"半天无课日"教研活动按照"一课三议、两课一评"的模式稳步推进。"一课三议"，即针对同一个教师上的同一堂课，进行三次评议。一议，课前与同伴合作提出教学设想；二议，教研组评议；三议，课后集体点评，提出改进建议，"两课一评"，指的是两位教师同课异构，集中评议，互学共进。努力让"每一个学科都有自己的品质"。"一科一品"的实现，有赖于所有教师的倾囊相授，需要持续不断地提升教师整体的教学素养。坚持听课，精准指导，陪伴式教研夯实教学基础。陪伴式教研，是针对学校面临的问题和发展需要拟定的。一是解决借调教师与新考入教师课堂教学质量不均衡的问题，满足"分流"儿童与新招入儿童对优质教学的需求。二是在短期内锤炼一批能够发挥车头作用，引领教师队伍不断成长的骨干力量，带动学校的长远发展。北实小经验，在这里有了更多的施展空间，"陪伴式"是在校长和管理团队带领下，全学科相互陪伴、共同成长的方式，目的是打造教师成长命运共同体，是体现校长人性化管理、施予人文关怀的理念所在。陪伴，如同烹饪学中的"炖"，又如中药里的"煎"，既要有大火煮开的速度，又讲究文火慢热的细致，让新老教师充分结合自身发展的需求与状态，及时吸收新理念、新思想，高效转化优秀的经验做法，最快切准课堂教学的规律和标尺，逐步形成适合个人的学科教学风格。

每周听课，一课一指导，一课一教研，采用"巡课听课、科任伴听、即时教研"方式，教学指导"短、平、快"，集体教研"全、精、鲜"。起初，固定下时间和形式，不惜使用模式固化，例如每周三（语文教研），周四（数学、英语教研）和周五（音体美等综合教研），"半天无课日"教研，时间几乎雷打不动。以课例、学科大教研为形式，强调"儿童立场、课堂设计与控制、教师语言"等几个固定主题，反复打磨同一课题、课型，以研带训，迅速实现教师教学基本能力"齐步走、不落下"。发掘使用来自北实小等熟悉的学科专家资源，推动"联校教研"，邀请学科名师和市、区学科教研员、骨干教师，引入外脑运用外力，打破教师成长惰性的困扰，提升教师自我对专业品质渴望值。使用"赛马制"，连续开展"教师风采大赛"，一人一优课、全员大亮相，破除教师群体"盖盖子"的好面子心态，逐步体验开放带来快乐，进步带来幸福，教师在队伍中有了"家"的感觉。

小学数学学科：名师带动，团队一起走。发挥名师带动，把身边的专家（一位省特级教师）推向主席台，做首席导师。人才的能力优势变成教研生产力，只有高站位才有高起点，以点带面，带动青年教师阶梯成长。数学学科教学质量测评成绩，连续两年位居全区首位，教育教学质量接近市直学校水平（数学数据），数学学科比赛从2017年的区级以上零获奖，至2020年已在省市一师一优课、市创新课、市学科德育课例赛等获奖10余人次，实现了学科教学水平跨越。

小学语文学科：形成"教师发展共同体"，营造"百花齐放"的教学研究生态。语文学科没有高出"一头"的领路人，就选择"三个臭皮匠赛过诸葛亮"的群学群研策略，建设学科研究"共同体"。组团教研、参与式学习、共同发展。语文学科强化各年级语文教研组建设，各教研组在学校大方向的引领下，集体教研方法、规划进度、讨论学情、制定各类教学计划，并积极引导每一位教师关注自身的专业发展，引导每一位教师确定共同的目标。疫情防控期间，依托泰安市小学语文空中大课堂平台，有10位语文教师所录制的微课都入选空中大课堂、学习强国平台，表现出团队作战、百花齐放的蓬勃态势。

各个教研组还在管理路径上不断优化，开展跨学科融合式研究，实现学科之间思想、方法和资源等的整合，在绽放"融通思维"之美的同时，探寻育人之根本。"山川异域，风月同天"歌曲传唱和歌词诵读、"感恩季·为爱发声"诗词朗诵，歌曲献唱录制、"阅享人生"师生读书活动……语文学科与艺术、少先队活动的融合，拓宽文化视野，涵养精神气质，学科间交流互动，研究氛围日渐浓厚。

英语学科：中西文化融合大概念下的研究型聚变力量。英语最初三个人，到后来的六个人，合作无私很默契，先是"小众聚变"，接着"文化跨接"，后来初现"情趣共生"。秉性不同的几位老师，从入校初始就自然打破教龄、年龄、年级隔阂，紧紧围绕学校办学和育人目标，定期自主教研、研讨优秀课例，通过互听互评、同课异构，打磨精细化英语教学语言，打造节节出亮点的品质课，以自我加压、自主深挖的钻研劲儿，聚力生变，英语学习喜爱度、关注力、学习成就感迅速提升；定位学科文化、知识和能力范畴、学习途径特点，对接国家汉办、山东省教育厅"汉语桥"国际交流活动，实现了中西文化交流的初体验；师心善与朴，自有学情趣与真，从"创设情境"向"儿童实践情境"跨越，开发英语四格漫画手抄报、英语短剧口语测评，英语趣配音在线练习、英语节日文化氛围体验、英语书写基本功评展等出新招，英语学习热度在校园里嗨起来。

校长在学校里"敢较真、敢研真"，才能真教研，教师成长才能进入进行时。

管理者要带头教研。管理者的角色有时候像带工的"工头"。工头要理解大老板的意图，指导各类工种，按图索骥，保证在规定的时间和条件下胜利竣工。首先，要理解国家法律政策精神，做好任务安排。怎么理解？依据什么？先结合法律法规政策理解工作的意义。其次，要依据工作标准。标准是任务实施的方向，管理者和管理对象之间有了疑问、有了分歧，谁来裁判——唯有明确的工作标准。再次，教育管理者首先要学习领会，基于实践反思和经验。有一个包工头，一次他承包了铺设通信管道的过程，有两个工人在垒井子的时候找出各种客观理由"磨洋工"，他是怎么做的呢？他什么都没说拿起工具上手亲自干起来，半天的时间，完成一个工作面，扔下工具扭头就走，随后的时间工人再也不敢糊弄老板，工作效率大大提升。一句话，领导不能当外行！管理者首先应该是一位终身学习者。

为什么学校普遍存在无效教研。教研活动不是开会，有主持有发言，有鼓掌的有拍马屁的，搔搔痒痒、溜溜须，没意思、浪费时间！这种状况主因在活动组织者，不在老师们。优秀的教师在课堂上组织每一个活动，都很注意课前谈话，或者让人见到，或者早有很多衬托安排，像高明的魔术师几个动作甚至几句话就能把儿童的情绪调动起来。不管用什么招数，目的很明确：鼓励儿童参与，鼓励说真话。

有的教师参加教研活动不敢说，不敢深入地研讨，低效甚至无效的表象。还有深层次的原因，我觉得和教育的机制有关系。长期以来，学校中官本位氛围浓，行政领导代替学术引领，因此，位置决定水平，掌握权力决定话语。在这样的情势下，大家都怕出错。是

的，有时候观点是对的，但场合不对；有时候提的建议是对的，但是对象不对……那么多的担心，谁还敢放开胆子自由思想？没有自由，哪来真话？没有真话，哪有实效呢？

研出好心情。教师真正参与的教研在心理上有准备，期待着有所收获，这是正向的良好愿景。好的教研要回应教师的这种心理需求，或是给予肯定或是给予响应，使之获得心理的满足感，收获好心情。课例研讨为主要形式，听课评课以表演为主，优点要具体要说透，激发教师的专业情感和研究的兴趣。理顺教师情绪，引导教师聚精会神进入情境，愿意学、学得会、做得到。培训交流既是群众工作、服务师生的重要平台，又是引导风气、化解矛盾的重要途径。

研出好心态。研有主题，问题就是主题。研究就要有争论，有好就有坏，有对就有错，怎样对待不同的观点，涉及心态问题。所谓研究型的心态，开放的心态，从容面对研究中的"异见"，既能闻过则喜又能见贤思齐，既能反思修改又能独立思考坚持己见，这样的反应依赖于教研团队的民主自由的风气。教学是遗憾的艺术，研讨就是要集中大家的智慧，发现问题，找到解决问题的方法，犹如去看病，总觉得身体有不舒服的地方，可医生总是说：没问题，回去吧！身体依然不舒服，自己却找不到原因。教者希望听到真实的声音，才会进步。把这些意见当成别人宝贵的经验、无价之宝，感激提意见的人是良师、益友。借助新媒体开展微任务、微时间、微活动、微内容、小团体等形式灵活多样的微培训，以教师自身为经常性、自然性资源，以教研组、备课组、年级组等为学习自组织，以培训促发展，在共享共治中实现教师幸福感的提升。

非常情况下的非常教研。疫情防控期间采取无接触教研，线上视频会议的形式有特别的优势，可以兼顾，边收听发言边窥视每一位教师的神态与室内踱步锻炼相结合，不想参与了可以使用屏幕被损坏、信号被不强以及被离线等理由友好地表达不喜欢，既不伤人又悄悄实现自己的目的。

疫情防控情况下的非常态教学，无课堂调控，师生不得见面没有人际关系互动，不能直接批阅学习产品，成果导向难以落地；个性化学习得不到精准制导；隔空喊话，自说自话，捆绑家长。如此教学形式，便可以发挥教研组的作用，开展教研活动：各教研组组织对这个主题进行思考，首先，把实践探索的有效形式呈现出来，说明背后科学理论依据，或者实践结果给我们带来的道理。其次把老师们的实践智慧总结提炼出来，形成每个年级有一特色，每个学科有一个主要形式。这样的教学效果的实现，可以策划成一次比赛，活动结束评选优秀教学反思，将好做法、金点子收集整理成各学科的"非常时期教学指导锦囊"，将线上教学的优秀可延续的做法适用于线下教学中，并对优秀教研组进行表彰奖励。

"教"不是一定要教师教学课本内容，"教"不是要求教师按照往常的课表上课，

"教"不是要求所有任课老师都走进录播室直播授课。

"学"不是一定要儿童学习新课内容，"学"不是一定要求儿童按课表上课，"学"不是要求儿童全天候学习。

教师指导儿童学习，只要有利于儿童身心生命健康，都属于"停课不停教和学"范畴；网络授课仅仅是其中一个选择而已。

创意无大小，贵在求新求变。语文写作训练居家学习用自己能写作的方式练习写，数学学习的家庭微讲堂，让儿童讲出来。习主席说："教师不能只做传授书本知识的教书匠，而要成为塑造儿童品格、品行、品味的'大先生'"。疫情防控下的居家学习，德育正当时。自律能力磨砺和深入思考品质训练。不管是错题自查自纠，还是面对网上信息泛滥使人浮躁，管控自己的行为，需要在诱惑中淬炼。自主探究的学习机会一大把，面对个体差距教师展开个别化辅导，把耳提面命的教育替代成心灵对心灵的激发。

教研进行时，尽管从线下变成线上，教师的教研在场感没有缺失。因为有了群体的自觉——你是观察者，也是包含在观察对象中的参与者。实实在在的问题导向，一直尊重并发掘教师原创性，教师既是学习者又是研究者，还是研究共同体的参与者和建设者，打造教学教研命运共同体体现了更高层次的价值追求。

非常时期的非常教学。

教学有三个基本要素，即教师的"教"，儿童的"学"以及对学习效果的测评。教、学、评三个要素，既可以由教师面对面地互动、反馈、评价批阅，也可以使用电脑、平板和手机等线上形式来完成。

在2020年初的非常情况下，学校和教师采取线上教学，或录播或者视频直播互动，有的老师擅长技术，很快找到网络直播的感觉，有的借用空中课堂资源，进行线上遥控。儿童和家长每天打卡留痕，那么真正的学习投入度如何呢？一方面得看网络环境的稳定，一方面依靠儿童的自觉自律。教师指导儿童线上学习与正常学习环境下的方式大有不同，面对面的对话交流改换成隔空喊话，你不知道我也不知道你；曾经手脚口并用的教育只保留下语音聊天，情感互动变成了鸡蛋同鸭讲的尴尬；口头激励加上小红花夸奖，被麦克表单代替表达十分努力的样子。

曾几何时有的提出课堂教学回归本真，呼唤真实的课堂；有的提出深度学习，试图解决课堂教学高效的问题；也有的限制教师的教，儿童和老师的角色互换，让儿童当"先生"。各种改革之后，还有专家大声疾呼：想一想吧！一线的老师们，新技术改变学校教育的时候，老师——将来有一天你的课堂教学被机器代替的时候，你去做什么？今天人依靠机器的时刻真的来了，教师依然在那里，专家们的饭碗却是保不住了！

在这个非常时期的空中教学中，网络资源貌似替老师教授，儿童提的问题也可以由机器来机械回答，教师的地位似乎从实实在在变得遥不可及，然而离开了人的网络还是网络吗？学校教学活动保持自己的独特立场、独有魅力、唯一理由，以至学校教育不可缺少的硬核，教师在场具有不可替代性。

教师要兼具全局观和仁爱之心。观大局，不在一城一地的得失。关注每一个，特别的、弱势儿童，不让一个儿童失去关注呵护。（内容形式的）丰富、美。善言善语，擅表达。不必一味追求全面周到，这种线上为主的教学方式再去奢求每一个儿童每一个学习任务的扎实到位是不明智的，严格规范操作，没有效监督仅仅依靠自律，还是可以更加因人因地施教的个性化创造性探索可以大胆一点儿。

有别于其他文明不断解释人与神、人与物的关系来调整人生的航向，中国传统文化一贯探寻的方向瞄准人与人的关系，学校教育不能离开人和人之间关系。小学生处于人的发展的启蒙阶段，教师多情一些，儿童乐意靠近老师；老师多关注一下儿童的生活，儿童整个的生命状态可能会有所调动。我们找到"生长"这个词，提醒我们首先把儿童当成儿童（他就是生命本来的样子），爱护在先、指导其次、发展在后。这也就是所谓"教育的温度"吧。

共同愿景：三生有幸，遇见万境。

第三节　不读书，无以为师

为什么要读书？欧阳修所言："玉不琢，不成器；人不学，不知道。然玉之为物，有不变之常德，虽不琢以为器，而犹不害为玉也。人之性，因物则迁，不学，则舍君子而为小人，可不念哉？"（引自钟叔河《念楼学短》）世人断章前一句，而忽略后面的论述，今天我们读原文悟原理，就要究其本意，然后结合实际引起深思，方有意义。读书，教师学习成长的基本功，也是教育教学工作的一部分，不学则人性随物迁变不可逆转。

全国政协委员、北京师范大学教授庞丽娟主持过一项调查发现：75%的教师存在着教育能力不足或缺乏现象。许多教师认为，儿童是靠厉害"管"出来的，能把儿童"管"住，就是好老师。有的认为教育工作不需要特别专业的教育方法就可以干，很多个例也能看上去似乎也可以干得好。所以大家在工作中多是"不读书，不看报，整天跟着感觉瞎胡闹"，把本属于脑力劳动的教育工作做成了只凭工作热情和消耗时间的体力劳动。苏霍姆林斯基说过："一些优秀教师教育技巧的提高，正是由于他们持之以恒地读书，不断地补充他们的知识的大海。"可见，教师只有开放心态，虚心学习，读书成长，增强自身教育软实力，才能做一个"四有"教师。蔡元培："教育者，养成人格之事业。"读书是必不可少的养成人格的途径。木心在《素履之往》中…"学问变化气质。"学问可以使气质转好，好上加好。读书，静心的通道，在各种碎片化阅读大行其道的今天，能够经常心无旁骛地读上一段时间的书，就像修炼身心一般，降躁去火，消食养生。

教育这个职业不断地往外施与，假如停留在吃老本随意教的层次上，断了不断学习进取的过程，就不止江郎才尽那么简单了。教师首先是一种职业，不读书在教育职业上无以为继，教师可以说是职业读书人。教师读书力求有所得，读书应有所得。

读书是生命激情的点燃。真正幸福感发乎于心，那应该是一种持久热度的教育情怀，超越物质欲望的理想。读书让普通人也能不断丰厚自己的梦想，从中体悟教师职业幸福感。每一个个体都是理性经济人，可能开始的时候读书有功利心有强烈的目的性。教师有专业成长的内在需要，想成为名师，想晋升到高一级的职称，这是读书成长的内因、内动力，我们不必为此而觉得读书这件事儿就降低了什么。毕竟读书的功利性在初始阶段就像汽车的发动机，如果发动机不运转，仅靠外力来推拉不是行的。直到读书成为习惯，成为教师生命的一部分。

读书是一种自修。有人说："成功与失败有分水岭，可以用5个字来表达——我没有时间。"坚持是最容易的事情，只要愿意，人人能做到；坚持也是最难的事情，真正能做到的仍然属于少数人。记得一位当代教育家说"教师即课程"。腹满诗书气自华，持续不断的阅读才能保证腹中有书，胸中有数。读过多少书，读书有多久，从一个人的言谈举止之中总有体现：你的气质与言行，你的见解与格调，直接影响着儿童；深入阅读，信仰诗书之内涵，阅读反思修正自己的生命，日子长了，一个人的修养就像怀孕的女子，才情总会外露出来。自觉开始自动坚持，就像苏霍姆林斯基说的那样，每天不间断地读书，跟书籍结下终生的友谊。潺潺溪流汇聚成思想的大河，读书不是为了应付也不是为了显摆什么，而是出自内心的需要和对文化的渴求。读书是一个人静下来的功夫。叔本华认为痛苦就是幸福，幸福的人生就是删除掉过多的欲望。读书的欲望高明于其他所有的欲望，不会伤害谁也不会破坏什么。爱读书就是善待自己，坚持阅读才可能达到浸润书香的境地，在其中才可得其乐。

读书是人生的精进。读书并非只是虚功，学思结合摘得读书的愉悦心，读用一体读书不糊涂。读书是教师成长的形式，教师不能仅仅为了读书而读书，为改进实践、改进自我而读书。"刀在石上磨，人在事上练。"读书贵在应用，不用就是无效劳动。有句管理箴言

——只为成功想办法，不为失败找借口，强调的是一种奋力而为、勇于承担的积极心态，更是一种知行合一、改进实践的强烈召唤。读书有改进教育教学实践的作用，更应该成为荡涤萎靡积蓄心力的应用之学。例如，教师都知道这样一个道理：小学生看学习这件事儿是不会站在为了自己的立场上学习的，他们更惯于老师对他的喜欢程度来决定在这个学科所投入的时间与精力，也就是说哪个学科的老师最喜欢他，他就最喜欢学哪个学科。这样，做最受儿童喜欢的老师是我们知道的，但行动上呢并不是所有老师都这样要求自己，甚至有80%的老师没这样去做。这就是说，知道不等于做到，做到才能得到。

怎样读书？

读书的方法很多，但因人而异。要把书读懂读透可不是一件开始就很轻松的事情，凡是进益的事情都没什么捷径可走，因为要下得苦功夫，先在时间上堆积得够久了，才会自愿自能地养成爱读书的好习惯。读书是一件脑力劳动，需要好的体力和意志力。美国当代管理学家托马斯·卡林经过研究表明："在任何一个领域里，只要持续不断地花6个月的时间进行阅读、学习和研究，就可以使一个人具备高于这一领域的平均水平的知识。"卡莱尔说："最弱的人，集中其精力于单一的目标，也能有所成就；反之，最强的人，分心于太多的事务，可能一无所成。"六个月到一两年，甚至用更短的时间，你就会成为这方面的专家。而且由一个主题拓展到多个主题，这样就会触类旁通，快速地将"一口井"变成"一个湖"。这样的读书虽然苦但还可以加以训练实现目的的，凡是过于重视方法技巧，都有过分功利心的嫌疑。

读书之道在于自然而然地阅读，没有功利性（尽管很有效），为生命成长而读，才可能品味到读书的乐趣，人生的滋味。

还有一种"深挖一口井"的读书方式。怀着一颗谦卑心，研读细读反复读一本经典或一类书，或走入桃花源不思归，或相忘于江湖不再相见，执着于一隅也罢，一孔见天下也罢，总之，是一种较真的读书，把书读到可见黄金屋颜如玉，更是读懂世界人生的彻悟过程，真得阅读之乐。奥登说，"良好的品位更多地取决于鉴别力，而不是盲目排斥。当良好的品位被迫排除一些事物时，它带来的是遗憾而不是快乐。"

为了让你成为一个有温度懂情趣会思考的人，是为了让你在跌宕起伏的生活中，拥有处变不惊的内心，让你在未来，能独自混过那些漫长幽暗的岁月而不怨天尤人。读书，是为了将来能和你的爱人，不止讨论柴米油盐酱醋茶，还可以谈论琴棋书画诗酒花。再精致的花瓶都有碎掉的一天，再美好的容颜都有老去的一天，唯有你读过的书、写过的字，都会逐渐积累在你的身体里，变成你的财富。读的书多了，你会发现，以前从未注意过的大千世界，竟然如此鲜活，手机屏幕之外，自有一番万水千山；读的书多了，你会发现，在无涯的知识海洋面前，再大的烦恼，也只是沧海一粟。就算最终你跌入繁琐，洗尽铅华，面对同样的工作，你会有不一样的心境；面对同样的家庭琐事，你会有不一样的情调；"培养同样的后代，你会有不一样的素养。"

满脸书卷气还是满脸匪气。读书改变人的行为，培养人的习惯，固定为人的性格，为养心而读书。

读书改变人的行为，培养人的习惯，固定为人的性格，为养心而读书。看一个校长是满脸书卷气还是满脸匪气，就可以了解他本人是否读书以及学校是不是有读书的环境。

学校和管理者在外在环境上要有支持性资源，校长带头读书，以阅读者为傲的评价，办公室读书条件的提供等等；创造相应的活动给教师提供展示机会；外部有引领，创造培训与辅导等形式提供专业成长的技术指导。在读书方面营造适合教师专业成长的生态环境，让教师在成长中看到自己的成长，享受到成长的幸福。

第四节 想成长，真学习

远程研修的提法后来变更为"互联网+"教师专业发展，我在这里还是称呼"远程研修"吧，因为在开始全省中小学教师远程研修的时候，参与学习且担任省专家，对此感受颇深，有点称呼小名儿的意思。

工作在基层，既长期在教学一线从事学科教学，又承担过学校不同部门的管理工作，一路研修，从学员、骨干教师，去年开始担任学科专家，感受着、成长着。自己在水里游，才能指导别人学游泳。因为一直坚持教学和研究，才有底气评说教与学。远程研修这项教师教育工程，最大的功绩就是利用了"教育信息化"条件，把最偏远的山区最基层的教师链接，完成了教育理念的普及。在这个组织系统里，以网络化、扁平化的触角传递先进的教育教学理念，研讨教育教学实践，推广教育教学经验。从来没有哪一种力量这样快速、普遍地伸进学校每一个角落。在这里，真正的受益者是广大教师。

那么作为基层学校还有一线教师，我们从这种研修学习的组织形式上学什么，又要有什么作为呢？

一、远程研修建设了一个巨大的学习型组织。我省的远程研修在我看来从最初的行政推动，逐渐走向教师自觉。作为省级专家团队的一员，深深体会到研究和碰撞的快乐，交流和学习的幸福。教师是学习者，更是儿童学习的促进者，是教师专业共同体中的一员。

我们既可以参加有组织的校本培训和教研活动，在这样的共同体中实现专业发展，更可以在自由的、随机性的教师专业研究群体的"自组织"中实现专业的跃升。

自组织理论是 20 世纪 60 年代末期开始建立并发展起来的一种系统理论，"自组织"概念最早由德国理论物理学家 H. Haken 提出。它的研究对象主要是"在一定条件下，系统是如何自动地由无序走向有序，由低级有序走向高级有序的。"所谓的"自组织"是指"如果不存在外部指令，系统按照相互默契的某种规则，各尽其责而又协调地自动地形成有序结构。"

对于我们来说，集中学习并非常态，终要回到机械重复的常规工作中。但是远程研修、网上互动，让交流和共享得以延续，我们更期待着这种聚集和碰撞成为新的"常态"，以致成为习惯；希望"远程"研修从有形的行政组织，转化为一个个"自组织"——没有行政命令，只有兴趣推动；没有时空约束，只有随机的互动；没有斧凿的主题，只有个性的交互和自然形成的共识。想法也许很"理想"，真正的教师专业研究共同体一定是有共同价值追求而又保持个性自由的组合。

希望在专家之间、专家和教师之间建立起超越时空的专业发展的"自组织"，在这样的"自组织"里，因"相似性"集聚力量，因"差异性"碰撞智慧，相互交流，相互分享，相互扶持，激励着自我的教育情怀，一路相伴，一路走好。

二、远程研修优化了教育大环境，又创造了教育的新环境。在真实的教育实践中，又发掘出网络世界里的虚拟平台，教师的学习可以打破地域校际界限、学科界限，正是今天信息社会的大趋势。平等民主自由的理念以一种新形式为学校文化赋予了新内涵。教师自身就是教育环境的一部分，我们要优化自己，一个个"自己"都是不断发展创新的教育文化单元。

一位朋友的孙女要上学了，他考察本地的许多学校，结果对教育质量不满意、对教师的专业水平不信任，就想自己投资办一所学校，征求我的意见，我说：物质投入只是开始，学校教育的独特性并非由硬件设施水平决定，也并非具有了办学应有的各种人财物的需求，就能办好学校。"没有钱万万不能"的断语对教育不适用。孔子办学的时候没什么固定场所也没有多少资金投入，"立德立人立言"的成就，弟子三千贤人七十二的育人效果，万代敬仰。20 世纪三四十年代战乱中流离颠沛的西南大学师生一样求学不辍，英才辈出。看今天，许多大学不可谓不大，许多中小学的校园不可谓不华美，但教育水平未必与外在条件等质等量。种种现象可见教育的本质是育人，学校的优势在育人的环境。影响学校环境的主要因素是人，第一位的人是儿童群体，第二位是教师群体。儿童之间构成的学习群体不能用金钱招录，即使高薪招聘的高水平教师，也不能保证其真正达到教书育人

的真境界。

三、教师是学校教育中最重要的资源。这里单单从教师角色认识来讲，教师承载的教书育人职责，决定于本人的价值追求、精神品格，外在的物质保证只能起到短暂的促进，只有教师内在的精神动力才是釜底之薪。因此，教师要有自己的职业追求，在育人的实践中收获人生的幸福。

做一个"学习自觉"人，成为学习型组织的一分子。社会文明发展离不开人类不断学习、不断超越，是人的学习进步带动了社会的进步。学习从来没有像今天这样更为重要，从学习型社会建设，学习型组织建设，学习即工作，学习成为一种生命状态，这样的理念深入人心。

学习自觉的本质是教师文化自觉的体现。子曰："古之学者为己，今之学者为人。"朱熹："为己，欲得之于己也；为人，欲见知于人也。"叶圣陶先生以为"为己，就是说所学都归自己受用，生活从而美满。为人，就是说所学跟生活不发生关系，学如未学，徒然说些空话，摆个空架子，使人家误认他已经学了。"教师就职以后时间久了，丧失学习进步的动力。"为己"而学就是为了成长而学，这样的学习动机才能让人愉快、享受。

社会生活的一个个细节透露时代变化：

其一，自古以来知识分子聚集的地方就是代表最先进文化的社会圈子，今天还是吗？还有谁认为"学校"集中了最先进的文化和最前沿的信息？就在一百年前的中国，在幼稚园和大学都有影响百年的学术大家产生，而现在为什么会有钱学森之问，为什么获得诺贝尔文学奖的大家再无一呼百应众人膜拜呢？一统天下的时代一去不复返了，再无愚民政策封闭锁国的环境了。

其二，即将进入一个"屏幕时代"，我们现在的生活和工作都离不开各种屏幕：现在离不开电脑，明天将要离不开手机，真正一部手机走天涯。

其三，儿童不再是唯唯诺诺的小丫头，至少有一个原因，老师不一定掌握了比儿童更多更先进的信息，老师头上神秘的光环消退，原来基于无知或者少不更事上的崇拜感消逝，当教师这个职业失去师道尊严的面纱，再要求儿童仰视和服从，这样有多少教师还有末代皇帝的情结。

其四，云时代来临，跨界生存、创新发展已是时代大潮。"云"就是打破常规集合多种资源的神奇力量，更是一种新理念新思维。我们看经济界当今社会最活跃的发展区域，代表社会发展方向，而今传统行业步入泥潭，新兴产业一枝独秀，小米手机不再单单是手机，马云做网站还是做物流的也或是做金融的，教育界文化界经济界界限模糊，不可逾越的边界荡然无存。任何个人或者任何组织再想一统天下几无可能。吃掉了沃尔沃汽车的吉

利还是生产低端汽车的吗？买下美国人的房子就叫泡沫，花钱买别国的国债叫做国家投资，国产电影小时代搅动百亿财富，微视频已经成为学校教育的新手段。

社会发展教育的进步告诉我们，在今天这样的时代，如果不能持续地学习，昨天先进的你今天就会落伍，明天就要被淘汰。因此，一时优劣并不重要，一时的懈怠就要落伍，一时尽心竭力没什么，一时一马当先也不可沾沾自喜，关键是否"一直在路上"。"研修"不是一时的学习，我们要用修行的态度，坚持学习，乐于学习、善于学习，在学习中尽享职业的幸福感。

四、远程研修给了我们求真务实的治学态度，和学习成长的精神享受。学校本就是学习场所，校长和教师更应该是儿童学习的引导者，成为终身学习的楷模！一所人人向往的好学校一定是由爱孩子、爱学习的教育者组成的。终身学习是时代的召唤。教师要关心时代发展，依靠教材指导教学的日子结束了，教师要有能力把最新知识融入教学，为儿童提供有持久价值的学习内容，能够根据社会的需要不断调整学习方式。陶行知"千教万教教人求真，千学万学学做真人"在这里逐渐走向现实。除了评优选模职称工资等激励措施，研修给我们创造了一种新的教师评价方式——那就是享受生长的快乐。那些抱残守缺、夜郎自大的教师或校长，不想去真心热爱儿童，拒绝接受新事物，也不能根据新时代的要求改进教育教学，如果并没有离开教育岗位，那就只能是"误人子弟的渎职者"了。

近几年的研修因为强调对"互联网+"的阐释和架构，成立线上工作坊，人人可以做坊主，主要采取线上研修，线下活动成了点缀，效果上完全依赖于参与者的自觉，因此，研修变成一件鸡肋一样的东西，拿起来吧似乎回不到初始阶段的激情投入了，丢下它吧舍弃前期花费的心力心有不甘。教师学习成长还要回到"求诸己"的状态，人要有点精神，说到底对自己的工作充满热爱，对职业有理想，对责任有真正的担当。真话好好听，真研修真进步，真正的教育情怀打动人，让终身学习成为人生的常态，成为专业跃升的根本动力。

教师，在课堂耕耘的农夫。说上锦绣满堂，不如下地劳动实践一场。以教师课堂教学语言修炼为例，善"习"者，才是善学者。英国教育家罗素说过："一切学科本质上应该从心智启迪开始。教学语言应当是引火线、冲击波、兴奋剂。要有撩拨心智、激人思维的功效。"

例如

1. 把话说完整（品德课要求孩子的表达能清楚，即把意思说清楚，把观点看法流利地讲出来）不要追求用词准确、用语规范，那就是舍本逐末。

2. 说说你通过哪些方法搜集资料的（品德课要求积极查找资料，对社会和生活调查

积极性高）。

3. 一会，老师讲到沙尘暴的危害后，话锋一转说，我们今天遇到这样的好天气，同学们难道不应该好好学习吗？

一会，又说，还有知道的吗？不要猜。

一会，完成快的不一定。（请问这是什么样的好坏标准呢？）

评价：粗暴和恐吓，不知道的只能猜，有些问题儿童需要根据自己已有的知识和经验作出推测和估计，不对就叫猜，对了叫聪明吗？有的时候错误的思维也可能得出一个与正确答案一致的答案啊！

4. 课前准备的小奖品，隔着几个儿童的头顶，伸手递给发言的——这样的表扬隔靴搔痒、言不由衷。

5.《社会文明大家谈》一课教学中。老师这样引导孩子——你代表自己吗？不仅代表五年级三班还代表学校……代表某市（然后要代表全国全世界了）这就是符号性的口号，假大空。

随后在一个实例分析中，孩子们就很快学会了这样的口号看人了。对于一个实例的剖析"某厂长因为随地吐了一口痰，失去了一个国外订单"

生：厂长丢了中国人的脸，然后另一个儿童也会隔着肚皮说一个人的文明折射一个民族的文明。

师：看见有人抽烟怎么办？

生：坚决去制止他。

师：你做得对！

这是让孩子当道德宪兵啊！

师：谁是我们班的文明礼仪标兵？

出现短暂的冷场

一个女生站起来说：我们班的文明礼仪标兵今天没来上课，对不起。

师：她虽然没有来，但她时时是我们学习的榜样。

这个起来对老师表示对不起的女孩就是合格的"文明礼仪标兵"，这样活生生的榜样不去表彰，却去使用一个符号性的榜样，我们这不是在假大空地搞教育吗？

活动要为有所得而设置。《对诱惑说不》中，老师设计了这样的活动。

活动一：老师拿出一个包装私密的盒子，问：谁想知道里面装了什么？然后又一点点打开，又问谁想要里面的礼物。请一个男孩子到前面来，把盒子里一包装着白色粉末的东西递给他。

评价：典型的挖坑教育。孩子基于对教师的信任和对课堂环境的随意性作出的决定是天真和无邪的，他们并不会了解和分辨这是老师在再现成人世界里的狡诈和生活中的陷阱。

活动二：路上两个同学相遇，一个扮演孩子的老师说，大军，这支烟很好抽，来一支吧。又说，你害怕吗？或者前面有家游戏厅，我玩过的咱一块去玩吧。

这种情景在课堂上再现，教育效果大打折扣。因为谁都知道那可能是真的，但此时大家都很清醒，谁也不会愚蠢地表现出不符合生活标准的言行来。这样的再现往往仅仅是表演。

《天气变化早知道》

师：想和太阳娃娃做朋友吗？

生：想

师：不过，太阳娃娃找朋友的条件可是很苛刻的——上课要坐端正、举手要积极（这是功利诱惑和恐吓）

第五节　教师变导师

教师称为"导师"的时候，突出了教师作为儿童人生导师的独特价值，成为儿童的人生导师应该作为每个有志于成为优秀教师的理想追求。教师变导师，变的不是身份，变的是从教之根本追求。为了五斗米还是做指导儿童人生的明灯。

针对爱学习的儿童，教师从指导学习入手，找到师生之间的共同话语，深入发展师生互相信任关系，再到儿童生活中去，从言行的规范到心灵的启迪，逐步深入，以致唤起儿童自我成长的动力，直至形成良好的学习习惯和生活习惯，从指导到培育循序渐进。针对爱玩的儿童，熟悉的三五个组成成长互助小组，指导兵教兵、共成长。针对调皮捣蛋的儿童，针对性地预设活动，搭建个别化教育舞台，把每一个不同的儿童置于群体的理解影响中，指导儿童发现自己，以科学公正地指导一个影响一大片。教师做每个儿童的导师，要把每一个儿童都当成一个特例，跟踪研究动态施策，最高明的教育艺术来自平等的理解和一把钥匙开一把锁的精细，更来自于持续地爱护和指导，激励成就每一个儿童。

成立以班主任为核心、任课教师为成员的导师组，根据不同儿童的个性需求，采取个性化、亲情化的教育方法。原有的以班级为单位的传统管理模式，已经形成了这样的分工：一般任课教师的任务是集中精力抓教学，儿童的生活指导、人生规划指导、品德养成管理，则由班主任和学校的德育职能部门来负责。导师"身教"育人、人格熏陶。导师通过经常性地与儿童谈话，以多种方式与儿童进行交流，走进儿童的心田，建立心理上的认同，达到心理相容，从而进行有针对性的教育和引导。导师可以根据自己的特点与儿童的特点运用有特色的交流方式，如可以有意识地将心理健康教育的理论和操作技巧运用到导师制工作中，运用行为科学的可操作性的技术来矫正儿童的问题行为，可以通过周记、书信等方式和儿童进行"笔谈"，帮助儿童解决问题，培养健全人格；也可以利用学校网站论坛、电子信箱和儿童进行交流、沟通，了解儿童的喜、怒、哀、乐，为儿童分担烦恼和忧愁。让每一个儿童得到关注，促进其自我教育机制建立。

教师作为"儿童成长导师"的角色定位，践行全员育人理念，基于对儿童思想教育力量最大化的统战，超越平平常常的学校教师角色，实现立德树人根本任务。坚持德育为首，就是坚持"每一个教育工作者首先是德育工作者"，全员育人、全科育人、全程育人，人人都是儿童成长的导师，为每一个儿童创造主动发展的无限空间。教师朝着导师变化，以日积月累的专业性教育人，以持之以恒的美好师德影响人。越来越多的教师为人师、为人导师，体现着教师教育艺术万法归宗的教育真情，展现着学校教育集腋成裘的力量。

强调"全员育人"就是要大力倡导教师人人做"好事之人"，在儿童面前做"爱管闲事"的老师。

在楼梯上看到五年级两个男生拍打篮球，提醒他"不能在楼道打篮球，一是容易滑倒，二是容易打到玻璃砸伤、扎伤别人。"

在校门外看到几十个儿童站在哪里，不是绕着走，主动走上前询问，原来是打架的，老师劝架理所应当，不要以为儿童走出校门不归我们管了，为人师表不仅仅在学校里。一位同事曾经说过——他主张在校为师，校外为人。这个逻辑是不是让老师做"两面派"，这样的老师，儿童怎么会信服呢？当老师的应当有颗正直的心，面对儿童我们是老师，面对自己我们做自己的师表，这是人民教师的"良心"。

所谓"为人师表"，不仅要教师注意约束自己的言行，自己做得好行得正，成为儿童学习的楷模，而且要懂得多一些说教，多一些管理，对儿童多一些教诲。

"教师是履行教育教学职责的专业人员，承担教书育人，培养社会主义事业建设者和接班人、提高民族素质的使命。教师应当忠诚于人民的教育事业。"（《中华人民共和国教师法》）教师并非只对所教班级的儿童负有教育指导的责任，教师这个职业特点告诉我们，教书育人使我们的职业要求，不是承包制而是集体所有、合作制，面对每一个身份为学生的儿童都要尽到"法律赋予"的育人责任。

多一些好管闲事、会管闲事、多管闲事的老师，校园里就多一分安全、多一点文明、多一份育人的氛围。

第六节　用大爱大仁的师德筑起扶弱救困的人性防火墙

市场经济发展极大地膨胀了人们趋利避害的本性，成功者大多被打上利益的色彩。是给予还是索取，这的确是个重要的问题。现在流行的社会达尔文主义思想鼓吹狼性管理，狼性的特点是凶残暴力。教育者要有悲悯心，"师者传道授业解惑"的认识是一种给予，是利他思想，绝不是市场经济所讲的人为财死鸟为食亡；教学相长的原则提醒我们教育具有人机互动的本质，教育使人更像人，并不适用经济学的互利原则；渴望"得天下英才而教之"，并不是为师的痴心狂妄，而是一种普度天下苍生的胸怀。

"文化大革命"把教育和教师踩在脚下，任意侮辱，把一个民族的自尊亵渎，这是对教育文化精神的阉割。今天，虽没有这样极端的伤害，但是各种的误解仍然可以损害着教师的无私奉献，把一些满怀热情的关心变成冷漠，把一些敬业正直的忠告变成冷战对抗。

其他行业的人正式非正式地表达对教师假期长、劳动时间短的羡慕，以及教小孩子有什么难的劳动强度的忽视，说起来好像当老师既轻松又实惠。在这里我的同仁引入霍赫希尔德（A. Hochschild）提出的（emotional labor），也叫"情感劳动"，来说明教师劳动的特殊性。"情感劳动"即管理好自己的情绪以便创造一个公众可以观察到的面部和肢体表现。这个概念最早用于情感密集型行业，后来逐步引进到教育领域。教师的教育教学不仅要付出智力劳动、体力劳动，还要付出被称为"第三种劳动"的情感劳动。小学教师的情感劳动有着十分重要的价值，不仅直接满足儿童的情感等心理需求，而且作用于他们的整个精神世界。"亲其师，信其道"，教师的情感劳动水平很大程度上决定了教育教学的实际效果。

越是那些有些名气的学校，教师付出情感劳动的消耗越大。上课，批改作业，备课到深夜，加班做材料，其中的智力劳动和体力劳动较容易看见，还能统计为工作量。上课面带微笑，对儿童各种不专心、不快乐、不持久保持耐心，将家庭生活的不快放在校外，冷静对待家长的抱怨、社会的批评甚至领导的挑剔，这背后的情感劳动难以计量清楚。真正的付出琐碎且无偿，消耗的心血只有自己知道。

我们中的很多人是出于心灵的原因，再加上热衷于某些学科、乐于帮助人们学习等愿望的激励而成为老师的。但年复一年，随着教儿童生涯的延续，我们中的很多人失去了这种心灵的力量。我们怎样才能在教学中把我们的心灵找回，像优秀老师那样，将真心献给儿童？我们灰心、泄气，部分原因在于每天都进行的、随时让人挑毛病的工作。人们关注教师职业倦怠，多是从提高收入切题又从师德的角度教育。岂不知心累累过身累。专业上不思进取，除了追求缺乏新的目标，还因为教育情感油箱的警告灯已经亮起。教育爱被高度颂扬大力倡导，但总是将其视为教师责任，作为师德规范，忘记了爱也有自身的情感规律。无条件爱孩子的家长也会有不理智的时候，教师对儿童的不当言行，更不能全都归结为缺乏教育爱，缺乏师德。

我们应该多些关注，教师的情感劳动能力是否足够，有没有相关的培训；教师的情感劳动负荷如何，消耗怎样，能否得到足够的调节、补充；学校和社会有没有建立教师情感劳动的支援机制，教师团队能否展开互助。搬一张办公桌两位教师齐心合力，打磨一节优质课同科组教师献计献策；当教育教学中教师情绪崩溃或近乎失控，其他教师同样应该且能够给予有效的支持和帮助。

生物学家朱利安·赫胥黎说："生活无非就是一个接一个的联系。"教育事业更像农业而不是工业。在学校里，师生联结，教师与家长联结，校长与老师联结等等，不同关系的联结形成了学校的文化，文化沁润了师生的心灵。为什么说只要教师辛勤耕耘，儿童就能努力成长呢，就因为师生是作为亲密而又时时事事发生影响的一对联结体。

爱之深恨之切，什么人最亲近，他对儿童造成的伤害或是提携就更有力。前几天遇到一个儿童的妈妈，她在操场附近遇到我，表现出沮丧焦急的样子，求助道："校长，我想给孩子留级。"我问怎么回事。她先是吞吞吐吐地说，孩子现在在班里没有存在感，没人玩，没有自信，像一个局外人。这时候，她的儿子跑过来，她马上支开他去玩。这位母亲个子不高，口才不错，三言两语能够说清问题，并且有基本的育儿意识。随后我就问，到底怎么回事？家长说老师歧视孩子，我们要转班。

经过向班主任老师了解，知道这个孩子在学习品质上正常，在行为上表现出来多动、易怒，有时候会突然动手打人。解决这个家长的诉求就不能当成一个任务来完成。这件事的本质是家长和老师之间的沟通问题。首先，家长的性格特点强势，新来学校处于教师权威的劣势之下，家长的感觉不爽。其次，教师刚带新班，威信不足以赢得家长们的等待和信任，一些似乎正常的批评教育在有的家长看来似乎造成自己孩子的伤害。我们了解了孩子，孩子在心里是知道老师为他好的，之所以对家长夸大受委屈的感受，实质上是向父母"索爱"。

教育教学的关系就是沟通。教育是需要合作的艺术，不管教师怎么教，你受教者一定要配合。苏格拉底的母亲是助产士，他的"精神助产术"对西方教育学有着深远的影响。如果教师只是自说自话，那么课堂的生动性和质量就令人怀疑。课堂与我们日常生活的沟通一样，成功的沟通不在于我们到底说了多少，说了什么，而是听者接收到了什么，他有什么样的反馈。神经语言程序学认为，良好的沟通主要是看对方的反馈。类似事件，真的不一定已经发展成必须解决的矛盾，多方沟通一下，事情就过去了。即使有了一些隔阂的事情，譬如结疤的皮肤，管理者也不要轻易去揭开，结疤之后的重启治疗要慎重，除了疼痛还会有新的伤害。

教而有道，管亦有道。施与他人而让受教育者得到好处，就是师道的本质。

对儿童的体罚，它的主要危害不在于对儿童身体的损伤，其实一般人体罚并未对孩子的身体造成损失，体罚主要是对儿童心理的一种摧残，因此它看上去和看有暴力倾向的影片是一路货色，它让所罚者的自尊心受到侵害，它在使罚者心目中是让人恐惧以至影响正常的喜怒哀乐等情绪反应的东西。它是一种教育者力图的最简单最直接最没计划性的实现自己教育目的方式。

这种分析告诉我们，其一，体罚是一种有害的行为，不论是否实现教育目的，对儿童身心都是具有一定伤害的；其二，如果一定形式上的体罚不存在对儿童自尊心的伤害，不会对儿童的正常心理造成恶劣影响，这样体罚就不是坏的，这种体罚存在吗？存在。当在一节语文课上，课堂处于一种宽松自然和谐气氛中，老师以一种平等的姿态、合作的姿态展现在儿童面前时，儿童处在积极自由的状态中，如果因为个别儿童兴奋过度，或者出现不必要错误，可以罚他，或者把他从座位上离开以起警示作用，罚他把这节课学习内容抄写十遍。

事件一：某班体育课上，"调皮"男生把"老实"男生压在地上，"老实"男生痛哭。教师甲发现了，走上前去把"调皮"男生拉起来，发现"老实"男生的脸上紫青一块，心想这要是孩子觉得委屈被家长知道那就麻烦了，我得给这孩子出出气，他心气顺了，就不告家长了……于是踹了一脚"调皮"男生，还对着"老实"男生说，你看老师给你出气了。后来"调皮"男生家长找到学校要求老师道歉，老师诚恳承认了错误。

事件二：教师乙和三年级某男生很熟经常在一块打打闹闹。这一天，教师乙在办公室门口看见三年级男生，就上前捉弄了一下，三年级男生回头骂了句脏话。教师乙很生气，就把他拉到办公室"理论"。没想到三年级男生根本不服气，尽管老师反复讲道理也不断吓唬，他坚决不道歉，还哭哭啼啼口吐脏字。教师乙气不打一处来，上手打了男生两巴掌。三年级男生给家长打电话，家长立马来到学校要找该老师理论理论，有关老师佯装不知应付了事。家长很生气，当天晚上向上级部门和有关媒体反应。校领导调查了解事情后

及时处理了教师，向家长道歉取得家长谅解，事态才渐趋平静。

事件三：音乐课上，教师丙正在弹琴教唱，男生小白在课堂上一如既往地捣蛋，一会儿和同桌交头接耳，一会胡乱接老师的话把儿打岔。教师丙很生气，让他站起来批评他，小白反而嬉皮笑脸不接受。老师就问，你在别的课上也这样表现吗？旁边的一个儿童说，老师他就音乐课上这样。丙老师问，你为什么在音乐课上捣乱？小白嘟囔了一句，老师脾气好。丙老师大怒，随手用课本打了小白一下，把他嘴唇打破了……这一下把全班同学都吓坏了，老师也慌了。后来，在班主任的调解下虽然没有造成进一步的影响，但在儿童中传播了许些一鳞半爪的流言蜚语。

三位老师动手打儿童，都有堂而皇之的理由，但他们的行为都构成体罚有违师德，是非常错误的行为。是什么让老师管不住自己手出现这样的体罚现象呢？要面子更要里子。课堂上，有的老师遇到个别儿童不服管不听教育，就觉得在其他儿童面前影响作为"教师"的权威，面子上下不来，因怒生恨，一冲动就犯错了。

当判官更要当指导者。教师经常拿着成人的好恶标准评判儿童。小学生心智不成熟。

第七节　强化小学思政课教师的责任担当——小学思政课的儿童化、生活化和教化

从之前的《品德与生活》《品德与社会》到今天叫做《道德与法治》，小学思政课一直强调这门课程是德育学科课程，同时是一门综合型课程。旨在通过课堂学习为主渠道，逐渐培养具有良好品德和行为习惯、乐于探究、热爱生活的儿童。在课程实施过程中，首要完成的是"人的教育"而不是"知识教育"，教学目标要起到的作用表现为理解人、指导人（小学生的可塑性）、影响人（促进成长）。

一般的课，我们可以按照是什么、为什么、怎么去做三个主要内容去思考课堂设计。是什么，结合生活中的社会现象，儿童真实生活中的个人表现，明确认识：这是什么样的行为。为什么，就要引导去确立观点，找到实证，为什么会这样？有哪些社会的个人的因素，带来这样的表现或者现象。怎么做，就是在自我的反思相互的讨论中，明确怎么做是善的，怎么表现是符合规范的。一般的这个过程还是理解和认同的过程。

教师要熟悉和理解儿童的真实生活，遵从儿童的生活逻辑，即去成人化、去虚假化、

去空洞化，相应的要强调真实、真情、适合。教师要"蹲下身子来解读教材，解读孩子的真实生活，解读教材，解读课程"，才能体现教育性，生活化。有了儿童真实生活作为主线，才可能避免走上"知识的罗列和活动的堆积"的弯路。

一、道法自然施教

儿童生活在人的发展中的重要意义。南京师大刘晓东说："童年留在人生这棵大树最核心的年轮里，它始终在为人生提供滋养。"发现儿童，从而以儿童为本位，这是近现代教育的逻辑起点。成尚荣认为，"认识发现儿童与教育、与教师是同一语，谁真正发现了儿童，谁就赢得了真正的教育。"陶行知也曾言"儿童社会充满简单之美"。儿童的本义是自由，具有探究、游戏的天性，哲学艺术的创造性，以及多种多样的可能性。

尊重儿童生活才是道法自然的教育。儿童的生活有三个世界：现实的世界、理想的世界、虚拟化的世界。三个世界中的儿童学习方式、生活状态、价值取向都不同，常常发生猛烈的价值碰撞以致机制迷乱，而价值迷乱又影响着儿童的心理状态和学习方式。

在儿童真实生活上的认识有三个误区：一是理论与实践的脱节，理论上的儿童是伟大的，实践中的儿童与发现的不一致，往往以理论遮蔽实践。二是理想代替现实。三是对儿童可能性把握上，认为儿童的生活充满阳光，往往忽略儿童消极的、灰色的一面。而传统的品德课教学设计上，偏重于道德知识传授，忽略了道德情感体验。教学过程中，偏重于教师的权威和理智指导，忽略了儿童主体的主观能动性。教学的效果上，偏重于约束控制，忽视了儿童的内省和合作。

某次，笔者看到四五个小男孩在楼道里正在玩枪战，他们一手卷成喇叭状另一只胳膊伸直扮作长枪，口中振振有词"你挂了""我来了"大喊着"哒哒哒……"，楼道里人声鼎沸乱作一团，甚至无视我的到来。我停下来，走进他们把他们叫到身边，问道：你们玩的什么游戏？回道：枪战。又问：这个游戏怎么玩？答：丛林中发现敌人伏击扫射。又问：如果这个游戏情境发生在真实的中，战士需要隐蔽吗？只要不怕死的一定能活下来吗？如果既需要胜利又能成功地活下来，你觉得怎么做更合适？大多数儿童都会心地笑了。

在课上，笔者把这个案例和儿童分享，孩子们大多能够体会到，即使是游戏也要以真实的生活为基础，不是只要天马行空的凭空想象。引导儿童解决问题第一要真实地生活，又能促进儿童生活的真实。在这个教育实例中，又实现了对儿童轻声慢步的行为养成教育。另外，所谓规则的认识，不仅仅要教育儿童遵守规则，还应该引导儿童理解规则常常受到情势的影响，并非一成不变的。有些规则可能来自强势推进不一定都是正确的，生活中还要学会变通。教育教学植根儿童生活，才可能有效指导儿童学会生活。

二、以"学"定教

拓扑斯理论认为，世界不能被理解为生活在一个固定的、静态的时间和空间背景下的独立实体的集合。作为替代物，它是一个关系的网络，其中每一部分的性质是由它同其他部分的关系决定的。构成世界的关系是因果关系，也就是说，世界是由发生事情的过程所组成的。按照这个粒子联系的理论，作为道德学习主体的"我"处于一切关系的连接点，产生影响发挥着作用。

基于"我"，认知心理学意义上的自我意识，我思故我在，唤起逐渐清晰的自我意识；基于"我"，道德学习的在场；基于"我"，明确的儿童立场，教育在儿童身上发生，儿童得到发展，成长结果为儿童所享有；基于"我"，自律意识培养，强化自我教育。传统文化强调修身，"吾日三省吾身"，刀刃向内，不断完善自我的精神追求；基于"我"，是思政课设计实施的逻辑起点和归宿，在小学义务教育教科书体系编排上，体现认识自己开始，进而处理好我与家人、与同伴、与社区、与学校的关系，我和家乡、祖国，我和世界的关系，学习内容呈现螺旋上升的特点；基于"我"，体现立德树人根本目的靶向，德育一体化的教育规划聚焦儿童全面发展，儿童成长是自我发展需要与社会要求最终聚合为一个成熟的"我"。

以一节课学习为例，目标任务的完成，儿童要经历从知道到行动，从发现进而反思的学习过程。学习目标，是通过每一项学习任务的设计安排完成的。完成课堂教学任务应达到的目标，至少有四个层次：1. 知识传授。2. 情感调动、激励。3. 明确的态度，以及明确的行动计划或者倾向性。4. 思维方式。课程标准转化为具体的学习目标，教师既要指导儿童确定明确的学习目标，又要组织儿童围绕目标组织调控学习；既要设计适切的"教"的目标调整课堂行为，又要把握适切的"学"的目标评价儿童的学习状况。

例如，《现代交通的烦恼》教学目标设计：

1. 知识与技能：

了解交通给人们带来哪些问题和对生活、环境的影响。想办法使交通带来的不利影响减少到最低程度。学会辩证地看问题和分析问题。

2. 过程与方法：

通过观看视频和填表格的方法来了解交通带来的问题。

3. 情感态度与价值观：

培养儿童从小遵守交通规则，激发儿童保护环境的意识和改变交通现状，畅想未来交通的志向。

上述三个目标中，目标1所使用的"了解""学会"是含糊的、不可测量的。目标3缺乏针对性，不够具体。目标2和1之间指向的重点和难点不一致，过程和方法只解决了一个方面的任务，而知识及技能和情感态度价值观的目标所涉及的任务更宽广，这样三个目标之间关系不紧密。

"科学取向教学论"强调目标的导学、导教和指导测量评价的作用。因此，教学目标的设置要简明、精要，可以观察和测量。教学目标要陈述儿童预期学习的结果，用儿童学习后会做什么、会说什么和会变现什么来陈述目标。会做的目标，是技能目标；会说的目标，是知识目标；会表现出的目标，就是情感态度价值观的目标。

没有评价目标，就无法完成有效地评价；没有导向和目的的评价，不清晰的目标无法落实。评价本身即目标实施的一部分，而只有实施了即时性、过程性、主体性评价，目标的生活化才能完全落地。但是正如福柯所说，"人们知道自己在做什么，他们经常也知道为什么做所做的事，但他们不知道的是为他们所做的事做了什么。"只有从儿童实际出发，设计有效目标，才能完成教学任务，提高教学、教育的效度。

三、让成长"呈现"出来

如果说，上面从"教"和"学"的角度设计，内容上要求科学，教育教学目标要清晰：儿童将获得什么；为什么要学习这些内容；教学到什么程度。目标设计包含层级：纵向地看有教育目的、培养目标、课程标准、学习目标；横向地看有情感态度价值观、过程与方法、知识与技能的学习。动态地看，从预设到生成的逻辑顺序上把握目标：真正的教学效果＝预设目标+生成目标。预设目标是设计的重点，是可以评价可以测量的，是教学的底线。生成目标决定于师生的创造，受人的因素影响。

教学设计要具体而明确。"具体"体现在一对一的具体化、一对多的多个具体化、多对一的主题整合等方面；"明确"体现在：由于课程的"分科"是人为的，因而缺乏内在整合性，忽视知识的联系性，从而割裂了儿童的理解力，也忽视儿童的动机和已有经验，容易脱离儿童的兴趣和生活实际。传统教学设计不重视环节设置做系统陈述，许多老师胡乱一写或者随便一抄，即使写来也是陈述含糊，不可测量；目标和评价测量笼统，缺乏针对性。这样导致教学顶层设计缺失，单纯在方法上下功夫，造成教学行走在西瓜皮上，滑倒哪儿算哪儿。

四、思政课必须体现教化功能

小学思政课离不开灌输。有人以站在儿童立场为由，认为思政课必须基于儿童生活和超

越儿童生活，只能采用儿童喜闻乐见的方式方法，思想教育才有效，灌输的方式太粗暴。

婴儿得了病，需要喂药，最经常最有效的方法就是想办法把药灌进去。小学生这个阶段在做人和认识社会的准确性全面性的能力上几近于婴儿，必要的灌输不可避免。更不能一味保持方法的正确而错过机遇的时机。好的教育内容，用儿童喜闻乐见的教育方法当然很完美，但是最原始的真善美的种子也可能来自广种薄收的无奈。叶圣陶先生认为，"当八九岁之时，正儿童渐与外物相接触而增进其智识之时也，于斯时无论何事印入其脑中即深镂而不可拔。"这就像农民在贫瘠的土地上播种一般，奢望老天来场大雨再下种就会误了农时，因此，如果没有更好的方法，或者能力范围内运用不了更好的方式，但绝不是偷懒抹滑而是负责任地灌输社会主义核心价值，总是让人可以接受的。

儿童的身心发展规律和教育教学的基本规律，做好问题解决设计和活动安排，是落实教学目标任务的关键。小学生是以直观和形象思维为主的心理，在教学设计上体现生活化、探究性和活动性，才能激发儿童真实的生活思考，指导行动，形成习惯。

表（2）"三规"——自明自律自主教师规——严肃管理制度与声明治理原则

受约束群体	管理制度要求	关注点	万境入门治理守则	关注点
全体教师	按照学校作息时间办公：早上值班人员7：00前到校，班主任7：10前到校，任课教师7：20前到校。7：20以后到校，按迟到处理；7：50后到校，须填写"万境水岸小学教师早上到校登记表"方可入校；8：00后到校，记旷工一次	管理者手里拿一把"标准"的尺子，管理效果受制于拿尺子这个人的公心和无情。细之又细的要求，实施起来难之又难	所有教师早于儿童到校时间进校。值班干部提前至少三十分钟，班主任早于本班第一位儿童到校。下午所有班级列队离校后，教师方可离校。驾驶机动车辆的必须在儿童离开校园后开车出校门	把原则性的要求公开化，大家都能共同明确这样做的价值。人人可以自测
任课教师	全天坐班，办公室内集中精力，保持安静，不做与工作无关事情。工作期间一般不接打电话，不接待来访	禁令要求很正确，做到很难为人。有种明知不可而为之的感觉	按时上下课，科学健康办公和休息。与同事积极沟通交流，互相关心互相支持，传播正能量。加强自我学习提高	调动人的内驱力，在有文化的氛围中自修达人，在教书育人中成长，增强职业幸福感

受约束群体	管理制度要求	关注点	万境入门治理守则	关注点
儿童	参加学校举行的各种集会、活动等，做到不迟到、不早退、不无故缺席；在会场应自觉保持安静，不大声喧哗，熟记安全逃生出口和路线；专心听讲，不做与会议无关的事，如讲话、看书报、做作业、做小动作等；讲文明，有礼貌，尊重他人劳动成果。不影响他人，不起哄、喝倒彩，不交头接耳，不大声喧哗；不能吃零食，并应保持环境卫生，不乱丢纸屑；集体活动结束，应按规定顺序依次退场，不能争先恐后	要求儿童的"怎么做"和"不能干什么"，约束性的集体教育，像大队书记在村喇叭里喊通知，反正我讲了，听不听是听众的问题	教师即时回应和表扬有文明礼让、自觉环保、主动问好等表现的儿童。语言范例：你好！你真有礼貌！／刚才你做得非常正确！我给你点赞！／你的家长也非常讲文明，把老师的表扬转达给他	儿童怎么做，关键看老师。这样，老师的在场很重要，从表述可以看出是要求老师怎么做，而不是老师"让"儿童怎么做
体育教师	应认真做好体育课和课间操的组织管理和安全教育工作，及时报告学校领导和通知儿童家长	专业性的问题千万不可以行政化表述，否则空对空、一场空	发生意外伤害，首先判断儿童情况进行施救或急救处置，同时安抚大多数儿童，寻求同事帮助	生命优先，安全处置坚持首问责任原则
班主任	有关规定，"夏季室内空调温度设置不得低于26摄氏度，冬季室内空调温度设置不得高于20摄氏度。一般情况下，空调运行期间禁止开窗。"	标准明确，针对的是"事"	谁使用谁负责的原则，例如各班班主任为教室中央空调使用第一责任人，任课老师为第二责任人，各办公室由室长负责管理等。综合办负责监督，公示检查情况	明确责任，针对的是"人"

实话施说：

1. 陶行知所说的"在教师手里操纵幼年人的命运就是操纵民族和人类的命运。"最要紧的是深切地理解少年儿童，承认他们像植物一样，是有生命的，是自己能够发展的，自己能够生长的。只要凭种种有效的方法促进它们很好地发展生长，那就是严肃认真。敬畏生命，按教育规律办事。

2. 不要把教师当圣人，也不要期望遇到的教师是圣人。圣人也许在，但我们更需要的是一个个有血有肉的好老师。他们有精神生活的同时，也一样需要有物质追求。如此，教师这个职业还能保持一些吸引力。

许多人羡慕教师职业每年都有固定假期，甚至有人计算出小学教师每年休息休假时间要占到一半时间，因此，劝人当老师经常的理由就是休假多可以照顾家庭方便带孩子。这个放假多的现象，实质上并非提升教师职业吸引力有意为之，而是根据儿童发展需要确定的。即使如此，世人只看到表面的上班时间少，却不知或故意忽略教师职业特殊性和现实性需要。小学教师周末不只是休息，既要像其他群体一样背负家庭社会责任，又要自觉不自觉反思工作，做好心理上和身体上的备课。教师的工作，劳力更劳心，为什么退休教师不像医生一样做到退而不休呢？体力心劲儿都完不成儿童的需求，哪个孩子喜欢奶奶比喜欢阿姨叔叔更多一些呢？年龄差距越小，儿童越容易靠近，热爱和老师一起学习活动。一学期的各种教育教学磨砺之后，寒暑假小学教师更像一场心灵疗愈。补补失去的快乐轻松，尝尝没有安全压力之后的无责一身轻，勉励师生共同进步的时光……积极地让教师重新热爱教学工作，投入到新的学期中。

有意识地统领教师假期生活规划，属于学校柔性管理的范畴。例如发放读书反思基金的形式，倡导教师假期读书，在阅读中补充知识、丰富情感、提升境界。许多时候教师教育力的差别不在"法"，而在"道"。教无定法，因为教育对象的差别以学定教，也因为教育本质上需要吸收人类社会一切优秀文明，为我所用，普惠众"生"，此中方法不一而足。唯有读书这样的学习形式，不受时空限制，不以数量论英雄，不拘一格提供资源，可以实现教师终身发展。

号称美国"投机之王"的利弗摩尔曾说，你不可能把"希望"从人类的天性中割除，也不可能把"恐惧"从人类的天性中割除。而唯一能摆脱心态的影响，就是要做好取舍，有舍才得。例如，改变全体教师会的形式，把主席台交给教师，校长当听众，工作部署会变成经验分享会。学习医生会诊的形式，班主任论坛以案例分析为形式，寻根问底、群

策群力，教育更有针对性。学校管理的微创新，关键在于目中有人，这个人就是教师或儿童或兼而有之，始终以促进师生发展为根本遵循，规矩人性化，过程灵活机动，逐步建立起有效的管理自动系统，达到无为而治的境界。

老师，有时候像做牧师，会倾听就好。一天的早上，碰到一个低年级的小男生，楼梯上碰到老师胆怯地垂下眼神嗫嚅着："我不知道今天足球课程不上……还来早了……"

老师，有时候像做公关，哪怕对儿童格式化的微笑和善意就好。到校的时候，一声声"老师好"此起彼伏，大大小小的儿童远远喊的，小声招呼的还有小心翼翼以眼神身体语言招呼的，我们老师都应该回应，这一点礼貌性的表演，可以比一千句说教讲礼貌更有效果吧。有的老师不以为然，有的无动于衷，有的以为是走形式的假礼貌。其实，一定形式的反复就成了内心的遵循，渐成习惯成为自然。

当一个合格的教师其实不难，做好能力范围内的事儿，做好该做的事儿。如果简单重复地完成学校安排的活儿，教师在小学阶段的工作任务可以不繁重，只是没有创造力。只做应付的工作只能是累并烦恼着。

做一个慎独而可以在反思自己中成长的教师。

你的经历就是你现在的样子。教师职业入门的门槛一降再降，已经到达地平线以下了，还是不能满足学校和社会对教师队伍及时补充的需要。原本在师范类院校得到职业学习和基本功训练的任务，都被带到就职学校进行培训，短则两三年，这的确成了学校教师队伍管理的负担。例如，有的教师以前是做培训的，回归到教师岗位上，课堂上很自然地切换成做培训讲师的模样：旁征博引显本事，东拉西扯搞气氛。一位儿童兴致勃勃听就叫课上得好。有的中途择业跨界当老师，一下子不得法，就依照记忆中经历的老师怎么教，现在自己由儿童变为老师，照猫画虎地教。还有的老师学了一些招数，架势拿得很足，精气神飘忽。

第四章　非常班主任

第一节　非常班主任修炼术

　　小学班主任是些什么人？绝不是一般人。他们要爱孩子，还要会爱，爱得要持久一贯，能把爱儿童和爱教育恰当地表现出来。他们要有领导力，不仅能镇得住儿童，还要组织协调好学校的干部们，更得擅长与家长打交道，长袖善舞，整合各种影响班级发展的教育力量为我所用。他们还要隐藏自己来自家庭和工作各方的压力，统统消化吸收为正能量，压抑小我成就大我。

　　班主任，简直就是神一样的存在。因为，每一个小学生在班里都可能成为一只小神兽。没有这十八般武艺，还真的当不好小学班主任。

一、"合纵连横"的平衡艺术

　　班主任合纵连横的战略战术。要学懂弄通敢于斗争、善于斗争的思想根基，理论上清醒，政治上才能坚定，斗争起来才有底气，才有力量。与谁做斗争，要搞清楚。靶向不明，斗争不胜。做到在各种斗争考验面前"不畏浮云遮望眼""乱云飞渡仍从容"具有重大意义。

　　布置班级工作先与个别家长沟通，表现出一种亲近的关系，赢得部分家长的鼎力支持。将儿童中一些优秀的发展为小助手。与任课教师建立牢固亲密的统一战线，了解儿童全面的情况。对于个别不好对付的儿童重点关注集中攻破，取得定点清除的战斗效果。

　　在儿童群体里通常有一种现象，强者愈强、弱者更弱。公平教育的本质应该是发挥老师的平衡作用，促进每一个儿童的健康和进步。

　　如果儿童之间发生了矛盾引起家长的参与，班主任怎么办？

　　首先要学会"共情"。也就是说和双方家长分别表示同样的情感，悲伤着你的悲伤，快乐着你的快乐。家长彼时首先在乎的不是谁的理儿，而是老师的态度。这种情况下，作为班主任首先在事件的陈述和分析上要不偏不倚，谨慎作出定性评价。

　　一次体育课上，两个小男孩相互打闹，其中一个把另一个打哭了，体育老师教育打人的小男孩，小男孩不认错，老师一脚把孩子踢倒了。后来家长怒气冲冲找到学校，要找体育老师算账。首先找到班主任，班主任一副公事公办不知情的样子，这位体育老师避而不见家长，家长要来了体育老师的电话，在电话中老师虽然道歉但是家长很不满意，后来家长就一下子找到校长，叫来了帮手作势要揍那个体育老师。

在这个事例中，最关键的问题不是评理，显然错在学校和老师。不管因为什么原因，老师绝不能体罚和变相体罚儿童。那么家长的怨气主要来自哪里呢？孩子被教训，看到家长委屈地哭了，家长心疼孩子，这是父母疼惜孩子的怨气；课上发生矛盾，老师只教训自己的孩子，这是不平之愤；班主任和体育老师没有表现出重视，道歉敷衍，家长没有获得被尊重感，被理解感，这是委屈之气。这件事的处理着力点应放在表达重视和共情上。事情已经发生，错已在，孩子已受委屈，家长最在乎的是班主任和老师的态度。增加班主任的发码，从博弈理论来说，家长已经失去了一份利益（伤害和尊重），他就希望从别处得到补偿，而班主任比普通老师掌握了更多的资源可以补偿自己或者孩子在学校教育中失去的。

二、少作是非善恶评价，多给犯错者一些机会

成年人有时候认为与孩子比起来什么都懂、啥事都可以拿下，有时候幼稚地以为自己起码可以主宰孩童，自欺欺人地以为我的孩子我做主。在这种心理下，很多老师认为的我的地盘我做主就成了一种自然而然的自信，越是有经验越是以为自己对孩子懂、对教育结果有把握，这样的心理更容易陷入盲目和武断。孩子是发展中的人，我们要相信他们的向善向上，这样一种心理预期应是每位教师能具有的基本专业意识。从事教师这一个职业的人常常给人一种刻板印象：凡事先做是非善恶判断，其次衡量是否合适，最后能做一下必要性地决断就很不错了。因此，常常发现一个现象：买房子搞团购，从教师这个群体突破很难，不是大家的经济实力不够好，而是很难形成一种一致性的认识。婆说有理公说有瑕疵，有人说售房利润大，又说位置能更佳，总之，几个人去看房就有至少几种观点。最后，事难成。

回到教育者应有的心理来看，提醒自己以归零心态看儿童看家长十分重要。不带着有色眼镜看人，才能走近人；保持着一份相信和期待对待人，才能去指导教育人。我们的老师常常在三五年的教育教学中，用记忆代替科学认知，以善意替换明智，以至于在自以为是的努力中受到伤害，尚不自知。有的老师为儿童家长所伤，因为家长告他的状，说老师的不认真不道德，老师以为很委屈，细算起来与教师的过度教育有关。一位老师被家长投诉，当然这位家长采取的是隐匿姓名的举报，说老师不看作业不讲课，一说情况老师自己判断是某某的家长，并且知道缘由并非举报所述事实，只是因为要求调位等意愿没有达成等等。家校之间的分歧，往往不是表面上的矛盾，恰恰是某种诉求被忽略而成为矛盾。我们知道，家长对于孩子成长环境的要求永无满足，而且教师面对几十个孩子和家长不可能

都满足要求，也许会有资源占有的权力感，这样矛盾产生了，家长似乎处于弱势，长期得不到满足就只能发泄或者以一种举报者的身份表达出自己的反对。教师总觉着委屈，又觉着自己没做错什么的底气足，那样的话事情只会愈加复杂，让真相更加迷茫，形成死结走向不可以把握。教育者何其难，受教育者又何其无辜。儿童成了最后的买单者，又何其不幸呢？

三、道家修炼书

守拙是一种保留和尊重。苏联基列延科实验研究"把一些对象作为一个整体来感知的能力"发现——"当短时出现被感知的客体时，儿童之间有很大的个别差异。"班主任经常教训某些顽固不化的儿童："说了多少遍了，你怎么就记不住！你看人家某某……"老师请记住：个别儿童不按照您的指令行事真的不是态度问题，而是能力问题。就像我们一样总有些掌握不好的事物，在这种情况下请不要强求，要学会理解，给一些所谓的"错误"以包容。我动作发展一直不协调，初中跑步跑不快样子也不好看，刚刚学习了政治课人类历史的部分，同学们给我起外号"元谋人"取笑我的笨拙，三十多岁的时候才学会跳绳，自己还很有成就感，但是因为体育课上的落后，心里的挫败感一直魔鬼一样的缠绕心底。因此，当教师对一些儿童发展过程中的"生理性"错误进行指责的时候，儿童感到的是羞辱而不是奋进。这是误人了弟。对于怀有教育理想的老师，没有比这句话更凶狠的否定了。

善于发现和造就生命的相遇，把自己置身于"生命场"中去畅然呼吸……有学习力和成长力，成长着的人，是最幸福的人。"儿童意识"是一个杰出的师者应拥有的觉悟。成就每一个孩子的精彩生命，一切课程和教学都要围绕着为儿童搭建出彩的舞台。课程设计要基于儿童的需要和兴趣，这是校本课程开发的基点，而不是学校或教师"想当然"地开发形形色色的课程。走近孩子，了解孩子，融入孩子，只有在"成长共同体"中，思想与情感同频共振，才能真正懂孩子，与孩子们一道找到属于他们的生命成长课程。引领孩子到更大的舞台上去，让他们具备未来幸福的能力和未来伟大的潜质。

"让儿童出场"，与伙伴们一起，教师也是儿童的"伙伴"。这就是在孩子们真实的世界，解决真正的问题。"每一朵云彩都是天空的孩子。"教育要尊重生命成长规律，要让课程童心化、科学化、生活化、活动化和专业化。即使是如此，取法乎上仅得其中；取法乎中，仅得其下。教育就是这样的不完美的艺术，总是存有缺憾的。

对于人情事我们古人早就告诫我们不要太过于迫近真相，得到识破真相的机会就像拿到打开潘多拉盒子的钥匙一样，设法打开它不是难题，打开之后应该如何收场呢？对于老师这样的成年人和资深教育者来说，小学生身上的种种，试图掩藏的真相、被胆怯和侥幸包装的毛病，很轻易就可以戳穿弄碎，可是之后呢，如果仅仅是破坏美好的童年梦想，给予幼小心灵以打击甚至毁灭，那就不是教育而是灾难了！所有发现都是为了更好发现美好，激励向上向善的勇气，是为了帮助儿童建设更加美好的自我。假如发现真相不是为了这些那就是一种危害了吧。

这也就是我反复提倡要给孩子犯错的机会，要给儿童以希望。中学回首走过的小学路，那些学习的困难和成长的忧伤，都不是事儿；大学回望中学的青涩和剑拔弩张，那些学习的煎熬和成长的迷惑，就都不是事儿。

四、多一些仁爱和宽容

有位专家否认嘲笑某校长只讲奉献无法创新，这个点评十分武断。专家用"没有什么比生命和健康更宝贵"来套教育价值选择的"马"，这就像有人说因为时代发展了，所以吃不好就不要去干活！

有个孩子总是不洗脸每天很邋遢，后来老师了解到他的爸爸妈妈离婚了。有的老师以此作为闲聊的谈资，随意散播，那可能变成一种无心为恶了吧。教师为孩子保守秘密，创造一种安全的环境，使他不受周围同伴的审视与盘问，少受心灵的折磨。不用单一的价值观去定义运动会上某儿童选择再赛争光这件事情，以及同类案例的对与错。对于未成年人，从雷锋到赖宁，以及各种各类见义勇为的事迹人物，我们在事例中汲取和传承的是一种精神，一份信念。我们不提倡青少年见义勇为，是一种方法导向，鼓励去用更合理的方式去实践正义，去追求信仰。但是，不提倡不是反对和否认，不提倡不鼓励，恰恰是对精神价值观对信仰对生命对身体健康等最好的保护。

五、找出重要的儿童让他成为班级组织的促进者

有些儿童绝对是班级建设中不能忽视的重要因素。他们是所有老师眼中的坏孩子，又可能是儿童心目中的能儿童。管理学上一个有趣的定律叫"酒与污水定律"，意思是一匙酒倒进一桶污水，得到的是一桶污水；把一匙污水倒进一桶酒里，得到的还是一桶污水。显而易见，污水和酒的比例并不能决定这桶东西的性质，真正起决定作用的就是那一勺污水，只要有它，再多的酒都成了污水。酒与污水定律说明对于坏的组员或东西，要在其开始破坏之前及时处理掉。每个班里都有秩序的破坏者，教师要善于发现和控制。控制：可以驯服，此是下策；可以引导，此是中策；可以化解于无形，那是上策。

六、盗墓行规告诉教师不要和父母比爱

有人说过去盗墓贼一般是两个人合伙，一人钻下去拿宝物，一人在上面牵着绳子，但是往往因为上面的这个人见财起意，快到洞口的时候猛一松绳子摔个半死，然后迅速把洞口填埋，谋财害命。于是演变为父子合伙，但是如果儿子在上面也出现过儿子扔下墓里亲爹的事儿。最后据说形成这样的行规：儿子下去取货，老子上面拉绳子，再没出现过把下面的埋在墓坑的事。这就是人性。父母之爱是天然人性，师爱是高尚的职业道德。但是，老师，您不要和孩子的父母比较爱的深度。

第二节　增强班主任老师的职业幸福感，培养幸福儿童

做班主任幸福吗？一位班主任老师向我抱怨说：小学班主任的工作任务繁重、细琐，路队、晨读、卫生、课间、两操都要管好，思想工作要做、教学成绩要抓、活动和比赛更要靠上盯上，劳神费力只有疲惫感、应付感，哪还有幸福感？

是的，创建幸福学校，促进儿童幸福成长，首先要增强班主任的职业幸福感。班主任自己享受不到职业的幸福，怎么能够正确地引导儿童促进儿童的幸福成长呢？

班主任老师怎样调整心态，在繁杂、琐碎的班主任工作中去感受幸福、收获幸福呢？

一、建立良好的关系

师生关系是学校生活中最基本的人际关系。不但影响着教育教学的效果，而且影响着师生的身心健康。影响着儿童的性格的形成，也影响着教师的职业态度。同时，师生关系决定一所学校的文化氛围和精神特质。教师与儿童建立起"相融与共、从心出发"的师生关系是我校学校文化建设的重要组成部分。叶圣陶先生说，只有做儿童的儿童，才能做儿童的先生。

师生关系可以相互转换的，并且必须相互转换。要学会化解矛盾，共生共长。师生关系是学校教育中的最主要的一对矛盾关系，化解师生之间的矛盾关系成为建立良好师生关系的关键。为调和学校教师与儿童之间的矛盾，我校不仅提供针对儿童的心理咨询服务，还有缓和教师心理压力等的心理咨询服务，使教师端正心态，化解矛盾或避免矛盾的产生。同时，开展"师生共生共长"交流会，交流良好师生关系的成功经验。鼓励教师们根

据个别经验，有针对性、选择性的因地制宜地应用于自己班级中。

做一个幸福的班主任，首先要正确发挥班主任角色的作用，以爱心和正直赢得儿童的尊重，建立良好的师生关系。班主任在学校中起承上启下的作用，是学校各项工作的执行者和骨干力量，是学校得以发展的支柱。班主任是儿童的榜样，在儿童心目中至高无上，对儿童影响颇深。班主任也是家长的关注点，家长对班主任的要求和期望也高于其他任何老师。让班主任老师认识到自身角色的重要性是享受职业幸福感的前提和基础。只有班主任老师自觉认同这样的角色责任，才真正具有了寻求职业幸福的源泉与动力。也只有良好关系的建立，才能为体会为师者的幸福打下基础。

二、心中有梦，做中才有情

一位具有职业幸福感的班主任，定是心中有梦，浑身都是热情的老师。教师的积极的心态首先在于"心中有梦"。这样的"梦"是责任，更是一种职业情怀和理想。有梦的人生才是幸福且快乐的人生。对于"胸中有梦"的幸福的教师来说，教育不是牺牲，而是享受；教育不是重复，而是创造；教育不是谋生的手段，而是生活的本身。我们的一生不一定要干成什么惊天动地的伟业，"心中的梦"就是我们人生奋斗有明确的目标。胸中有目标，认定方向的人，成长得快而平稳。我们中间有许许多多"心中有梦"的人，他们在自己的教育生涯中，有着十分明确的奋斗目标，在成就儿童的过程中，同时也成就着自己。

班主任积极的心态还体现在"做中有情"。情感是人一切行为的动力，一个幸福的教师，必然拥有亲情、友情、爱情，是一个感情上的富翁！一个幸福的教师，在他的身上，必然洋溢着满腔的热情和澎湃的激情，必然充满着暖暖的温情和甜甜的柔情。追求职业幸福的教师在事业上非常投入，热爱儿童、热爱学校、热爱工作。在引领儿童成长的过程中，幸福的教师都会以宽广的爱去关爱每个孩子。

"全美最佳教师"雷夫·艾斯奎斯的快乐教育观点：一是不要在自己情绪很糟时去教育孩子，因为这种时候，很容易把自己的糟糕情绪不经意间发泄到孩子身上，这样的后果是相当严重的，因为孩子会感到莫名的委屈；二是努力营造快乐的、鼓励性的环境气氛，让孩子们有自我价值的实现感和成就感；三是努力做一个乐观、快乐的人，因为一个快乐的人将更容易看到孩子的优点，而一个不快乐的人则更容易看到孩子的缺点。

三、良好心态成就幸福人生

一个幸福的班主任，必须有良好的心态。以自己的情感和智慧潜移默化地陶冶儿童，成为儿童的榜样，引领着儿童积极向上，不断进步。

教师工作千头万绪，儿童的思想、学习、生活，事事都要操心，用"忙、累、烦"三个字，来概括教师的心境最恰当不过了。可是，如果我们每天都带着埋怨和"恨铁不成钢"的急躁心理，那么，你可能一辈子都只能做个辛苦的教书匠。要想做一个快乐的教师，首先应该换一个角度来看待自己的工作，不要老想着工作的忙碌和辛苦，而同时还应想到，我们这个职业特有的"快乐财富"——每天都被儿童的青春气息滋养着，是难得的精神"滋补品"。"一个健全积极的心态，比一百种智慧更有力量。"

四、尊生爱生是核心

做一名幸福的班主任，要在儿童的心田播撒幸福的种子，尊生爱生是核心。孩子的心灵是一方净土，也是最敏感、最脆弱的。班主任对儿童的爱，不应该是挂在嘴巴上的一句空话，而应该是一个具体的持续的教育过程，是应该建立在教师对儿童充分理解、信任、尊重的基础之上的。做班主任的，往往比任科老师更容易发火，脾气更大。当儿童犯了错误时，有时还会歇斯底里地"河东狮吼"，而收效却是微乎其微。在我们现实的教学当中，有多少个孩子，你让其回答问题，他（她）却一言不发，可能就在我们的斥责声中默默坐下；有的孩子偶然动手拿了别人的东西，可能就在我们不问青红皂白的批评中变得不可救药；有的孩子惯于逃学或学习突然退步，或上课突然变得没精打采，也许是有难言之隐，可能就在我们大发雷霆中破罐子破碎；有的孩子性格孤僻、不合群，也许由于我们的漠视，他（她）那里成了被遗忘的角落……用简单、粗暴的方式去批评儿童，即使儿童表面上服气了，但实际上他们只是慑于你作为班主任的威严而心里却没有真正的服气。作为班主任，要用一颗赤诚的爱心去浇灌他们，让他们在师爱的呵护下茁壮成长。

班主任工作力求艺术性，思想道德和心理教育并重。正如全国优秀班主任丁榕老师所说：儿童的德育教育如一个大鹏，思想教育和心理教育正是这只大鹏的两翼，它必须同时煽动，这只大鹏才会腾空万里，展翅翱翔，德育才能呈现无比的生命力。提高教育资源领导力，形成教育合力。

五、活动推进，融合共进

始终牢记：所有活动的起因和中心原则都是为儿童发展服务的，哪怕是教职工群体自己的文体活动，也应该坚持这样的初心和原则。在校长建立的良好师生关系的榜样力量的带动下，开展丰富多样的师生活动，推进"师生共同体"更加融合。积极开展师生共同学习并实践的"生长课程"、师生趣味运动会、师生文化艺术节等师生共参与共成长的活动，在展现教师与儿童平等地位的同时，老师展现出课堂外更加真实的一面，儿童更加了解自

己的老师，这也是师生关系进一步良好融合发展的基础。

良好的师生关系是需要教师有足够的耐心与爱心完成的长期事业。在小学阶段建立良好师生关系的实践中，还有很多需要去实践并探索。路虽长，但花开满地。

第三节　养成教育因坚持而有效

农业文明时代，教育是"师父领进门，修行在个人"，个人发展主要依靠个体的努力和悟性。工业文明时代，教育是产业化生产，依靠操作流水化和层级递进，大规模地加工和复制模式化人才，个人发展依靠的是物质条件和个人求索。今天进入了信息化时代，教育走向的是去中心化、扁平化和个性化，社会创造了无限的资源，个体可以得到想象到的各种可能，个人发展依靠的是量身定做、个体的准确以及终身坚持的习惯。

叶圣陶："说到养成行为习惯，必须在最微细最平常的场合入手，积渐功深，遇到不微细不平常的场合也自然而然能够为公。公家的信封信笺硬是不写私信，买什么票上什么车硬是遵守秩序，这些事似乎无关大体，但是成了习惯之后，就可以保证自己不至于贪污，不至于侵犯他人的自由。"

艺术是不需要规律的，技术是有限定法则的，要依照一个标准的程序去操作。

听有的家长抱怨：从思想认识上很重视孩子的教育，也耗费大量精力和金钱，怎么觉得效果不明显？这就涉及教育"有效性"的问题。怎样的教育能有效促进孩子的健康发展？坚守一贯的信念，坚持一定的教育法则，直到实现目标，这样的教育才有效。

孩子的教育也是一门专业性很强的技术活儿。学会坚持，是教育孩子的基本"技术"。30多年前，某地一所学校有一位没接受过正规教育的乡村英语教师，他自己不会一个"洋码子"，可是几年下来，这个只会提着录音机放磁带天天盯着儿童背诵做题的"老学究"，所教儿童的英语成绩居然年年名列前茅，这件事看起来匪夷所思，其实，并非没有科学道理。我的同事中也曾经出现过这样的"神奇教师"，非专业的教专业课，成绩居然很出色。这些老师虽然学科知识欠缺，教育教学的方法也不一定很科学，可是从中我们可以发现一点教育的真谛：管住孩子的"心"，激发孩子自主学习的内驱力，教育就会简单而有效。

笔者的父母都是文化水平较低的农民，没有很多的教育理论，家境也一般，但是对我们兄弟两人的教育还算成功！回想起来，他们为人处事本分，所以我们受到的良善的影响是一贯的，让我们终生铭记勤奋而努力、善良而上进的人生法则。父母是老实巴交的人，所以对子女的教育不会左右摇摆；父母是那种能力有限的普通人，所以以始终信任学校、老师，尊重孩子的自我选择。与当下许多父母给孩子成长提供的优越条件和多种多样的选择相比，在我们的成长道路上，教育因为坚持而有效。

是的，现在许多家庭为孩子提供的教育条件不可谓不丰富，家长投入很多精力财力，孩子忙着参加各类学习班补习班，令人眼花缭乱的各式学习用具电子产品，以及新潮的学习媒介和信息化的学习资源……面对这些，我们的教育实践反而更多了一些迷惘和疲于应付的低效。物质的优越可能给孩子的教育环境提供了更多的机会，却不一定能有效激发人的潜质，影响心灵。"昔孟母，择邻处；子不学，断机杼。"几乎所有的父母都很重视子女的教育，千方百计为孩子创造更优越的教育环境。教育贵在坚持——坚持教给孩子基本的正确的东西。像孟母那样，通过一次"断机杼"的教育，不会解决孟轲终生发展的问题，一贯的言传身教才会唤起孩子自我教育的能量。

做父母、为人师者能力有不同，教育的艺术有差别，但是决定孩子发展的终究是孩子自己。不要让优越乱扰了他们，不要让物欲的浮躁动摇了他们，坚持正确的引导，不间断地施加影响，孩子终将会给我们惊喜。

第四节　一次活动休息时段发生的意外伤害事故的思考

学校总是组织一些大规模的活动，活动规模一旦超过一定数量，安全隐患成倍增加。上海新年嘉年华出现的踩踏事件，一些中小学校楼梯踩踏事件等等，这些血的教训告诉我们：一定要充分认识活动组织过程中的管理和调控，做到适当应对，避免矛盾升级。

一次，三年级一男生参加全年级学习武术操集体授课，课间休息时跌倒造成骨折。第二天孩子的妈妈在一位"舅舅"的陪同下找到学校，声明孩子的骨折严重需要动手术，要求学校派一名代表到医院陪同看病，并垫付一定医药费。其主张学校的责任有两个方面：一是男生跌倒时，班主任查看了情况，就给孩子的妈妈打电话让来领着孩子去医院，家长认为应当先打120送到医院，再同时给家长联系，这样不至于造成病情延误；其二，孩子是在学校造成的伤害，学校脱不了干系。另外，我注意到从其反映情况的情绪性倾向来看，对于教师在沟通时一再强调是孩子自己不遵守纪律，自己造成的伤害这一说法心情不爽。对于班主任一再说明通过校方责任保险的途径解决费用问题，感觉似乎故意推脱责

任，并且感受到来自学校和班主任的关心不够。

这件事处理应对的焦点看上去是费用的问题，其实要害的原因在于班主任代表的一种态度让家长不爽，家长羞于直接表达不满，就强调一些看上去在理的因素施加影响。因自己孩子的受伤，家长首先会有心情焦虑，如果感受到被忽略慢待，这样的怨气极容易滋生误解和矛盾，这样的心理状态对班主任或学校解决问题造成的障碍是巨大的。

遇到这种状况，班主任注意几个事项：

第一时间先表达共情，对于孩子受伤表示充分的关切，尽量赢得家长的信任。

其次，要尽量提供详细的信息给家长，既要及时又要准确。以免儿童以自己的方式表达错误的信息。

再次，根据事件的性质和程度，及时上报给学校管理者。

积极向有关管理者反映情况，管理者应对起来注意以下几点：一是及时了解事件的全貌，做到心中有数；二是代表学校表达态度既要积极又要准确；三是尽量弹性地处理问题，不要一棍子打死也不要一言以蔽之，需要给事件定性也要在有充分的论证后表达。

对于班主任管理方面的思考：

超出把控规模的大活动，必然带来安全隐患的放大。以武术操学习为例，新鲜刺激且富有竞争的类似活动课程极易引起儿童的骚动不安，这是客观上的隐患，是否可以避免？设计好学习或者活动的方案，注意把控规模和范围，减轻隐患；有意识引导儿童有序参与，对于不时冒出的出格言行进行制止，都是很有效的调控。

建立健全安全事故应急预案，关键还不仅在于完善的无懈可击的文案，最关键的还是人在位，特别是班主任要有一套熟能生巧的应急流程，发生一定程度上的伤害事故首先通知谁？什么样的意外马上联系专业人士（校医等），何时告知家长，怎样准确而又适度地告知事情经过和孩子目前的状态等等，每一步都要做出准确初判，再做及时告知和恰当处理。

优化儿童的课间管理，减少意外事故的发生。貌似自由活动的课间，如果真的以为可以放手不管的话，那么巨大的隐患会像预埋的地雷一般，不时被无组织活动的小朋友触碰，造成各种意外。因此，智慧的班主任对课间活动的领导，似无实有。对儿童之间不良关系的洞察和干预，会消除一部分矛盾的激化；有意识培养安排监督者和信息搜集员，会在一定程度上造成自由派儿童的压力；针对课间发生事故苗头的集中教育，有可能解决更大的冲突和意外。

班主任规

第一条：爱孩子。爱是真爱，真爱是无私的，为孩子成长负责任的爱。

第二条：耐心细致既是态度也是方法，是班主任工作最基本的套路。

第三条：记住前两条，起码能做一个合格的班主任。

要成为人人感佩和向往的优秀班主任，还需要：勇敢、宽容、坦荡荡。

实话施说：

1. 一次学校组织了一个慈善捐赠仪式，某班承担了上台表演任务，显然台下十几个本班的孩子当了观众。随口问了一句，这些同学不上台吗？班主任老师回答很干脆：他们不行！作为校长我在各种各类活动中坚持学校的一切活动都为了教育发展儿童而设计和组织，显然很多班主任老师能决定儿童是否有机会参与，这也是班主任老师受到家长和孩子敬畏的原因之一吧。

2. 小时候喜欢下棋，开始是好奇，掌握了一些技巧就跃跃欲试，希望赢，再后来渴望那种体会到进步获得超越自己的喜悦。儿童的好奇心和好胜心都该保护。

第五章　非常儿童——建设生动的育人生态儿童生长进行时

第一节　自然态学习成长

从大教育观的角度来看，儿童学习的外延等同于生活的外延。走向丰富的生活和社会实践，是提升儿童素养的必由之路。素养，《辞海》解释为：经常修习涵养。《汉书》中说"马不伏枥，不可以趋；士不素养，不可以重国"。意思是说，马如果没有拉车驾辕的经验，不能承担载人的重任，而有学问的人如果不经常修习涵养，就不能把治国的重任交给他。由此可见，实践和体验对于提高个人修养，丰富个人的文化素质都具有重要意义。游戏和实践活动既是儿童知识能力形成的过程，也是发展儿童核心素养的重要途径和培养儿童关键能力的重要方法。生活和社会实践，纵横在通往学习成长彼岸的千沟万壑，既是学习本身又是学习的延伸，既是综合性学习的训练场，更是儿童个性化学习的主阵地。

一、激发儿童学习的主动性和创新性

学习兴趣是学习动机中最活跃、最现实的成分。教育家赞可夫认为："教学中一旦触及学习的情感意志领域，触及儿童的精神需要，就能发挥高度有效的作用。"系统论告诉我们，有兴趣就容易接受外界新鲜的事物，形成开放系统，这样就能抗拒外界干扰，提高接受效率。由此可见，兴趣是最好的老师，是学习者成功的内驱力，没有兴趣的地方就没有动力。

小学课外实践活动为儿童创造宽松环境，可以充分展现自我。"红领巾监督岗"活动中，在宣传栏上创办了"每日新闻"栏目，以校园新闻的形式宣传好人好事，发布新人新事，让儿童了解校内外大事。这些新闻栏目完全由儿童搜集整理，有些是阅读报刊的成果，也有亲身观察的收获，可以说这是对语文学习能力的直接检验。红领巾小记者活动则为那些平时不善言辞的儿童提供了展现自己的机会。许多独生子女在家里表现的外向直露，能言善辩，在学校里却表现得十分羞涩。自从参加了小记者站，作为"记者"的自信使他们说话流利而从容了，面对镜头侃侃而谈。有的向校长发问：学校搞活动都是为了迎接检查吗？……小记者不仅善说，还要会写，他们对来校参观的客人"围追采访，插空照相"，写下了许多有声有色的采访笔记、活动心得，有的作品还在报刊和新媒体发表。

儿童特别热爱新鲜生活，面对色彩斑斓的社会实践，学习更开放。宣传栏、黑板报栏、连廊墙壁，都是他们自由挥洒天性的阵地。仅从手抄报等作品的名称上就可以看出儿

童对生活、对学习、对社会全新的观察和思考：《星星报》记录点点滴滴成长足迹；《蓝精灵》画面生动，寓意深刻；《浪花》《紫贝壳》……这些各具特色的作品都是儿童个性化学习的成果，使学习与生活之间有机地结合起来，有活力有魅力。

二、实践出真知，社会展才华

课上学习的知识要到课外实践中拓展，课堂上了解的学习方法也要到社会实践中历练。苏霍姆林斯基曾把带儿童到大自然中去上课，称为"游历活的思想的发源地。"他描述到："我开始一课接一课把孩子们领到永远长新的、取之不尽的知识的源泉——大自然中去：到果园，到森林、河边、田野去，我跟孩子们一块学习用词语表达事物和现象的细微差别。"

例如组织各类主题的假日训练营活动，或深入农村了解乡野山村的风土人情，可以浏览风景名胜，感受山河壮美、当地文化的厚重；可以步入军营、工厂、农村小学，体验生活百味；可以参观科技馆，参加各类公益活动，目睹社会百象……总之，自然和社会这两本大书可以深深地吸引着儿童，让儿童在各类社会公益活动、社会实践活动、少先队活动、特色小队活动中了解生活，走向自然。课外实践活动成为提升儿童学习素养的不竭资源。

集体教学要面向全体儿童，教学环境等诸多因素每时每刻不在变化和发展之中，对师生的教与学也有着很大的制约作用。"处在过程中的网络是一种转变性的网络，不断地发生变化——超越稳定性以激发内在不稳定性之中的创造性潜能。在这种转变性的网络中，作为后现代主义课程模式中关键要素的预测与控制变得较少'有序'而更为'模糊'了。"（[美]小威廉姆E多尔《后现代课程观》）。而生活和社会实践活动中的学习更加自由、宽松。从儿童兴趣出发，开展许多儿童喜闻乐见的活动：如在校园里开展"和小树手拉手"活动，儿童自制"护绿卡"，写上富有诗意的话语："小树在睡觉，请您勿打扰""您好，请尊重我""小树依依，折之何忍"等等，三·二中队的同学根据自己的调查写了《奈河的水怎么了》一文，在当地报纸上发表。文章针对泰安市内奈河公园水质的恶化，用真挚之情发表自己的看法。"学而不思则罔，思而不学则殆"，儿童在课堂上获得的知识和技能在生活实践中真正形成了个性化人文素养。儿童在活动中树立了自我教育意识，塑造了健康性情。

1. *主题特色活动课程化*。科技节、学雷锋、读书节、劳动节等系列重要节日，我班都会开展相应的班会活动，在课程活动中感受不同主题的不同要义。

2. *法制教育活动课程化*。普及校园法规和相关法律知识，增强儿童的法律意识，加

强法制教育，并与校园学习生活实际相联系。如：《守法始于守纪》班会课。

3. **安全教育活动课程化**。定期对儿童进行安全教育的宣传，背诵安全歌谣，牢记安全口号，强化安全意识。如：《小学生安全用电教育》班会课。

4. **自主管理活动课程化**。每一学期的竞选评优，都是儿童自我管理的过程。儿童自主述职演讲，参与竞选，有益于培养自我管理和自我教育能力，人人具有主人翁意识。

5. **心理健康活动课程化**。定期开展心理健康活动，比如儿童注意力不集中，我就开展集中注意力的心理健康教育活动课。

不能为了游戏而游戏，也不能为了活动而活动。教师自始至终关注儿童的反应，做好活动设计，把握好反馈，及时评价。儿童活动"自导自演"，学习和真实的生活更贴近了，参与和体验的热情更高了，学习成长的效果更明显了。

三、体验生活和社会实践，全面促进儿童核心素养的发展

"世事洞明皆学问，人情练达即文章"。封建文人把圆熟的官场之道与为学之道联系到一起，有附庸风雅的嫌疑。但今天看来学校教育一直逐渐淡化的正是把做学问与做人练习在一起的认识。行万里路再读万卷书——生活实践中学习，课堂学习中沉淀、升华，这应该作为大教育观的基本观点。

(一)"自然处处皆学问"——学习存在于大自然的各个角落

小学生学习的外延和生活的外延是相等的。拿小学语文课程要求来说，让"自然风光、文物古迹、风俗民情、国内外和地方的重要事件以及日常生活话题都可以成为语文课程的资源"，语文应用到生活中去，把生活中习得的变为语文的体验。

五年制小学语文第七册安排了《趵突泉》《卢沟桥的狮子》《黄河魂》《黄河是怎么形成的》《圆明园》《颐和园》等有关我国北方名胜古迹的文章。儿童从课文中获得了对这些旅游胜地的感性认识，激发起了很强的学习兴趣，借助寒假或十一国庆的假期带领孩子沿着"济南——北京"的路线对趵突泉、济南黄河大桥、卢沟桥、天安门、圆明园、颐和园、长城等处实地参观游览，认识更全面，感受更生动。儿童在语文实践活动中巩固了在课堂上学习的成果，更观察到了书中未涉及的知识，拓展了学习空间。儿童眼中的这些景物鲜活起来，收到了立竿见影、触类旁通、身临其境的教育效果。这也就是"读万卷书"，再"行万里路"。

(二)"生活处处皆学问"——生活提高儿童核心素养的沃土

《荀子·修身》中这样论述体验对一个人成长的意义："好法而行，士也；笃志而体，

君子也。"也就是说,只依照书上的说法做事那是愚夫所为,能亲自在生活中体验的人,才能称得上是真正有学问的人。

从每年组织小学高年级学生开展为期一周的"我当小导游"实践体验活动,到升级为博物馆奇妙课我们用了二十年。地点就在学校附近的岱庙。岱庙博物馆坐落于泰山脚下,距离学校直线距离不过二百米,历史上学校多次组织过规模不一的综合实践活动、春游活动、研究性学习、体验教育等活动课程。岱庙,从汉朝到南宋以至于近代以来的众多文物、历史遗迹,封闭在古城墙内的参天大树、古代建筑、碑刻墨宝等,具有取之不尽用之不竭的历史文化资源。这块教育天地,亲近熟悉又有嚼头,值得反复挖掘。

首先让儿童认识到做小导游的基本要求:既要了解每处景物的特点,还把其知识变成口语,而且要知道每处景物的知识并变成口语,还要考虑到游客的欣赏口味,注意交往礼仪,甚至举手投足……然后儿童根据个人兴趣选择介绍的重点:有的喜欢关于历史文物的高度、长度、年代等的考古知识,有的喜欢那些有关历史遗迹的神话传说,有的则喜欢留意岱庙里的石刻、壁画……你看孩子关注的有艺术的、历史的、数学的等等,语文素材十分丰富。有一个儿童的导游词这样设计——"大家看这座假山的样子真奇特啊!像孔雀开屏,像白鹤亮翅,像精致的葫芦,像玲珑的玉坠。"……运用语言的过程中儿童个性得到充分体现,

在小售货员体验中,儿童的社会交际能力、社会服务意识和灵活运用语言的能力得到扎实的训练。在几天的社会实践活动中,有些儿童敢于在生人面前侃侃而谈,文明礼貌、礼仪诚信这些现代人的基本素养第一次离他们这样近。

后来升级到博物馆课程实践。激发爱家爱国情感的最有利环境,一是大自然,一是艺术与文学。儿童天生具有从大自然中获得细腻、安静、自得其乐的快乐的本领。大自然没有言语,但是细心去体会的人,却可以在大自然的各个角落里,感受到能令人整个心灵都舒展开来的那种喜悦和饱足:春天温润的空气,秋天清爽的光线,冬天西风咆哮而过树林,夏日午后随着凉风而来的荷香等等,很自然地引人入胜,感人心脾。

(三)实践创造了新的学习

社会实践为儿童创造学习成长的新平台。寒假期间开展"过民族文化年,品尝德育套餐"活动,通过主题活动、命题作文、社会调查、写考察报告以及创作个性化的新春摄影作品等形式,使儿童在活动中既有学习资料的搜集整理,又得到综合实践能力的训练;既有观察调查参与,又有品德道德的体验和教育。

学校开发创意了"泰山文化大集"综合实践活动。儿童把自己收集的火花、画片、邮

票等，自己创作的绘画、书法和获奖作文底稿在拍卖会上拍卖，从而体验了售货员、宣传员、市场监督员、卫生清洁员等各类社会角色；拍卖的还有个人才艺展示，你看，卖的同学言辞恳切，买的同学巧舌如簧……儿童做手抄报，创作宣传画，把参加活动的心得写下来，有的写《文化大集我爱你，就像老鼠爱大米》《情义无价爱无边》《文化盛会》……儿童的作文有了真情实感。"泰山文化大集"体现了多种形式的社会实践活动，为儿童创造了新的生活，儿童用自己创作的打油诗来表达自己的喜爱之情：

> 实验学校最精彩，
>
> 文化大集摆起来，
>
> 赶大集，比精彩。
>
> 看这边，最帅呆。
>
> 朗诵赛过赵忠祥，
>
> 唱歌赵薇只喝彩。
>
> 要说好，数拍卖。
>
> 件件拍品惹人爱，
>
> 有文具，有图书，
>
> 还有手工和画片。

（四）过好现代进行时的社会生活

生态环保教育是教育的新时尚。通过开展"环保"主题体验教育，儿童结合自己实际开展了多种形式的小课题研究，如：《泰山上的石头》《保护大自然》《形状各异的叶》《泰山名胜古迹》《空气的污染》《水资源的保护》《对城市污染源的调查》《城市生活垃圾的处理》等。有的同学根据自己在徂徕山的考察情况写出了小论文《小鸟的乐园——徂徕山环境状况考察报告》；"蓝精灵"护绿队的队员邢晓彤从二年级开始坚持写环保小日记，两年时间记录了6个大本，10万多字，内容丰富多彩：小蚂蚁搬家、泰城水污染、社区卫生、参加护绿小队的亲身经历等。"蓝精灵"护绿队里，护绿队员们向全校儿童发出爱绿护绿、争做护绿新星的倡议，写传单，自制护绿卡，不仅在校园里是护绿天使，他们还走出校园与城市草地结成了"手拉手"——用护绿队员的话说，"我同小树一起长"，"立志做爱绿护绿的小天使"。六一国际儿童节上，"蓝精灵"护绿队的事迹还被搬上了舞台。儿童在调查研究的基础上写出了自己的小论文、小倡议、小建议、小心得，文笔上虽然很稚嫩，在这些实验活动中，儿童不仅掌握了一定的环境知识，而且学会了发现问题分析问题和解决问题的能力，实现了儿童在实践中"生悟、书情、成为习惯"。

期末考试中遇到了环保教育相关的作文题，如看图作文《森林的变迁》《地球的眼泪》等，儿童由于有较丰富的环保知识和广泛的实践活动，所以儿童写起这类作文来得心应手。不仅是环保教育，创新教育、体验教育、合作教育、国防教育、卫生安全教育等等，有体现时代要求的、时代特色的教育内容，都成为课外实践活动的内容。这样的学习才是与时俱进地学习，体现了儿童学习的自然态、进行时，儿童素养得到鲜活的、真实的、全面的培养。

（五）无限风景在路上

"如果我们在远行中少一点对其他文化的烂漫想象，多一点进入他们实际生活的努力，尽量体验他们的感受和思维，那么旅游就不会是简单的逃避，而将成为有效的丰富自己的力量。"——牛津大学人类学院项飙《贴着地皮看世界》"所有真实的生活在于相遇。"布贝尔（Buber，M.）说，教学就是无止境的相遇。对新的相遇保持开放的心态，最好的学习在路上。2016年教育部发布《关于推进中小学生研学旅行的意见》，认证了研学旅行的重要性，成为促进儿童发展的新的学习方式，作为课程的内容设置及教育资源挖掘逐渐深入、细致，标准化实施操作的需要摆在面前，可以说一定意义上决定着研学旅行课程将走向更广阔的天地还是步入乱局。

起初，学校推动研学旅行课程的动力主要来自行政要求，有的管理者出于对安全风险管控的信心不足，被动接受研学课程独特的教育价值。当越来越多对学生成长效果呈现出来的时候，研学旅行课程探索更加丰富和深刻。苏霍姆林斯基认为："第一批思维课不应当是在教室里，在教室的黑板上，而要到大自然中去上……大自然的美使知觉更加敏锐，唤醒创造性的思维，以独特的体验充实着语言。"中小学生研学旅行是研究性学习和旅行体验相结合的校外教育活动，是学校教育和校外教育衔接的创新方式，是教育教学的重要内容，是综合实践育人的有效途径。研学旅行具有两个主要特征，那就是"研究性"和"体验性"。研学报告、绘画、摄影、作文等多种学习成果呈现，完成一轮研学课程后，一方面收集整理儿童课程中形成的学习成果，另一方面设计发放问卷，调查了解儿童和家长对研学旅行课程设计以及组织实施等全部环节的看法。在此基础上，召开设计者、实施者、保障服务等各类人员的分析会议，复盘整个课程实施过程，进一步优化研学旅行课程教育效果。

实践表明，选择博物馆这样的固定"基地"组织实施研学旅行课程，可以不断实现累积经验、优化设计，多次循规蹈矩地组织实施，最大程度规避出行风险，保证活动课程育人的教育性、科学性、安全性。"以游带学"的形式，在活动中实践、探究、体验、感悟，

发现学习的价值；在行走中开阔视野，发展思维；在同伴互动中增强集体主义观念，促进健康成长。

道德教育具有实践性，儿童在社会实践和生活经历中，得到教化，形成认知，成长成才。把儿童的思想范围控制在狭小的圈子里，叫他们像号子里的囚犯一样，听不见远处的风声唱着什么曲调，看不见四周的花木显着什么颜色。这样寂寞和焦躁是会逼得人发疯的。处理生活的知识当然该从一桩桩事情上去取得，处理生活的能力当然该从一件件的事情上去历练。

第二节　家校社全环境育人

《左传·襄公二十四年》："德，国之基也。"《礼记·大学》这样主张："大学之道，在明明德，在亲民，在止于至善。"教书育人为学校教育的根本任务。学校似乎都存在着德育说起来为首，做起来又畏尾畏"首"。又或者说，讲起来重要，做起来次要，关键时候不要。为什么一个大家都公认为重要的事情，实质上"被"重要了呢？

且不说学校德育形式单一而机械，德育途径更是高度依赖学校和家庭。一个孩子一旦脱离家庭管教又不能有效被学校管理，基本上就进入自由落体的境地。这样眼看着一些儿童滑落进不良行为的陷坑而无法挽救，令人十分痛心。中国传统德育的方式主要通过对行为的自我约束教育和"礼"法的监督实现。如"颜渊问仁。子曰："克己复礼为仁。一日克己复礼，天下归仁焉。"颜渊曰："请问其目？"子曰："非礼勿视，非礼勿听，非礼勿言，非礼勿动。"《论语.颜渊问仁》

"朝向圣贤的教育"，以道为高，以德为贵，引导孩子牵手圣贤，成就"高贵"的人生。我们的最低目标是培养遵纪守法的合格公民。自律教育理念就是指人除了生物属性之外还有道德理性，教育就是要抑制生物属性，激发内在道德理性，唤醒、培养出自律、勤奋、奉献等品德。

思路决定出路。由于受家庭和教育的影响，每个人的思维方式各不相同。有的人看问题宏观，有的狭隘，有的从别人角度看得多，有的凡事先从个人利益出发……这种思维方式的不同源于不同的世界观、人生观和价值观。管理学上讲"做事不做人，做人不做事"，正由于思维的原点不同，做事的方式不同，一个人工作的作风就是在这样的轨迹上逐渐固有下来的。关于思维的积极主动性，面对工作或人生的困扰，有时选择迎难而上，有的选择绕过云，这都是积极的思维。但有些人有求知、求成的愿望，却没有成事的能力，大约是因为常常囿于思维窠臼。俗话说"办法总比困难多"，这样的心态是做成事的推动力。想方设法的过程是积极思维，创造思维的过程。做人做事不可能一帆风顺，也只有逆境才会见证一个人的实力。从这个意义上讲，思维的变革没有早与晚，老年人常常有新思维，年轻人也可能思想保守，做事教条。

我有意观察过各个班级中午练字时间的开门现象。有一天，一号楼十个班级其中九个教室前后门都开着，而二三号楼的其他二十个教室两个门都开着的十有三四。可以看得出一号楼的老师不介意校长的巡视监督，其他的班级不由自主地表达了"不欢迎"的意思。不同的事儿反复有规律的出现就是一种现象，现象的累计就是文化。西方哲学家胡塞尔提出的现象学理论是要透过对现象的描述，掌握到现象背后的本质。可以见到我们有些组织和个人的价值选择，敞开门办学还是关上门朝天过，这是一种姿态。做真教育就要有开放的心态和精益求精的管理理念，用积极态度回应他人的眼光，吸纳好的经验与做法，这就是正确看待自己，理性而开放地生活。

教育是心灵对心灵的启迪，无"真心"的德育无异于借刀杀人。一次，李叔同上音乐课时，发现一个儿童在偷看闲书，他没有立即点破。等到下课后，别的同学都出去了，他才用轻而严肃的声音，温和地对这位同学说："下次上课时不要看别的书。"说完，微微一鞠躬，表示拜托。

又一次，一个儿童上音乐课时，趁先生不注意，把痰吐在地板上。李叔同看到了，暂不做声。下课了，他把这位儿童叫住，单独对他说："下次不要把痰吐在地板上。"说过之后，又是微微一鞠躬。

还有一次，下音乐课时，最后出去的一位儿童无心把门一拉，碰得太重，发出很大的响声。李叔同走出门来，满脸和气地把他叫回去，用很轻而严肃的声音，温和地说："下次走出教室，轻轻地关上门。"说完又一鞠躬，然后把儿童送出门，自己轻轻地把门关上了……

李叔同的三个鞠躬，或许只是其教育生涯的几个片段，却足以折射出教育大师的光辉。他对儿童的关注，细微到对他们的举手投足都进行纠正。同时，李叔同以尊重、平等的态度方法对待儿童。相比其他教师动辄加以斥责的做法，这种似挚友般劝勉的方式，虑及了儿童的面子，呵护了他们的自尊，也让儿童更加容易领会到先生的用心，使受其教育的同学无不"面色羞愧、及时改正"。"敬人者人恒敬之"，李叔同的做法赢得了同学们的尊重。他的儿童丰子恺在后来的回忆中写道："对于音乐教师李叔同先生，我们比对其他教师更敬仰。那时的学校，首重的是英文、国文和算学，在别的学校里，这三门功课的教师最有权威。而在我们这师范学校里，音乐教师最有权威，就因为他是李叔同先生的缘故。"

现代教育家夏丏尊谈李叔同时说："李先生教国画、音乐，儿童对国画、音乐看得比国文、数学更重要，这是人格做背景的缘故。因为他教国画、音乐，他懂得的不仅是图画、音乐，他的诗文比国文先生好，他的书法比习字先生更好，他的英语比英文先生更好，……这好比一尊佛像，有后光，故令人敬仰。"

一、关联万物的师生生长

关于学校在未来社会功能的探讨，离不开追问学校教育的本源，可以两个字"生""长"作为关键词。"生"是教育的样貌，知识在这里发生，学习在这里生成，能力情感价值观都在学校生活中萌发、发展。"长"是孩子的特点，这个阶段孩子的身体、心理都在长，这是他们的自然特点。我们得尊重，不能揠苗助长，或者说给孩子憋在那儿不让他们长。怎么能顺势利导让孩子"长"呢？要通过教育的正干预，让他们真正成长、成才、成人。

万事万物都有自己的发展规律，学校教育要遵循一定的规律，社会发展的规律、儿童成长的规律以及教育事业自身的规律等；促进儿童健康快乐成长是学校一切工作的出发点和落脚点；万物生长有关联，生长是过程，人的发展始终在路上，既可以理解为终身发展，又可以让我们立足于孩子的一生发展做好教育工作。《设计教学法》中，马克·马利写道："小孩子在学校中须要有机会去攻打问题，用自己的智慧去求解决问题。"这就是让教师的目的，也成为儿童的目的；让儿童的学习过程，同时是一个自动的解决问题的过程。"我们催眠似的学校工作，正需此由空而降之喧嚣以扰乱之，学校乃得充分地与生活相接触"。杜威在评论克伯屈的工作时说："真正的进步教育运动的最合理的也是最有价值的特点，就在于它努力打破把学校和学校之外隔绝开来的这堵墙。

游戏和活动课程化，有助于帮助儿童在活动中成长和感悟。儿童发展需要怎么变成可视的？儿童的发展需要来自儿童的真实反映还是来自教育者的想当然？这是课程开设的起点和落脚点。就这个点的发现与确定，就要花好多功夫。有的学校开设"现代雕塑"课，前期的课程宣传体验十分火爆，开课后人数瞬间下降几十倍。原来绝大多数儿童喜欢的是作品，而非花尽心思费劲气力去制作作品。

二、德育无缝隙

整理《儿童行为正负面清单》时，发现许多黄颜色的负面清单上一个个熟悉的儿童名字、一例例反复出现的不文明行为：随便花钱买零食、满嘴脏话、带危险玩具、撒谎……这些熟悉的面孔和这些顽固的不文明行为有什么样的土壤？为什么这些儿童在校内外表现差异明显？经过调查了解，他发现这些儿童中，86%是因为父母出于各种原因对儿童的照管少，教育监管不到位。其中91%中午和下午放学后不能回家，在学校附近的小餐桌、托管中心吃饭、睡觉或写作业。

学校无小事，事事皆学习。教师无小节，处处为楷模。"学校集中用餐"与餐馆等其他公众场所用餐的最大区别在于作为学校内的集体活动，除"就餐"之外还兼具教育功能。儿童可以在就餐过程中学习食材生长、饭菜烹调、学校企制作及运送育教化健康合理膳食等方面的知识，为健康人生打下基础；通过备餐及分餐过程中的小组分工，培养合作能力；通过收拾餐具、餐后打扫过程培养责任心。最重要的是，体验到与同学一起吃饭的乐趣。

因此，"学校集中用餐"应纳入旨在促进儿童健康发展、有目的有计划的"食育"范畴，而不是只限于顾及安全与健康的"就餐"行为。

十几年来，一种专门替家长临时照看、接送和辅导孩子的新行当——"校外儿童托管班""小餐桌"逐渐火了起来，并且发展十分迅速，社会和家长往往把焦点放在这些机构的饮食安全、人身安全方面，把"是否能让孩子吃好、睡好"作为选择的重点，却忽略了这些机构对孩子行为习惯的监管和培养。细究起来，各色的小餐桌等校外托辅机构成为小学生行为教育的麻烦制造者，主要原因是相关部门对于这类机构的管理不够，造成鱼龙混杂，在学校和家庭之间造成了教育的缺位。

托管属于社会教育范畴吗？托管归谁管这是一个问题。托管行业存在了十几年，大多数能存活三年以上的托管机构，为家长解决了儿童的接送和午餐、午休及作业辅导问题，有几万人从事这个行业。托管所从事的业务，一般是儿童接送、就餐休息，以及家庭作业辅导等内容，都是解决各个家庭家长工作和孩子学习辅导不能两全的问题。从业者有一定的教育情怀，具有服务意识，有的还持有教师资格证。从社会需要来看，一部分双职工家庭或个体经营者，很多下班时间都是六、七点，有些应酬多出差多的，要到八点甚至九点，校外托管很好地帮他们解决了这些后顾之忧；有些家长文化程度不高，不懂家庭教育，部分校外托管应家长和孩子需要，从生活习惯、学习习惯乃至家庭教育方面给予建议，部分家长非常信赖甚至依赖托管机构，分担部分育儿责任。

事实上，托管机构承担了社会教育的责任，弥补了家庭教育和学校教育之间的空白。学校教育一个老师要面对五十个左右的孩子，主要的教育教学方式还是以集体教育为主，个别化的因材施教高度依赖于教师的自觉和境界。校外托管一般一个班十人左右，不少儿童在课堂上没有听懂的内容，放学后在托管机构里，辅导老师都会一一讲解，并会及时和家长沟通，让家长了解自家孩子的学习情况。

以泰安城区泰山区为例，2018 年有小学两百八十多所，按照一般小学周边都有至少十家乃至几十家上百家托管估算，有不少于两万人在这个行当谋生。如果一关了之，这两万多人工作没了，面临失业下岗，没有收入的困境，也就造成了社会问题。

学校教育承担着指导家庭教育的责任，建立家长学校可以更好地发挥传送带的作用。利用自有资源开展家长学校，进行教育价值观的理念推送，指导家庭教育，形成教育合力。学校现有的心理咨询师有二级 1 人，三级 8 人，每学期每人选择一个主题举办面向儿童、家长或者教师辅导讲座，这就是既有的家长学校教育资源。

与专业的教育机构相比，这些社会托辅机构主要存在以下隐患：大多数由自由职业者设立，出生无证、监管无门、发生事故无解；经营者往往片面追求经济利益最大化，忽视儿童不良行为的矫正；社会托辅机构人员专业性不强，照顾管理多而实施有计划的教育不足，造成多数儿童被落在空子里；另外人员流动性大，管理的科学性计划性没有保障，一旦出现问题不利于追根溯源。

以泰安市实验学校为例，周围分布着大大小小 32 个儿童托管中心、小餐桌等名目的托辅机构，近 2000 名在校儿童中午和下午放学后的时间在那里度过，大约占到小学在校总人数的 61%。调查中还发现，有 29% 的机构为儿童提供晚餐服务，45% 的机构为儿童进行作业辅导和特长辅导。这也就意味着，除了学校、家庭这两个教育园地，校外这些机构已然成为相当一部分儿童日常成长活动的又一场所。

于是，这自然就衍生出了新教育需求：学校向社会机构要"协同教育"，家庭向社会机构要"过程教育"，社会机构向学校和家庭要"教育认同"。顺势而生，新的"合力"就在这样的背景下在泰安市实验学校酝酿起来了。

一是学校牵头召集"校内外儿童德育管理座谈会"，让社会机构了解并明确学校的育人思想，传达学校的育人要求和要点，形成共识，寻求合力。

二是有针对性地开展调查研究，加强个别施教。泰安市实验学校设计了《校外小餐桌管理问卷调查表》，把问卷数据整理后暴露出来的关键问题及时反馈给经营者，针对具体儿童身上的不文明行为做好信息沟通，家、校、托三方交流情况，进行合力教育。

三是加强家庭教育的引导，消除儿童成长的真空地带。不可否认，校外托管机构的出现，帮助很多家长解了燃眉之急，在一定程度上缓解了个人工作与照顾孩子之间的具体矛盾，它是家长所求，社会所需，但校外托管机构当前这种自由发展、无序竞争、缺乏监管的状态，并未达到一个共性的健康指标，"保障儿童的饮食安排和人身安全"仍是他们的

常规目标，对"行为习惯养成教育和指导"的认识和实施力度明显不足。

从儿童成长的大局出发，满足家庭和儿童的需要，又能从教育专业的视角汇聚各方力量，发挥出一体化教育的优势，为儿童创造文明、安全、有序的成长环境。

三、社区教育来补位

社区教育是实现终身教育、构造学习型社会的基础，发达的社区教育已成为一个国家教育现代化水平的重要标志之一。社区教育越来越受到社会重视和人民群众的好评，源自它多方面的功能对儿童社会化实践体验具有丰富而深远的影响，更是童年自主社会经历和多种角色交往的梦想小镇。

回想起少年时候最深刻的记忆，有一个场景萦绕在心头，那是第一次进城参加少代会的时候，进城的时间、目的、方式很清楚，具体开会的地点去了谁家吃饭等等信息不是很清楚，但是有两段记忆我是终生不忘的。

第一个记忆：班主任刘老师问我会不会骑车子，当时我毫不犹豫地说我会，那是1987或是1988年的样子，十一二岁，借了在我家干活的木匠叔叔的车子，去泰城的时候开始"掏空儿"（因为骑的自行车是大人骑的二八自行车，自己胳膊短正好一手抓住车梁另一只手单手执把，右腿伸过车空儿蹬着右车蹬），从泰城回来的时候"骑大梁"（两只脚能蹬着车蹬跨在车梁上，像骑马一样骑回来的）。后来一直想着问老师如果我不会骑自行车是不是就不让我去参加"少代会"了？

第二个记忆：少代会开始了，第一次在这么大的会堂里开会，激动的心还没有放平，听到主持人喊道"少先队员敬礼"，我马上立正，腰一弯头一低，正在这时候发现身边两侧衣着光鲜的同学纷纷笔直站好把手举过头顶，于是我顺势把一只手也举过头顶，时间似乎永远定格在那一刻。

参加的第一次真正意义上的完整的活动，给了少年时期的我一次社会生活的启蒙。留给我的最深刻的记忆来自两个方面，一是自我体验和改变的实践。因为没有依靠，我在来回几十公里的骑行中提高了自己骑自行车的水平。二是比较中来自他人的影响和指导。在那时的场合中，我接受了未经准备的比较，意识到自己身上的问题，纠正了自己对于知识技能上的缺失，获得了成长。这两点是终生难忘，不是因为我的痛苦和羞愧，而是因为我获得了不同凡响的影响。在平常的学习生活中，留在记忆里最多的是被老师的处罚和来自同学的羞辱，那些痛苦的记忆可能让我难忘，但我会选择不想起。因为痛苦是财富，可是太多的痛苦变成了生命不能承受之重，还是活动中获得的快乐成长的体验值得永远记忆。

随着城市发展，社区教育功能日渐突出，构筑起良好社会治理体系的社区给人民群众

提供了终身教育环境，学习型、服务型社会组织完善，可以满足儿童在社区影响下多样化的社会生活体验，像我少年时期的社会生活启蒙，在社区生活中可以来得更早一些，获得社会支持更加有力一些，让每个儿童的童年没有遗憾。"学校为首、三位一体"的区域整体教育体系，为儿童健康发展增加稳定性和成功率。

第三节　生动生长，向上向善

"小学"虽有个小字，但事儿可不小，对于一个人的一生来说意义价值重大。

在小孩子的心目中，传统儒家总是板着脸孔教训人的形象，老夫子不怎么重视儿童的创造性，只有在道家代表列子的寓言里两个小儿辩论的能耐比孔子还要厉害。词不达意，意不尽心思。他说的你不懂，你说的他不懂。

有的家长普遍认为小学阶段知识简单，少管、不管孩子没多大问题，到了中学再靠上抓也不晚。还有的家长用自己看到的现象替代对本质的追寻——你看某某的孩子从来没人管，孩子学习照样好，一样有出息。这就是那句话：人们都愿意相信自己相信的，看到愿意相信的，不喜欢的真相再是真相也不愿意去相信。

谁不喜欢居家呢？小神兽们最不喜欢。孩子天性喜动不喜静，限制自由最可恶。

教育的视角先从人学的角度去了解，才是科学。因此，处理儿童的问题，道德引导比方法引导更为重要，要把"善恶"置于"是非"之前。

我们研究当下的学校教育现象，往往先从科学的教育观念和方法上，查摆理论、找寻方法，较少先从人性上理解问题，较少从促进"人"的成长进步上下功夫！

一、认识小学教育的意义和价值

在教育上，我深受西方近代人本主义教育思想影响的教育家陶行知、叶圣陶和陈鹤琴三位先生对儿童的尊重理念的影响。

《小孩不小歌》

陶行知

人人都说小孩小，

谁知人小心不小。

你若小看小孩子，

便比小孩还要小。

这是人民教育家陶行知先生写的《小孩不小歌》。这首诗歌充分体现了陶行知先生相信儿童、尊重儿童、理解儿童的教育思想，这是我们教育工作者必须遵循的原则。这一原则告诉我们，教师以及家长对孩子每一点值得肯定的东西都要善于欣赏和夸奖，满足孩子的成就感，就会形成一种力量。

陶行知先生说"生活即教育"——各种生活本身就是学习，教育寓于生活中。活动与教育不可分割，把某一种活动机械地规定为进行某一项教育，恐怕是不切合实际的，结果只会削弱活动的教育作用。赋予学校一切事物以教育意义，即"千教万教教人求真"，这里的"求真"，不仅仅是"做真人"，还应有"求真知"。只有儿童融入自己生活经验中的知识才是"真知识"，只有把"真知识"融入儿童生命中去了，儿童才能"做真人"。把他人的经验融化在"我"的生活里，才像小树吸收了水和养分，扎下的根和舒展的叶才成为生长的一部分，不再是浇灌下的埋在土里的养分了。

陈鹤琴先生曾说"小学教育是造就人才的开端，是发扬文化的根基，比中学、大学教育更重要。"陈鹤琴儿童观的本质内容是要科学认识儿童，顺应儿童的天性，给予儿童活动的机会和条件，给予儿童适宜的指导和帮助，爱儿童。一个朋友说，小学不重要，到了高中再管。可是等孩子到了高中开始管，管不了，后悔都晚了。

一位家长被老师约谈几次，烦了："老师我这一天挣好几万，我的孩子你别管了，会查钱就行。"他的孩子怎么样了我们不再细说，我国古代伤仲永的故事里，天才少年被泯然众人的遗憾，告诉我们，社会环境变化没有一劳永逸的保障，三十多年前万元户，二十年前一栋楼，今天你有一座油库，可怕的是不如矿泉水贵，矿泉水能喝，油能喝吗？一句话，成长比成功重要。

从学前教育到规范的学校教育。儿童在进学校之前，自有他们的生活，进了学校，自然是继续他们的生活。所以两者必须顺着一个方向，不过在质的方面有所不同，便是学校生活比以前的生活合理而有系统。儿童的学前生活是开始学校教育的基础和前提过度，从人的发展来看是符合"最近发展区"理论的，从保教到受教的单一转变，舍去的是生活照管责任，小学开始规范的学校教育，既要顺应儿童的德智体美劳全面发展的需要，又要高于一般的生活，科学理性地安排教育和社会实践，指导每一个儿童走向有意义的生命历程。

叶圣陶先生说，教育是什么？往简单方面说，只需一句话，就是要养成良好的习惯。德育方面，要养成待人接物和对待工作的良好习惯；智育方面，要养成寻求知识和熟习技能的良好习惯；体育方面，要养成保护健康和促进健康的良好习惯。我想"教育"这个词

儿，往精深的方面说，一些专家可以写成巨大的著作，可是就往粗浅方面说，"养成好习惯"一句话也就说明了它的含义。无论怎样好的行为，如果只表演一两回，而不能终生以之，那是扮戏；无论怎样有价值的知识，如果只挂在口头说说，而不能彻底消化，举一反三，那是语言的游戏；都必须化为习惯，才可以一辈子受用。

小学阶段是人的成长的起步阶段，也是人的基础素质形成的开始阶段，优良的校风校貌是各种习惯养成的基础，低年级则是良好习惯养成的关键期。作为担负"万丈高楼平地起"的铺路人，应该如何把握好这一关键期？如何整体优化班风班貌？如何让儿童养成一系列的良好习惯？我认为，以良好学习习惯的养成为突破口，有助于促进班风班貌的整体发展。

低年级儿童处在一个重要的转折和适应时期，随着新生入学，学习成为他们的主要活动，这给儿童的心理与行为都带来了重要影响。而小学生学习行为又同其他行为方式（如生活习惯）有着密切地联系，它不仅对学习的本身，而且对儿童道德品质以及心理的和谐发展都会产生一定的影响。因此，良好的学习心理品质以及行为习惯的养成对于儿童本身，对于形成和完善儿童个性，对于儿童的主体发展乃至对于提高整个下一代的身心素质，都具有重要的影响。

在长期的工作实践中，我把儿童的学习习惯分为一般学习习惯和特殊学习习惯。我根据低年级儿童生理和心理及年龄特点，在培养儿童这两种习惯时，注意符合儿童学习活动的基本规律，注意适合儿童身心发展的规律，在对具体学习习惯进行指导的基础上，帮助儿童逐步形成良好的学习习惯，从而带动其他习惯的养成，促进班风班貌的整体发展。

二、一般学习习惯的培养

低年级儿童的一般学习习惯包括：上课习惯、课前准备习惯、作业习惯、预习和复习习惯以及文具的整理习惯和使用习惯等。我根据住读儿童的特点，首先对儿童进行具体的学习行为训练。如在训练儿童上课发言举手时，告诉儿童为什么上课发言要先举手，再进行示范练习，要求人人掌握规范的举手姿势（举左手，略高于头，不要碰撞桌子发出响声）。发言的体态及声音的高低。其次，以编儿歌的形式使儿童在轻松愉快中养成习惯。如在训练儿童课前静息、按时上学和认真做作业时，把要求和方法编成儿歌指导儿童。儿歌的内容是："上课铃声响，快步进课堂，悄悄静息好，等着老师把课上。""早上起床，穿衣叠被，快步进操场，跑步完到食堂，快快吃饭进课堂。""本子到，垫字板，拿起笔，细心做作业。"训练儿童整理学具时，先让儿童演示说步骤，再凝练成儿歌："书包左边放，圈笔刀放右上，今天用的各科书，放在右下好取放。"其三，注意了良好习惯形成后

的巩固。这是一项重要环节，从心理学的角度看，儿童对技能的形成会产生遗忘，因此反复抓，抓反复，成为班主任的一项重要工作。我在这一阶段，多以比赛、竞争、夺红旗等方式来巩固儿童的良好习惯。儿童在师生双边活动中，学习行为和学习习惯得到了及时提醒，督促和大量系统地训练，使之形成行为迁移，养成良好习惯，人人都有良好的习惯，班风班貌自然得到了发展。

三、学科素养学习习惯的培养

各个学科有学科的特点，因此，教学的方法，学习的方式各不相同。那么学习这些学科的习惯也就不同，我把它们称为"特殊的学习习惯。"就拿语文学科中的书写习惯来说，这是低年级儿童一项特殊的但又非常重要的学习习惯。我不仅指导儿童如何握笔、运笔，而且教会他们写字的顺序，严格看书、写字的姿势，做到"一拳""一尺""一寸"。书写姿势及习惯对儿童自制能力及稳定的心理品质的培养具有一定的意义。其他学科的老师有哪些要求，作为班主任老师就该了解并配合养成。一位班主任这样记录自己的工作：

在和科任老师长期相处中，我逐步知道了各科老师的具体要求。又如，音乐老师要求他的儿童进音乐室必穿舞蹈鞋，我就规定儿童每人购买一双并绣上名字，提醒儿童上音乐课带上，小干部分组检查。再如，体育老师要求他的儿童上体育课必穿运动鞋，我也规定每人购买一双，提前通知儿童，体育课上要求人人穿好，确保安全。再如，其他美术、自然、劳动等学科的老师需要什么，有什么要求，我都做到心中有数，周末布置，回家准备，课前检查。慢慢地儿童也养成了习惯。我认为，班主任善于抓"特殊习惯"的培养，有利于与各科教师形成教育合力，共同促进学习良好习惯的养成，从而也助于班风班貌的整体发展。在班主任工作实践中，还使我认识到儿童的学习习惯应逐步内化，使之成为稳定的学习品质，这需要一个长期的过程。但只要教师遵循儿童身心发展规律，高度重视，从小行为入手，从低年级开始训练，良好学习习惯一定能养成。

一个具有良好班风班貌的班集体，一定具有凝聚力，吸引力，一定会给儿童提供一个良好习惯养成的环境氛围。通过一般学习习惯与特殊学习习惯的养成，班风班貌得到整体改变，每位儿童都能把班集体的荣誉与自己的行为紧密结合，都想为集体争光。因此，儿童不但成绩和学习习惯好，而且儿童的能力也得到了发展。由此可知，抓学习习惯培养，能促进班风班貌整体发展。

第四节 登高必自，自育成人

登高必自，泰山文化就是中华优秀传统文化的缩影。泰山有块儿"登高必自"碑，引用古语"行远必自迩，登高必自卑"，作为学校的价值遵循，希望儿童自理自立，具有不断攀登超越的精神。陀思妥耶夫斯基说：如若你想征服世界，就得先征服自己。自律，是优秀人生的标配。养成自律的习惯，收获的不仅仅是一个好成绩，而是一个受用终身的强大助力。

树高百米也需根自正。2019 年 6 月一场突如其来的大风刮倒了城市里的许多树。有的树很粗大，但是倒下后发现它的根很浅，因为移栽来不过数年，扎根不深不广，狂风面前支撑不了庞大身躯。有的根深叶茂也倒下了，可能一侧根系被挖断，造成头重脚轻一边不牢，或者潜藏了病虫害，表皮完好其实躯体破败，一下子在外力扭扯下倾倒折断，原形毕露了。小学生活是儿童德智体美劳发展的黄金期，可塑性强，成长的弹性大。就像小树扎根一样，要广中求生，自然而然地形成主根，为向深处发展打好基础。吸收的地面大一些，学习内容宜宽；向水量丰富的地方使劲儿，美的善的科学的来之能取，不厌其烦。

柏格森认为，把人之所以为人的理想作为道德实践的目标，而这样的目标是跟宇宙创作的过程连在一起的。宇宙是一个生命力不断创化的过程，个人在实践道德的时候，也可以通过这样的模式，让自己不断展现新的面貌，也就是所谓的"日新又新"。学校课程的覆盖面要广泛，往大处说世界各种文明的优秀成果都要有所涉猎。课程的实践性要强，什么样的本领都要学一学，什么样的活动都要体验。学习的主体是儿童他自己。

我们自己要学习，在任何环境中都行；我们自己不要学习，便是处适宜的环境，也只得到"外铄"的效果。所以，唯有自己不要学习才是"失学"，离开学校却不是"失学"。居家也好，在校也罢，关键还是要激发儿童学习的欲望，提升儿童自主学习的能力。学校教育关注的能力培养重点是培养儿童的自律自励的能力。叶圣陶先生说过："教育本身并非目的，而是工具。这种工具，大而言之可以挽救国家社会，小而言之可以指导个人，改造个人的错误，实现个人的本能，它的作用是很大的。"受教育者要通过接受教育获得"自我教育"的能力。学校教育仿佛一艘航母，可以为人生旅途的一段承载护航续航服务，意义重要但并非全部支撑。教育不是目的，但教育是有目的的。叶圣陶进一步说，教育的最终目的在于使儿童能自学自励，一直能自学自励，一辈子做主动有为的人。

一、培养小学生的一些宝贵品质

1. 诚实与勇敢是最需要培养和保护的品质

司马光砸缸，除了机智更是勇敢。大了以后取得《资治通鉴》的成就，说明他视野开阔，境界高，勇于担当，简直就是今天的新时代好少年。

小朋友遇事"瞒"着，不一定就是想着撒谎。成人的瞒，不愿被人认为乌鸦嘴，孩子的"瞒"，主要是怕，怕受罚、怕反复说明为什么的麻烦，恐慌不能应对，因此要瞒。勇敢地告诉老师或者爸爸妈妈，少受折磨，这就是一种勇敢，这种勇敢叫做勇于认错。

2. 团结他人与被团结（孤立）

什么叫团结呢？对于儿童来说，能玩到一块儿，独乐乐不如众乐乐，对同样的事情感兴趣，愿意一同去完成。自私到"排他"就不会有朋友，比如"你不能和他玩，想和我做游戏就不能让他参加。""你不听我的我就不跟你玩了"。

3. 活泼的孩子才健康

轻松、快乐是那些心理健康儿童的主要心境。虽然因挫折或不幸，也会有悲、忧、愁、怒、烦等消极情绪体验，但不会长期处于消极、悲观不可自拔的体验中，更不会因此而轻生。善于适度的表达和控制自己的情绪，能随时排解各种烦恼，喜不狂，忧不绝，胜不骄，败不馁，谦而不卑，自尊自重，决不因一时冲动而违反道德行为规范，能在社会规范允许的范围内，满足自己的合理需要，保持稳定、乐观的情绪。

4. 自律意识要建立，自我管理能力要训练

凡是人生的一切，从"外铄"得来的，虽言表名理，行合正谊，也不过是被动的；若是从"自觉"得来的，便灵心彻悟，即知即行。自律能力是在小学生接受教育的过程中逐渐形成的，它既是一种教育的结果，又是小学生进一步学习、发展和接受教育的重要条件。因此，采取各种措施，培养小学生的自律能力是小学教育工作的一个重要任务。

5. 孝敬的美德，本质上就是遵守秩序

居家自律，制定和执行学习计划，有规律的生活，不给父母添乱，是孝心的一种；主动分担家务，自觉开展劳动，"长眼神""手勤快"，参与家庭建设，是孝心的一种；体贴家人，端水敬茶，主动为劳累的他们减缓身体疲惫，是孝心的一种；既要顾自己的"小家"，又牵挂不在一起生活的家人、长辈，不时问候。

6. 有"礼"走遍天下

六十四卦中谦卦是上上卦，没有一个不吉祥的爻辞。古语讲谦谦君子，礼的教育一直是我国传统教育的主要内容，文明礼貌更是公民教育的核心要求。儿童身上暴露的问题就

是学校教育的方向和管理的重点。一天偶尔听到一个初中儿童边走边打电话爆料给伙伴："我们班主任疯了一个小时，真是笑人，不就是打碎一块玻璃么，值当的讲那么多吗？"那一年，领导向校长指出学校的儿童需要进行礼仪教育，因为有些学生见到老师们高傲得连眼皮都不抬，学校开始进行礼貌教育，有一次闲聊，几位领导开玩笑地说学校里有些学生"高傲得"见到老师连眼皮都不抬，让人感觉缺少礼貌。于是学校开始进行礼仪教育，德育部门要么大小会议、各种场合说教，要么派出小干部检查通报，或是评选礼仪之星树立所谓榜样，又或是邀请文明礼仪教育专家教授礼仪常规，效果怎么样呢？

没有礼貌不懂得感恩，其实都源于孩子内心对人的不尊重，根本在于教育的缺失，这里面有家庭教育的问题也有学校教育的问题。家庭里儿子像老子，爷爷像孙子，把他含在嘴里怕化了，捧在手里怕脏了，孩子为什么要尊重你，心里怎么会有你。学校里老师关心成绩，无视儿童内心需求，德育为首没有抓手，习惯养成事事不成，全员育人仅指智育等等，这样的教育没把儿童当人，只把儿童当成挣分的工具，何来尊重？

二、正负清单评价，关联儿童行为自我矫正

只有儿童自我认识自我评价自我管理，才可能真正习得好习惯。我们尝试使用正反面行为清单作为支持帮助儿童完成自我教育的过程。

全部儿童都有自己的"成长档案"，记录在校表现的点点滴滴，儿童成长的自画像在老师指导下忠实白描出来。儿童管理部门和班主任使用"小学生校园正负行为清单"，凸显常规生活中儿童行为评价的现场感，教育即时、相对准确地发生，有效解决了大数量级儿童常规管理的难题。

让学生自主管理，拿着"校园正负清单"执勤，起到了兵教兵、兵帮兵的教育作用，让管理者的手臂变长眼光变远了。有一些学生行为习惯差，长期被忽视或被隔离放弃，把他们组织起来，建立专门的成长档案。先和班主任沟通好，推荐他们加入"自律监督岗"，适当参与自律监督，发掘争取被关注的正能量。经过一段时间的指导和激励，这批孩子大部分约束了自己的不良行为，有的成了儿童管理中重要协助，有的转化成为监督者，有的还成长为班级儿童学习的榜样。

使用小学生"正负行为清单"，并不是一棍子打死的生硬批评，对首次违反校规校纪或者勇于认错的行为一般先开出"黄色罚单"，要求违纪儿童在一定的时间内必须改掉坏习惯或者通过做好事来抵消掉"罚单"；对做好事的儿童或者改错积极认真的及时开"红单"大肆宣传，进行表扬奖励。一学年中，日常儿童管理成导部设置奖励"红单"、黄色"罚单"，儿童的不良行为大幅减少，好人好事屡见不鲜。

在此基础上，累积红单可以取得常规养成"点赞卡"，进一步评选学校各类明星儿童，

或作为优秀儿童评选的条件等。

三、深度学习，宽频育人

深度学习是一个专业概念。美国国家研究理事会（NRC）概括出深度学习的本质，即"个体（变得）能够将其在一个情境中的所学运用于新情境的过程（即'迁移'）"。"深度学习"所对应的素养划分为三个领域：认知领域（cognitive domain）、人际领域（interpersonal domain）和自我领域（intrapersonal domain）。

深度学习理论与其他经常冒出的教育观点理念一样，热一阵冷一阵。开始的讨论甚嚣尘上热得不行，随后一定会有批判的声音出现，而后又出现大咖大家挺身站队，高调要求进教材进课堂，也总有落不到地的情况。从上到下力量递减一直是中国教育的一大特点。或打或捧，热闹非常。究其原因，一是客观上中国地域大，教育发展极不均衡；二是教师这个职业本就是一个现买现卖的行当，先有培训学习才有教育产出，这个时间成本当然要算了；三是千变万变不离学情，儿童在那里，某一个新的理论出来还没有泽被后世，"后世"已经长大成人了。

其次，以深度的观点为例，深度是什么，多深叫做深，在小A身上深了，放在小B身上就浅了。小A痛感明显，他害怕打针，看见针管就晕，可是他不怕困难逆商很高，这次考试失利，别人可能跳楼而他却斗志昂扬，你说在学习这件事上怎样达到他的耐受度？小A和小B可以是老师可以是儿童，用数学来计算，要有多少可能性？简单的常识都不可以通过验证的话，又怎能牵起万千条乱麻呢？中小学借助已有课程资源、学习内容为载体来落实教书育人，任意夸大或割裂、曲解二者谁轻谁重都是错误的。只育人不教书也值得质疑。儿童的学习从个体对学习的觉知开始，最终以自我获得感为结束的。

课程是静的，就像巍巍泰山矗立在那里，他什么都不说，人们要抬起头仰望，俯下身子膜拜。课堂应该是动的，灵活生动，充满着创造性，师生都享受到生产智慧的快乐。

学习"场"走向深度融合。课堂、课程、管理、文化的融合，互联网与传统教育技术的融合，各种教育力量的融合。

现代学校教育走向"学"时代。研究儿童成为教师最重要的终身课程；儿童始终处于学习中心；学习学及学习工具研发与使用；互联网助推学习随时发生。

学习者的"创客"时代。从千人一面到一人千面；微教研、微课题、微课程，抖音直播人人成为主角。

教育改革从运动式走向专业技术支撑下持续改进，从少数人（学校）激情式自发求新求变走向新常态的更高更深层面的改革创新。学习方式的改革，从最初改变教学结构、改变教学关系到教学意义的改革，逐渐走向教学新确立关系、立德树人根本教育目的专一性的深水区，好改的都改完了，课堂学习方式的变革面对的都是最难啃的骨头。

所有教育改革都会走向更加关注对儿童研究，研究儿童不仅仅是目的也是结果。有的工作用能力去做，有些工作要用生命去做。说到教师这个职业是个良心活，就在于他所赋予教师的自由与教师用心度的不可量化性。举例说，教师学识水平能决定教师理解教育教学的准确度，但是教育论教学论各种理论太多了，各种成果各式课题太多了。老师，你想学着用吗？度娘就能解决大部分搜索需要，然后循规蹈矩，一样可以做个合格老师。很多在学校教育工作过工作着的教育人的例子都可以证明。不是说老师什么人都能来当，但不否定，用个狡辩的说法——孔子说过，三人行必有我师焉。那么，师者所以传道授业解惑者也的职业判断，与三人行必有我师的观察点是不一样的，孔老夫子在讲学习的态度，韩愈在说教育者对待受教育者的态度。多数老师的差别不在于学识水平，而在于态度的不同；不在于教育手段的高下，而在于选择有利于谁的不同。

小学生品德学习养成过程两种形式：一是改变儿童的思想认识，一是改变儿童的行为表现，两种形式相互交融不是截然分开的，最终形成儿童的自律能力。改变儿童思想认识可以说教、可以通过活动影响、环境熏陶，最终要看儿童的自省和自我管理的能力。

表（3）　儿童有"儿童规"——万境水岸小学"登高必自"自律卡

姓名		班级	
最激励自己的一句话			
本学期要实现的目标			
万境儿童规			
儿童生活标准	1、做人有诚　2、学习有术　3、待人有礼　4、作息有谱　5、人生有标 6、交往有度　7、努力有韧　8、决心有足　9、信心有恒　10、进步有数		
儿童日常行为规范	1、平时遇师先问好　　2、课堂求问先举手　　3、楼道见宾先让路 4、班级劳动先动手　　5、他人帮忙先道谢　　6、失礼他人先认错 7、上课之前先准备　　8、上课听讲先正坐　　9、课后作业先完成 10、同学交流先出舍		
儿童一日常规	1、待人无鲁　2、室内无痰　3、地面无纸　4、入楼无喧 5、楼道无滞　6、他财无贪　7、生活无侈　8、安全无险 9、自习无声　10、学习无满		
万境公约承诺			
＿＿＿＿愿意规范自己的行为，锤炼坚强的意志，提高自身的修养，尽力做最好的自己，创最好的集体，共建一个和谐温暖的大家庭。请各位同学和老师监督，若有违反，则甘愿受老师的批评、惩罚！			

第五节 结识小学低年级儿童

小学生大致分为低年级段和中高年级段，每个阶段的儿童都体现出不同的生长特点。以低年级儿童为例，低年级儿童处在无意学习、无意注意的过渡阶段，自我意识具有明显的依附被动、服从权威的特点，脱离教师和家长的约束后，他们的自律性、专注力都会明显变弱，长时间在电子屏幕前也不利于身体健康。因此，围绕低年级的怎样"学"，家长可以指导进行活动型、体验式、探究式学习，充分挖掘家庭生活元素，让儿童把生活与成长相联结，实现均衡发展。

小学中高年级儿童对学习的概念理解更加深刻，他们自主学习的意识和能力都较低年级有明显的提高，专注力更为持久，学习过程中表现出更强的自律性和主动性，对教师和家长的情感陪伴与行为约束的需求，转向对思想引导和理性启发的需求。针对这一阶段儿童的居家学习，鼓励家长们建立以自主学习为导向，向生活、情感、实践的纵深走，生成"学"的厚度。

奥地利科学家哲学家鲁道夫·史代纳认为，生命头七年主要是身体生长，显示出植物性和动物性的特征。低年级良好习惯养成进行时，中年级人际关系情感体验，高年级儿童学以致用。每一个阶段有每一个阶段价值。有人曾说，没有哪个时代能像今天一样重视孩子的教育，而小学教育作为学习的起点，是为孩子的终身学习服务的，它的重要性不言而喻。

在孩子步入小学的第一天，家长和老师无不满心期待，盼望孩子在学业上能获得成就，成为团体中的佼佼者。那么实际情况如何呢？我们观察到的现象是：一年级有些孩子学习非常轻松，有些则较为吃力，但总体差距不大；二年级孩子的成绩逐渐分化，并且趋于稳定；三年级两极分化更加清晰，有些孩子在这个阶段学习状态和成绩明显退步，人们把这种现象叫做"三年级现象"也叫"三年级滑坡"。到了四五年级，儿童的成绩在三年级的基础上又会进入一个稳定期。由此看来，小学一至三年级的学习在一个人一生求学成长中意义不凡，究其原因，是因为这三年正是学习习惯培养和学习能力建设的关键期，抓好了事半功倍。

那么，一至三年级究竟要培养儿童哪些学习习惯呢？下面我们将结合语文学科的特点，谈一谈小学三个年级在学习习惯培养中一些共性和个性的问题。

一、小学低年级学习习惯的培养

"少成若天性，习惯如自然"，这是教育家孔子的名言，说的是小时候养成的好习惯好比天生的一样自然。那么在孩子的学习的起点——小学低年级我们更应重视孩子习惯的培养。

首先要关注的就是学习的态度。

低年级的孩子，还不能理解学习的真正意义，这个阶段他们的学习动力更多的是来自教师和家长的鼓励和肯定，由外力推动。因此，很多家长在这个阶段对于孩子的学习是全程参与，全程督促。这样的方式一方面在培养孩子的学习习惯，帮助他们快速进入学习状态有一定的帮助，但也会产生另一种弊端：学习成了父母的事情，孩子只需要被动地跟随父母的指令看书、写作业，丧失了学习的主动性。至于说学习的态度，很多孩子对此还没有任何的概念，而原因就是成人忽视了对于孩子学习态度的培养。正如学习任何一种技能都不可能一蹴而就，都需要一个循序渐进的过程，学习态度的培养同样也需要一个过程。具体来说，一年级家长要注意保护孩子学习的兴趣，根据孩子的特点可以适当降低学习或作业的要求，及时鼓励孩子。明确学与玩的关系，帮助孩子合理分配学习和娱乐的时间。采用寓教于乐的方式，启发孩子的好奇心让孩子们爱上学习。

"人生识字聪明始。"刚入一年级的儿童，识字是最重要的一部分学习内容。识字本身是枯燥乏味的，如果一味地让孩子被动读记，不仅效率低，而且还会束缚孩子思维的发展。苏霍姆林斯基说过："儿童往往用形象、色彩、声音来进行思维。"因此可以在孩子识字的起步阶段利用大量实物、图画、活动等直观景象引导孩子识字，充分激发孩子识字的兴趣，使儿童乐于识字、主动识字。比如：利用图画引导识字。汉字中的象形字与图画有着千丝万缕的联系。如，在学习"日、山、火、鸟、马、竹"等象形字时，可以利用画面展现出文字的演变过程，让孩子将自己头脑中的意与眼前所见的形产生联系；在学习"尖、尘、男、森、明"等会意字时，就可以让孩子在探讨会意字的构字特点后，根据图片猜字以加深对会意字的理解和记忆。以上办法既能达到识字的目的，又能激起学习探索祖国文字的浓厚兴趣。也可以利用谜语启发识字。谜语具有生动、形象、贴切的特点，遇到有特点的字，可以用编字谜的形式帮助孩子识字。如，学习"高"，可以编成"一点一横长，口字摆中央，下面开扇门，门里张着口"；"坐"可以编成"两人坐在土堆上"；而"座"就编成"广场上两人坐在土堆上"等。

还可以利用竞赛促进识字。根据小孩子好胜心强的特点，可以把各种识字练习寓于竞赛活动之中，从而调动识字的积极性。如，在陪孩子的阶段复习环节中，可以安排识字竞

赛活动，发给小红花或者是其他礼物，这样就可以激发孩子学习生字的热情。当然，教无定法，只要是符合孩子心理特点的方法都可以，这个时候切记不要急于求成，拔苗助长。

二年级的孩子，要逐渐培养学习的独立性，家长要赋予孩子学习的责任感，必要时让孩子承担自身行为的结果。例如，对于二年级孩子的作业，家长们要从全程监督转变为事后的检查和提醒。如果孩子因为作业不认真需要重写或者贪玩没有完成作业，家长们要利用这样的教育时机，与孩子交流，让孩子清楚学习的主体是谁或者直接承担相应的结果。

培养良好的学习能力，重在持之以恒。有些家长和孩子容易虎头蛇尾，最开始的时候劲力十足，但是坚持不了一两个月就开始出现松懈。比如有些父母在入学之初，坚持关注了解谈论孩子的作业，督促孩子放学之后第一时间完成作业。但时间久了，就会因为各种原因打破这个习惯，要去游玩，要去临时聚会，自己出差加班等，逐渐不再坚持执行。在孩子没有养成良好的学习习惯之前，父母一旦敷衍了事，孩子就很容易随之松懈，难以自控。养育孩子特别忌讳的就是，父母自己难以坚持的习惯，却在口头上反复要求孩子。对于习惯的培养，家长只需记住一点："没有哪一天是不同的。"如此累积下来，孩子才能建立良好的学习习惯。

三年级的孩子除了自主地完成学习任务外，家长应当及时指导孩子确定一定的成长目标，即清楚自己想要达到什么样的水平。家长在与孩子的沟通中，注意帮助孩子树立学习的榜样，制定学习目标，引导孩子表达内心的想法，激发他们的主动性，由"要我学"转变为"我要学""像某某学"。确定合适的发展目标，遵循"跳一跳，够得着"的原则，不能太简单，也不能过于高大上。目标一蹴而就既可以实现，孩子轻易得来的好处不会珍惜，也没有培养敢于挑战的可能性；目标定得过高，孩子产生挫败感，打击自信心，不愿意再去努力。

成长目标还要明确细化。经常会听到爸爸妈妈跟孩子说，"等你学习进步了就出去旅游、吃大餐、买 iPad……"

那到底什么叫学习进步了呢？语文高了 20 分，数学退步了 10 分，算不算进步？进步多少才能获得奖励呢？进步 1 个名次算吗？还是要进入全班前几？所以说目标需要定得简单明确，比如月考总成绩排名进步 5 个名次、每天的书包自己整理并且保证不落东西、养成写完作业再玩的好习惯等等。制定好目标以后，接下来需要的就是努力啦！

在这个过程中，爸爸妈妈们一定要记得多给孩子一些鼓励和肯定。另外，还可以和孩子一起把制定好的目标做成海报，贴在家里显眼的地方。如果爸爸妈妈们能和孩子一样，都做一份自己的目标计划表，那家里的学习和成长氛围将会更好。

二、培养孩子运动的习惯

关于运动的好处，大家所熟悉的是运动可以强健身体、锻炼意志，而强健的身体、坚忍的意志可以促进学习的发生。除此之外，很多家长不了解的是，学习并非只发生在头脑内，学习、思维、创造力和智慧不单单是脑的运作，更是整个身体的运动过程。我们的身体活动不仅表达了知识，也促进了更优异的认知功能。美国教育家、科学家萨利·戈达德·布莱斯在《平衡发展的孩子——运动和幼儿早期学习》一书中也指出：从出生到死亡，运动是生命的组成部分，孩子的运动经验在塑造人格、感受以及创造成就中起着关键作用。

人们常常忽略家务劳动中蕴藏的运动，比如扫地时，孩子需要调整自己，协调诸多感官和注意力来完成，如手眼协调，大小肢体运动，同时还需要一定的空间意识决定自己从哪里开始扫，怎样把垃圾扫到一堆等。所以当孩子做家务时，他的很多能力也会得到发展。同样，游戏可可以促进孩子能力的发展，我们发现，往往会玩的孩子更加聪慧。古希腊哲学家柏拉图说过：为了让人类有成功的生活，神提供了两种管道——教育和运动。因此我们看出，牺牲孩子的运动游戏时间，只专注于学习的方式并不可取。希望家长们能够多多了解运动在促进大脑整合方面的益处，放手让孩子参与游戏、运动和家务活动。

一位新参加工作即接手做班主任的年轻教师这样记录她的儿童：

二年级初次接手班级，孩子们带着家长对他们的习惯养成及一年级老师对他们的培养，来到这个新的学校新的班级，初来乍到，彼此试探，捣个蛋试试看我如何处理他们或者表现优异看我如何表扬他们。二年级学习压力还小，重点在性格养成及习惯养成，印象最深的是凯恩同学，现在班里的开心果，大班长，在刚来学校的时候是个小透明，是个不出声，不说话，不引起别人注意的小个子，上课也从不回答问题，但是点到他回答得还不错。每次见到我都是腼腆一笑连句老师好都没有。带着对孩子的好奇，跟他的家长进行沟通，了解到孩子在原来学校因为种种原因，对老师有些害怕所以不愿意表现自己，对人对事缺少自信。了解到这个原因后，我经常在他冲我笑的时候亲切地喊他一声凯恩或者摸摸他的小脑袋，然后告诉他我期待他用语言跟我问好，渐渐地能够听到小小的声音叫着老师好。我也一直等待时机，让他能够打开心扉。当时二年级让孩子们对一个老师喜爱的第一步就是先崇拜这个老师，所以我经常会普及一些他们感兴趣，但是他们还没有接触过的一些知识。机缘巧合下，有次我们在班里讨论起七大洲四大洋，并给他们出示了世界地图，想跟孩子们聊聊地理的那些事儿。在我出示了地图后，各部分的名称并没有显示，孩子们看得一头雾水，在我准备展示自己的时候，我发现有个小手在蠢蠢欲动，眼睛里带着期

待，我把他叫起来问他，这些你是不是都知道？他点点头，跟随我的手指说出每个大洲和大洋的名称，并将七大洲按照面积及人口大小进行排序，听到同学们哇塞的感叹声，我知道这是孩子们开始崇拜这个不太起眼的小个子男生，然后开始喜欢上这个了解很多知识的小男生。然后凯恩同学经常给大家普及他了解的知识，关键他的家长也非常配合，每次陪他准备发言稿和PPT，肉眼可见的小男生说话的声音越来越洪亮，整个人变得活泼了，身边的朋友变多了，整个人像脱胎换骨一般。现在的凯恩是学校大部委的一员，是优秀的班干部，是我的好帮手，经常当小老师来给同学们讲解一些比较复杂但是他有好方法的题目，是个人人夸赞的好孩子。凯恩的变化也坚定了我作为一位年轻教师要为了孩子们成为更好的自己而奋斗的目标。可见，二年级父母、老师对孩子的影响还是关键性的，这个时期的孩子压力小，而且对老师、家长还存在依赖性。

以小学一至三年级语文学习为例，习惯培养要有一个从基本要求到循序渐进的一致性的过程。

1. 写字识字都是大事，学习从爱上阅读开始

先从正确的写字姿势开始抓起。不要小瞧写字的姿势，一方面它影响着孩子写字的速度，另一方面对于孩子的情绪也有着不小的影响。很多孩子因为姿势不正确，写字疲惫，容易产生厌学、焦虑等情绪，如果不及时纠正，对于孩子的学习有害无利。而纠正的方法前文中也提到，要给予孩子相应的运动训练，促进小肌肉的发展，提高他们的平衡能力。

提高识字能力。识字能力是学习能力的基础。小学低年级儿童的思维特点是具体形象思维为主，刚刚入学的一年级儿童，一打开课本就是大量的、抽象的归类识字，这就决定了识字教学是小学低年级语文教学的重点，也是难点。重复书写的方式，儿童学习的兴趣不高，取得的效果也不是很好，为了使儿童在愉快轻松的气氛中主动地识字，可以根据儿童年龄特点，利用象形字卡、观看汉字的动画视频激发他们的识字兴趣，同时通过阅读、认识标志牌、看地图等多种方式拓宽识字途径，培养孩子识字能力。

在基本学习能力训练过程中，一以贯之地进行学习精神的塑造。像认真完成作业的态度尤为重要。一年级没有书面作业，更多的是口头作业，家长们不要认为不需要写的作业就不用完成，这是非常错误的观点。孩子在完成作业的过程中其实就是在培养认真学习态度。通过作业，家长也可以及时发现孩子在学习中存在的问题。如果孩子清楚地知道自己的作业内容并且能够顺利完成，说明学习的专注度是可以的。反之，家长就需要跟孩子和老师交流，了解他们在学校学习的情况，可以说，作业是连接学校和家庭教育的一座桥梁。

长期坚持的语文教育还有爱上阅读的习惯。语文特级教师，清华大学附属小学校长窦

桂梅老师说过：在引导儿童阅读时，第一步是培养兴趣、"请君入瓮"。小学一年级作为阅读能力规范学习训练的起点，最重要的是让儿童保持持续的阅读兴趣，可以从以下几个方面来培养：

（1）建设阅读的氛围。有时候家里已经有很多很多书，仍然尽量创造机会到图书馆等专门场所看书，就是需要特定场所具有的神奇的魔力，让活泼好动的孩子静下来、慢下来，捧读喜欢的书籍，这就是环境的力量。有条件的家庭也应该辟出一个这样专供阅读的区域，让孩子认识到：阅读角和厨房、卧室、浴室一样，都是家里必不可少的部分；而阅读就像吃饭、睡觉、洗澡一样自然。地方不用大，小小的，温馨一角就足矣。

（2）家长以身示范。"想让孩子喜欢上读书，家长首先要捧起书。"这句话很多家长都很熟悉，低年级的孩子模仿能力很强，如果父母特别喜欢看书，潜移默化中孩子也会爱上读书。先看看下面几个情况你都中招了吗——每天在家大多时候手里拿着手机刷朋友圈、看电视，玩游戏；陪孩子出去玩，在车上或走路的时候也会时不时拿着手机点来点去；经常在工作、家务或很累的时候，把手机或平板给孩子当玩具玩。孩子是你的一面镜子，他一直在经过模仿、复刻你的行为和习惯，你怎样去做事，他就会怎样。所以，如果孩子不爱看书，家长首先要检讨自己。自己从来不读书，孩子怎么可能会喜欢呢？

（3）帮助孩子选择适合的书籍。低年级的孩子喜欢看绘本等图画较多的书籍，但多数家长认为孩子上了学，就要读一些文字类的书籍，强迫孩子每天读几页，你会发现孩子变的越来越不喜欢看书了，这时家长们就需要重新考虑你的初衷是什么？是为了让孩子多认一些字还是培养孩子阅读的兴趣呢？其实很多绘本包含着深刻的人生道理，适合各个年级阶段的孩子或者成人阅读，另外绘本图文并茂更适合一年级孩子的思维方式，孩子喜欢绘本，背后的原因家长搞清楚了就不会过于焦虑。当然，只读绘本是不够的，这个阶段可以选择适合孩子的桥梁书进行阅读，很多孩子刚刚接触汉语拼音、识字量小，这时的阅读需要家长的陪伴，每天陪伴孩子阅读一篇短小的文章，日积月累，等孩子真正适应了文字书之后再放手让孩子阅读，不要一开始就给孩子一本厚厚的书自己阅读，以免产生畏难情绪。

三、效果好不好，关键看方法

如果说小学一年级是习惯的"开始"，那么二年级就是习惯的"巩固"阶段。好的学习习惯不是一蹴而就的，需要长期的训练过程。二年级的儿童，面对比一年级多了一倍的作业量，除了要有认真的态度，还要掌握一定的学习方法。大多数学习困难的儿童问题出在时间管理上。低年级阶段的孩子的身心发展慢慢进入"具体运算期"，他们可以借由具

体的操作经验，做简单的逻辑思考，教给孩子时间管理的方法，可以帮助孩子成为自律的人，增加学习的主动性。具体来说可以分成三步：

（1）学会区别事情的优先等级。A类，紧急又重要：不要犹豫马上去做；B类，事情重要不紧急：仅次于A类，需要规划去做；C类，紧急但不重要：学会授权，或者通过委婉地拒绝以减少这类事务的投入；D类，不紧急不重要：不做或尽量少做。比如每天的作业就是A类，重要又紧急的事情，这项任务应该排在所有任务第一项。不重要但紧急的事情，如准备第二天学校要带的美术材料，要穿的衣服，这个可以在睡觉前准备好。

（2）制定计划表。例如"时间计划表"。根据孩子的日常生活作息，可以列一个时间计划表，起床、刷牙、睡觉等等有固定时间点，要和孩子说明，这些属于雷打不动的时间，轻易不要改变，孩子在规律的生活中才能健康成长。"任务计划表"可以以一月或一周为单位，列出孩子学习、运动以及生活方面的任务，为了激励孩子完成任务，可以设置一些奖励措施。

（3）培养孩子课前预习、课后复习的习惯。很多老师都会布置儿童做一些课前预习的作业，但是孩子们有没有将这个作业落到实处，关乎习惯是否能够真正建立起来。每天放学后，拿出十几分钟的时间，帮助孩子梳理当天所学的知识，不仅可以帮助孩子快速进入作业时间，还可以提高作业的准确率。日复一日的练习中，孩子的预习和复习的习惯就可以建立起来。

掌握阅读的方法：

区分精读和泛读。前者注重"收获"，后者更注重的是"体验"。也就是说精读要有后续的产出，通过勾画摘抄段落、句子加深对于文本的理解。

养成记板书、记笔记的习惯。语文课本是孩子进行阅读训练的第一手资料，每一篇文章老师都会做精读讲解，因此老师的板书对于课文的内容就是一个精确的提炼，二年级的孩子还做不到当堂记录，因此课后的记录和整理一是可以帮助孩子进一步消化内容，二是在记录中帮助孩子找到语文学习的规律，字词句篇的重点。

重要的小学三年级。有人说：儿童时期最重要的时期不是初一，也不是高三，而是小学三年级。早在20世纪80年代，美国专家就指出了孩子到了三、四年级会出现成绩突然下滑现象，并将这种现象命名为"三年级滑坡"。导致这种现象的主要原因就是孩子的专注性和好习惯没有建立。

优化学习习惯。学习习惯并不是一成不变的，作为家长要适时帮助孩子进行调整，如果孩子已经出现了三年级滑坡的现象，家长要回过头重新检查他们是否真的养成了预习复习的习惯、记笔记的习惯、阅读的习惯。

　　培养"成长型思维"模式。斯坦福大学教授德韦克曾做过这样一个实验：她让一群10岁（三年级左右）的孩子，尝试解决一些对他们稍微偏难的问题。面对难题，孩子们的反应有两种：一种孩子反应非常积极，他们会说："我喜欢挑战"，"虽然很难，但这一定会对我的能力有所提升。"这类孩子，拥有的是成长型思维。另一种孩子则认为：这么难的任务，简直是一场悲剧，甚至是灾难。这些孩子感觉自己的才智受到了评判，他们不懂得享受学习的过程，感觉挫败又沮丧，对任务也不再专注。这种孩子，拥有的是固定型思维。这两种孩子后来怎样了呢？追踪显示：拥有固定型思维的孩子，在考试中失败了，会更多地找借口，逃避困难，甚至会诋毁那些成绩比他优秀的孩子。而拥有成长型思维的孩子，更多的是积极处理错误，并学习改正错误，争取下一次的好成绩。而两种孩子的大脑活动也令人惊讶：固定型思维的孩子，大脑几乎没有任何活动，而那些拥有成长型思维的孩子，他们的脑电图布满了红色，这表明：他们的大脑在燃烧，他们在深入参与活动。

　　一位从事多年小学教学的老教师说："真正决定孩子三年级分向哪一端的，有能力问题，但更多的，是他们对待困难的态度。"每个父母，都愿意让自己的孩子赢在起跑线上，可真正的赢，是让孩子赢在思维，赢在能力，而不是赢在单纯的知识积累。

　　阅读习惯的培养。孩子升入三年级后，学习任务逐渐偏难，对思维广度、深度、敏捷度及综合反应的能力要求更高。而之前通过"阅读"，已经把大脑打造得像一条"高速公路"，能高速处理语言文字背后的深层次含义。重视孩子阅读能力的培养，是让孩子远离"三年级滑坡"的有效办法之一。具体来说又分为以下五点：每天阅读的习惯；专心阅读的习惯；读书动笔的习惯；读书思考的习惯；使用工具书帮助理解阅读的习惯。

　　培养写作的习惯。从三年级开始，孩子们正式进入了写作阶段，作文是儿童认识水平和语言文字表达能力的综合体现。小学作文教学既能形成儿童初步的写作能力，又能发展他们的思维，养成良好的写作习惯，还能使儿童的写作能力得到真正的提高。怎样培养孩子的写作习惯呢？

　　1. **多说**。"说"，即把所见、所闻、所思表达于语言。能说者善写，培养儿童好说的能力，一定能提高儿童写作的水平。

　　2. **多读**。在作文教学中提倡儿童多读，可以提高他们的思想认识，让他们获得各种知识，加深生活体验，并积累优美的语言文字。

　　3. **多写**。作文活动是实践活动，儿童写作技能的形成、写作水平的提高，依赖于作文实践。因此，多练笔就成了整个作文教学的重要一环。多写，可以促进观察思考锻炼思维的敏捷、严密和灵活，熟练运用语言文字的技巧。

　　4. **多改**。作文修改是小学生作文不可缺少的一个重要环节，也是当前作文教学实施

素质教育的一个重要目标。因此，作文写完后，要反复修改，力求文字精练、表意准确、语言生动。

5. **多鼓励**。儿童的每一篇习作都付出了一定的辛勤劳动，总希望别人对自己劳动的价值给予肯定与鼓励。家长和老师要顺应孩子的心理，做到少改多批，挖掘他们的"闪光点"。

良好的学习习惯的培养是重要的，一旦养成良好的学习习惯，就能使儿童建立起稳定有效地学习模式，使其受益终身。但是学习又是个性化的行为，没有两个孩子是完全相同的，习惯的培养要根据孩子的特点进行，不宜统一化齐；学习也不是生命的全部，一个成绩不算突出的孩子，可能是一个非常富有同情心的孩子，一个调皮的男孩，也许有着超强的运动天赋，作为成人，我们要给予孩子足够的爱与尊重，让他们可以成为自己。

第六节　认识小学高年级儿童

终身学习习惯形成较漫长，不同学习品种的练就都有关键期。小学高年级是儿童学习意志力训练的重要时段，学习中的兴趣培养和情绪控制发展得是否健康，可以影响到一个人一生的学习运势。

四年级，各科学习内容加深，学习压力瞬间增加，生理和心理特点变化明显，学习能力、情绪能力、意志能力和学习习惯一股脑地摆在面前，瞬间的压力增大改变了大多数孩子的学习状态；五年级，到了一个拓展提升、体系搭建的关键时期，在这个阶段需要提升数学思维和素养，强固基础知识，着力突破自我。

具体来说，这一阶段的儿童：

1. **思维发展水平由具体形象思维向抽象逻辑思维过渡**。这是一个量变到质变的飞跃过程，一般认为，小学四年级（9—10岁）是这个飞跃的关键年龄，四年级以后抽象逻辑思维成为他们的主要思维形式。注意力的稳定性也由15—20分钟提高到20—30分钟。

2. **言语发展水平由口头言语向书面言语过渡**。小学四年级（9—10岁）以后，他们的书面言语水平逐步超过口头言语水平。阅读能力也由朗读向默读发展。大大提高了阅读的速度和阅读的数量。

3. **情感发展由易变性向稳定性过渡**。从情感外露、浅显、不自觉向内控、深刻、自觉发展。小学三年级（8—9岁）是情感发展变化的转折点。小学五年级情感调控能力有

较大提高。随着儿童情感生活的不断丰富，他们的道德感、理智感、友谊感、责任感、审美感、集体荣誉感也有了进一步的发展。依赖的重心由家庭逐渐转移到学校，同伴关系、友谊成了对儿童影响的重要因素。

4. 意志发展水平由弱到强、由他律向自律过渡。他们的行动从受外界教师家长的权威约束、调节逐步发展到受内部自我认识制约、调节。意志行动的动机和目的性有显著提高。自觉克服困难的意志力不断增强。但是，小学阶段儿童的意志发展水平只是初步的，还不稳定。

5. 品德发展水平在认知方面由直观具体肤浅向抽象本质过渡；在评价方面由只注意行为的效果向比较全面地考虑动机和效果的统一过渡。

这一阶段是孩子情感、情绪的突发期。孩子的自我意识开始崛起，强烈需要他人的理解和尊重，要加强对孩子情绪心理的指导，创设适当环境，丰富他们的情感体验。当孩子发生情绪、情感的变化时，引导他们学会控制并合理地发泄和转移自己的情绪，加强对孩子人际交往的心理指导特别是同伴关系的交往，防止孩子形成叛逆的个性，使孩子得到充分、愉快的发展。

四年级的孩子经常会因为别的孩子的一句玩笑话而跟别的同学起冲突。有个课间，因为刚考完试，一位同学的小组长对这位同学说你错的可真不少，一句本来很平常的话，因为当着很多同学，让这位同学感受到"面子"不好看，然后对着组长伸出了自己的拳头。两位同学都很委屈，在班里哭了起来。我把他们两位同学叫到办公室，了解了来龙去脉后，我先让他们都冷静两分钟，考虑考虑这件事自己错在哪里了。过了一会都不哭了，开始反省自己的问题，然后互相道歉。其实这种事情年级越高越经常出现，孩子们有了自己的想法，有了自己想维护的面子，这是正常的，但是要引导他们如何正确地去争取获得自己的面子才是重要的事情。

四年级的一个男孩有一段时间特别喜欢一个女生，总想着向这位女生表达所谓的"爱意"。他告诉老师自己谈恋爱了，搞笑的是自己也没跟那个女生讲，后来却被同学们嘲笑"癞蛤蟆想吃天鹅肉"，那个女生反而更讨厌他。因此他整天郁郁寡欢，以至于功课也退步了，变得不爱说话，更不爱交流。老师像朋友一样引导他以自然又尊重的方式对待，珍视"喜欢和仰慕"这种真实的情感，顺利度过了成长期的"湍流"，变得更自信更阳光。

一、家庭环境对儿童在校表现影响至深

一次家访，孩子在床上还没有起，这已经是下午3点了，看到老师来了，他着急穿衣服，光着脚来到客厅，衣服的领子藏在里面，外套的扣子也扣错了一个，显得有些狼狈，

但一旁的妈妈也没提醒他，老师只好提醒他并帮忙整理（其实老师提前半小时打过电话，说是准时到的）。再看孩子的卧室，里面的书、衣服、玩具等凌乱一团。在和这位无助的妈妈交谈的时候，孩子的爸爸正在屋里睡觉呢。每个孩子都是父母要他成为的样子。

还有一个二年级转学来的孩子，好长时间都不能坐在凳子上课，不是在座子底下趴着就是蹲在凳子上，再就是把红领巾围在头上假装自己是"小红帽"。经过与其他同学了解，才知道他在一年级的时候，老师管不了他，就把他放到最后一排置之不理了。转到新学校老师始终关注他，只要他能坐在凳子上听完一节课就表扬他，渐渐地能坐一节课、两节课啦，也爱回答问题了。遗憾的是，三年级父母离异后，爸爸跑长途车，妈妈不再管，孩子的快乐少了，眼神又迷离了……。

家庭是孩子终生幸福的学校。父母要努力创造良好的情感环境——夫妻和睦、家庭民主、文明友爱、对孩子教养并重；努力创造良好的道德环境——尊老爱幼、和睦谦让、遵纪守法、敬业爱家、言传身教；努力创造良好的学习环境——读书求知的氛围；创造干净整洁的居家环境——好的学习习惯来自好的生活习惯。生活中一个从不收拾房间书桌的孩子，很难有干净整齐的卷面；生活中一个不懂礼貌和秩序的孩子，很难在课堂上约束管理自己；生活中害怕与人交往的孩子，很难开口发问；生活中处处争强好胜的孩子，很难有正确的竞争观念。对于家长来说，培养好的生活习惯是不能忽视的问题。

二、学习的心理指导比学习方法指导更为重要

明智的父母不是逼着孩子去学习，而是想办法激发孩子的学习兴趣——变"要他学"为"他要学"！父母的言传身教、创造一些学习的神秘感，都是很好的激发孩子学习兴趣的好办法。

让孩子知道，学习是自己的事情。很多的父母在孩子的学习上花了大量的心思，但是，容易让孩子产生误解：他是在为父母而学习。父母越是逼着孩子去认真学习，越可能给孩子创造了拒绝学习、反驳父母的机会。可以通过写成长日记、自查自省等方式，培养孩子自主学习的习惯。

告诉孩子，要为理想而学习。现在有很多家长劝孩子："如果你不好好学习，将来就找不到好工作！"父母试图用自己的经历和经验来说服孩子，却忽略了一点：四年级的孩子，正处于思维的高速发展期，他们已经有了自己的思维，不再像小时候，父母说什么就信什么。作为父母，我们应该告诉孩子，他们要为自己的理想而学习。

正确看待孩子的学习成绩。学习成绩是智力和非智力因素综合作用的结果，应该用平常心来看待。为孩子创造一个轻松的学习氛围，帮助孩子掌握正确的学习方法、明确学习

动机并对成败进行合理归因，促进非智力因素的发展。

三、"德"为成长之魂

有远见的父母想要教出优秀的孩子，一定是从小就开始了对他进行原则教育、底线教育、同理心教育。在一次家长会上一位品学兼优的孩子妈妈分享了自己的育儿经验："其实我们没有过多地管教孩子，只是做好我们自己，做父母又做朋友，有原则、有爱、更有尊重，我们经常会提及理想和目标，我和他爸爸的理想是卖好包子，多挣钱呗，也并一直为之努力，孩子应该也潜移默化地受些影响吧，也在不断努力，好好学习，正确成长！我们三口人彼此欣赏吧。"她的话朴实而坦诚，这就是父母的言传身教，真实、坚持并有真爱的家庭教育。

四年级二班里有个并不十分聪明，但十分优秀的孩子，班主任访问沟通中了解到孩子的妈妈是全职在家照顾孩子。当老师安慰家长说孩子以后一定会感激有你这么好的妈妈，孩子的妈妈却说："我不求孩子以后感激我，只求孩子以后不会怨我。"这个女孩子说话逻辑清晰，思维敏捷，仪态落落大方，成绩名列前茅，体育、合唱等活动都能看见她潇洒的身影。简单的理想，多年的支持，换来的是孩子的健康成长。

提高孩子的道德认识，创造条件让他们在获得感性经验的基础上加深对抽象概念的理解，及时帮助孩子澄清模糊概念；注意与孩子的情感沟通，以民主、平等的姿态与他们进行交流，在丰富的家庭活动中有意识地增加孩子的情感体验；加强对孩子道德意志，特别是抗诱惑力的锻炼，为他们树立道德意志的榜样，帮助他们学会有目的地制定道德意志锻炼计划。

有计划、有目的、坚持不懈地参加社会实践。适时给予赞赏、鼓励和奖励并提出希望，及时纠正不良习惯。父母的格局，决定了孩子的高度。不同的教育方法，教出来的孩子真的不一样。

四、学习家庭营养保健常识与基本卫生常识

学习家庭营养保健常识，帮助他们建立健康文明的生活方式，建立良好的生活规律，培养合乎卫生的工作、休息与睡眠方式，注重合理的饮食营养、坚持体育锻炼，促使孩子矫正不良行为，从小养成科学健康的生活习惯。教给孩子基本的生理卫生常识，采用心理调节、情境调节、转移注意调节等方法进行有效的法制教育，教育他们自尊自爱，帮助他们学会调整心态和自我保护的方法。

五、观念态度的影响力更大

父母和老师要真心实意地去了解自己的孩子，家长不要以为自己养的孩子天然就懂他（她）。与孩子平等地交谈讨论问题比解决一个问题更容易走近孩子；选择适当的时机谈他（她）有兴趣的话题，对话更容易。

有的家长同时也是教育工作者，她相信这样的教育理念："你可以不优秀，但是你可以表现很积极。你可以生活委屈，但是你可以表现得很热爱生活。你可以很平凡，但是你不能表现太平庸。"所以"积极心态，热爱生活"——这是她给儿子疫情中上的第一节课。在家里，正向的引导和控制，对孩子的情绪给予公平的看待和差别回应。

如果说小学低年级的重点是培养孩子各种习惯的话，那么高年级的教育重点在学习兴趣的培养和学习思想的稳定。这个时候小学生逐渐从学会做事中学做人，教育者要给孩子留下一些别样的空间，多去运动、多和同伴去玩儿。教育是慢的艺术，美国女作家安妮·林登伯格《大海的礼物》一书中的一段话："大海不会馈赠那些急功近利的人。为功利而来不仅透露了来者的焦躁与贪婪，还有他信仰的缺失。耐心，耐心，耐心，这是大海教给我们的。人应如海滩一样，倒空自己，虚怀无欲，等待大海的礼物。"

第七节　非常事件里的非常成长

疫情防控吃紧的时候恰逢元宵节，学校少先队制作美篇介绍元宵节的历史和风俗，号召儿童学习继承优秀传统，从中汲取力量和智慧，成长为"诚实、勇敢、活泼、团结"新时代好少年。时空在元宵节交会，传统和现代在此镌刻进全国人民的记忆。大灾如大考，正在应对疫情考验的大人们还不能清楚地知道这个事件会在孩子们心目中留下什么，但是我们知道，中华文化具有强大的复原能力，优秀传统文化润泽我们的心灵，让我们全民族在大灾大难面前更加团结更富有凝聚力。社会治理实践有力地证明了中华民族的文化优势。人人讲文明守规则，团结奋战，成功应考，仅仅两个月取得疫情阻击战的阶段胜利，到了六月二号学校全部儿童复课复学。天佑中华，有着5000年文明的中华民族经历了无数的苦难，天崩地裂，鼠疫霍乱，各种规模各种形式各种敌人发动战争，没有任何一种力量能够阻止中华儿女向前奋进的脚步。这次突如其来的疫情考验着14亿人，顽强拼搏的中华儿女，岂能被阻止住实现华夏民族伟大复兴的脚步。

　　大灾有大爱。许多医务工作者不怕危险舍小家为国家，奋战在危险的抗击疫情第一线；军人冲锋在前，爱心人士良心企业无私奉献慷慨赴难，体现了社会主义文化的优越；万境水岸小学全体师生始终在一起，老师们在线上陪伴，每天关心每一名同学和家长的安康。微信工作联络中形成的常用在线学习平台，实现网上办公也可促进教师共同体建设，同时增进家校共育契合。虽有疫情防控造成居家不出门的困难，但把我吃夜草的机会悄然超越成为可能，当然要靠自律和奋斗。此谓：未雨绸缪练内功，磨刀砍柴两手动。学而有思不懈怠，疫情过后显异同。

　　"早上起不来，晚上睡不下"（三顿饭变两顿饭、到处走变沙发躺…）。在这个时期有这样起居规律的应该不在少数。早上醒来，温暖舒适的被窝逐个打败了早起洗刷、做饭、锻炼、学习等想法，于是"多眯一会儿""多睡几分钟"，就成为我们居家生活最常见的拖延借口。类似这种日常生活中偶尔出现的"小拖延 懒自律 不主动"，在居家战疫的背景下变得更加突出了。生活节奏和生活空间的改变，打乱了曾经的规律和模式，缺乏自律就很容易让我们出现"每天太阳升起一片迷茫与不情愿，太阳落下深深的叹息和感慨"，有人引用歌曲里那句话："总是要等到睡觉前，才知道功课只做了一点点"表达内心的遗憾。应当说拖拖拉拉、效率不高、行动力不强、缺乏自律的类似这种的表现，对孩子的影响也是非常大的，所以我们要克服拖延，增强自律、提高质量。

　　把计划列出来，贴在每天看得到的地方，强化自我约束。自律的人，计划常在大脑中，也可以列在纸面上。这里首先明确是，有些家庭（包括孩子）不会列计划，总觉得写成课程表一样的，几点几分学这个，几点几分做那个，然后发现总是要改，总是执行不了。其实，计划是每天生活和学习的一个参照指标。如果你可以预见到一些事情在什么时间内完成，课程表的方式当然是合适的。如果不适合你和孩子，那完全可以调整为，上午几点前、下午几点前、晚上几点前完成什么事，让计划表成为家庭的目标卡，置于醒目的位置，以完成计划、提高效率为目的，时间依然不会荒废。

　　当机立断，想到的事情接着做，能动手绝不发呆。如果在某个空闲的时间，你希望和孩子完成一件事情，比如看到一个特别适合做的科学实验、发明制作的小视频，想起一个适合孩子学习做菜的样板，或者孩子自己提到一个小游戏的设计、做手工的想法，不要在这时候仍然犹豫、发呆、自我畏难——"是不是想明白再做呢？""是不是等一等再做呢？""是不是改天再说呢"，不，马上着手去做。一旦完成一件小事情，就会发现你们还可以完成更多事情，由小到大，小目标实现多了，更大的目标也就更值得期待和实现。心理学实践研究对这个已经有了很多事例的验证。

　　线下学习小组转移线上。居家学习过程中，对孩子学习生活的监督管理和激励促进，

其实也并不仅限于我们家长自己承担。网络互联如此方便，信息技术手段那么丰富，请不要失去这个重要的法宝。可以主动跟另外的家庭结对子，让孩子之间通通话，相互说说自己学习的紧张和日常生活的内容，在这样的背景下，因为不同所以更容易会产生对比、反思和动力。也可以征求老师的意见，联合几个家庭共同制订学习计划，互相鼓励，以小团队、小集体的方式让儿童通过找目标、找榜样，找到学习和进步方向。同时，孩子们彼此之间适度地多交流，也有助于自我缓解一些情绪抵触、心情低落、思想消极的情况。我们都可以多尝试尝试。

实话施说：

1. "起"小看大

柏拉图说："孩子一岁到三岁的时候对他不可以溺爱，因为溺爱会让他脾气恶劣，难以相处；对他也不可虐待，虐待会让他自认卑微，形同奴隶。"最初的三年是养成一生中好习惯或坏习惯的重要时刻，小孩子在这段时间，如果每一个需要都得到满足，绝不是一件好事，其实是害了他。我们中国人也有类似的说法，就是从三岁看到老。

居家自律，制定和执行学习计划，有规律的生活，不给父母添乱，是孝心的一种；主动分担家务，自觉开展劳动，"长眼神""手勤快"，参与家庭建设，是孝心的一种；体贴家人，端水敬茶，主动为劳累的他们减缓身体疲惫，是孝心的一种；顾小家的同时，牵挂家中老人、其他长辈，用网络等形式经常表达问候和关心，是孝心的一种。孝敬的美德，本质上就是遵守秩序。

2. 为社会坚守道德底线

中国文史馆官员、复旦大学历史地理教授葛剑雄认为为什么现在很多人基本底线没有？因为既没有敬畏，又没有基本的现代文明教育。如果义务教育阶段儿童的品德合格就不会出现这样问题。造成现实中社会底线被突破的责任，要不要由义务教育负起来呢？

我们看看国家义务教育发展纲要办学标准。城市学校具备更加优良的硬件设施、师资力量、教育质量，所以你可以进入优化教育的下一阶段，例如：探索儿童多媒体条件下的自主学习，提升教师自主研课课程开发水平等。农村学校相对落后，整体教师队伍水平、硬件配置、文化环境不同，最优先解决的不一定是享受生命健康，享受物质文化建设成果，可能更重要的是传承教师工匠精神，传承教育信仰，或者让儿童先享受法治社会的红利等，让他们不会因为对自由言论的泛滥、民主平等的曲解而触犯法规纪律的红线。也或是让儿童在接触现代文明过程中，在缺少管控的信息爆炸影响下，不忘传承正气正义，能够懂得辨别筛选，真心愿意继承发扬。

教育是一种厚积薄发的过程，应着眼于基本习惯基本技能的习得，直到形成优良的传统，进入发展的稳定态，按照人的发展规律自动去做。小学教育秉承慢工出细活，做的都是地平线以下的活儿，为儿童一生成长打基础（文化学习），为成人埋伏笔（三观基因）。

叶圣陶先生论述说，受教育的人的确跟种子一样，全部是有生命的，是能自己发育、自己成长的：给他们充分的合适的条件，他们就能成为有用之才。所谓办教育，最主要的就是给受教育者提供充分的合适条件。（激发儿童有自我生长力。）发着嫩芽，开着花朵，草木的生意决不断绝；有着儿童，民族的生意决不阻遏。即使是一片废墟，只要看得见嫩芽和花朵，将来的光景是无限乐观的。

第六章　非常家教

第一节　在其位负其责

小学阶段知识学习比较简单，培养正确的做事做人的态度为目标，方为正途。在此过程中，家长、老师以及同学对儿童的态度，深刻影响长大后对这个世界以及对待自己的态度。叶圣陶先生说，"儿童的一切观念皆以先入为主，夫人而知之矣。当八九岁之时，正儿童渐与外物相接触而增进其智识之时也，于斯时无论何事，印入其脑中即深镂而不可拔。"

学校是讲"道"的地方。学校是一个完整且相对封闭的生态系统，缩小版的社会，各种道德与法治体现的训练场。"道"在其中。这个道可以是儒家的道，也可以有道家的非常道，还可以是其他约定俗成的道。学校教育存在的挑战来自一则表达起来矛盾的规律：有效的教育要用孩子的语言影响孩子的世界，而人一长大，就再也没有能力了解孩子的世界。

家庭是讲爱的地方，但家庭教育主要承担且要完成的任务是育德。家庭重在育德：品德教育重在实做，不在于能说会道。最主要的不是不断地给孩子种种要求，或者针对孩子出现的问题，像个救火队长一样批语应急处置和事后管理。家庭影响的一贯性，决定于家庭中权势人在价值选择上一以贯之地坚守，印证在孩子的一切态度和行为遵循上。这就是家风的具体化实践吧。

错误引导种下的隐患：

钱能解决的事儿不叫事儿，家长因为金钱物质或是出口气的想法错失教育孩子的良机，损失更大。更有些家长从自我理解出发，把成人世界的丛林法则当成育儿理念，那就更危险了。

孩子在学校伤害了他人或者破坏了公物，家长应该怎么应对呢？不同家长的反映体现了不同的境界，更重要的是对自己孩子未来成长道路上的价值取向产生影响。发生在校园里的两件事情可以看出家长不同的观念和处事方式。

第一件事：回放校园监控看到二年级的教室里，年轻教师被一群孩子围起来说这说那，其中一名男生走到电子白板前面，拿起讲台上的教杆狠劲儿地敲打讲桌，突然铁质教杆的一头断开直飞出去，一下子击打到第一桌另一名男生的眼睛。老师听到惊叫立即查看受伤的儿童并将其带离教室。事后，受伤男生家长申请且依靠学校调解，教杆男生的家长

起初积极地到医院陪护，垫付医药费等。后来，医生诊断受伤男生后续需要多次治疗，说明治疗可能发生未知的风险，此时教杆男生家长提出学校应该承担责任，理由有几个——事情是在学校里发生的；自己的孩子是代表老师管纪律；意外伤害学校分责是通例等等。这位家长自称有过教育经历，学校承担责任的事件很多。

第二件事：调皮的男生把一瓶水倒进电子读书机器里，造成主板烧毁，学校成导处通过调取监控查到"肇事逃逸"的男生，约谈了孩子的父亲，家长当场向儿子确认事实，然后表态无条件支付损失，并承担相关处罚。

首先涉及孩子的教育，能够用金钱解决的事情就不叫事儿。其次此类事件是对孩子进行责任教育的天赐良机，尽管非我所愿，但坏事已经发生，当家长的能从花钱买教训、挫折长能耐的角度把握机会教子有方，体现的是家教智慧。要告诉孩子爸爸妈妈和他一块儿直面遇到的事情，一起想办法解决问题，在这个过程中所有的花费都有爸爸妈妈负担，孩子不用也不该去考虑经济负担的事情。最后，家长面对急难险重，积极迎接挑战还是落荒而逃，主动担责还是推诿扯皮，这样的以身相教会在孩子幼小心灵上留下浓重的一笔，成为他未来成长的一份财富或是一个反智版样。

同样道理，孩子在学校里与同伴发生了矛盾，作为家长不要以心疼孩子的情绪去教育孩子反抗和报复。教育孩子不吃亏是不明智的。一是家长在指导孩子处理与同龄人的关系时，不要越位到成为孩子帮手的角色，造成部分孩子解决问题的过度依赖；二是小学生的世界不同于大人世界，他们一些矛盾很容易被时间消融，好多时候大人在那里怒气冲冲，孩子在一边已经一笑泯恩仇了；三是好事者必备琐事所扰，正是家长反复强化的委屈或痛苦，带给自己孩子实质性的疼痛，这样的引导实在是答非所问和得不偿失。满足了自己的心理需求，牺牲了孩子自主成长的机会。

第二节 道德教育是家庭教育的主责

"养不教，父之过。"在民间，过去什么骂人的方式最容易引发激烈的矛盾——有娘生无娘养。有的家庭溺爱严重，回家就问，中午吃什么？吃饱了吗？好吃吧？家长一直一贯总是关心什么，孩子就向那个方向发展。一个小朋友参加研学旅行，他的家长告诉他：咱是交了钱的，"旅游"餐可能不好吃，但要吃饱，得把本儿吃回来。这个孩子很听话，吃到最后吃吐了，还要打包带着剩饭回来。家庭教育的价值观要端正。很多家长判断好孩子坏孩子还是以"听话不听话"作为标准，这是一个严重的问题。一味压制的管理建立在不理解孩子的天性基础上。家长觉得孩子小时候听话，现在越来越不听话。原因：还是那些要求，只建立在压服基础上，不理解孩子；不讲道理并不一定是家长讲的道理不对，鸡同鸭讲，各讲各的理，孩子在表达情绪，家长在讲理。

在西雅图太平洋大学公开课上，约翰·梅迪纳博士讲过这样一个事例：小女孩的金鱼死了，难过得跟爸爸倾诉，爸爸该怎么跟孩子说呢？父母们会犯另一个错误：跟孩子讲道理。

在故事当中，小女孩的爸爸就告诉小女孩说：有生就会有死，这是一个正常的轮回，不要再难过了。或者说又不是你的兄弟姐妹，或他们生病了肯定得死。其实，这样的解决方式是错误的。为什么呢？主要是，父母没有去承认、认可孩子的悲伤情绪。这会给孩子传递一个错误的信息：为什么我这么难过了，爸爸妈妈却觉得这再正常不过，难道我的这种情绪是不正常的？

首先，要跟孩子产生情感共鸣。

跟孩子产生情感共鸣，就是要认同孩子的情感。孩子小的时候，父母心不能懂。父母以成人的认识判断幼子的种种状况，替他作判断，作出决定，育儿能力强的再根据反应相应调整，如此，亲子之间互动交流还算科学，实现父母子女的共同成长。

孩子小的时候，感觉到父母的关注，未必真的体谅父母，其实伴随孩子一生成长，父母心都未必为孩子所知。可怜，就是父母之宿命。孩子的难过、开心、失落等情绪，有些情况下父母是不能理解的，比如说孩子上一年级到学校门口死活不进去，父母不能理解，甚至觉得莫名其妙。但是对于孩子的情绪，父母就算不能理解孩子的情绪，也不要急着否认，而是要认同孩子此时的情感和感受。心理学家认为："那些经常运用情感共鸣的父母，会让孩子的情感成长变得愈发稳定，会体会到更好的友情，更少接触到各种病痛滋扰，并且能取得更好的成绩"。

其次，再给孩子讲清规则，对孩子进行教育。

有人说，诺贝尔获奖者都是教育的漏网之鱼。因为，教育太强势了，想有点自主创新被压制了。家长强势，孩子不敢突破，能动性弱；学校强势，"宁要听话乖巧的丫头，不要张扬叛逆的花木兰"，学生的顺从习惯培养起来了，自主能力失去了。有的封建专制教育思想意识顽固，教育专制能立竿见影，家长制管理能节省气力。

卢梭利用一个简单的例子形象地说明了契约的概念：你和你的父亲实则存在一种契约关系，家庭作为政治社会的第一个模式……所有生来自由平等的人只有当他们在放弃自己的自由中看到好处时，便会放弃自由来拥有一个契约关系，依顺于国家的管辖而保障其自

身利益和权益。从这个角度来说，师生也是一种契约关系，在拥有自由与放弃自由的过程中存在着的契约关系。

很多学校通过网络将儿童从上午 8：00 到下午 5：00 管起来……通过网络将孩子的白天排得满满，晚上还要钉钉打卡、上交视频等等，似乎都很负责任地把儿童的时间填满了，管理起来。家长不要把自己当做教育的专业人士，如果以为自己听了些亲子课程，看了些虎爸狼妈的理论，或者考取了心理咨询方面的证，就自认为懂孩子懂教育，就忍不住说三道四、指点一二，那就大错特错了。人是活生生的人，最难捉摸的就是人性。站在夸父及其族人的角度来看，逐日的夸父是英雄，今天我们看到的是英雄主义。愚公移山不止学习的精神。同样，两个孩子打架你的孩子受伤了，伤情先放在一边，受伤的一方和另一方都是一样的孩子，周围人的态度以及作为师长怎么引导才是导致孩子是否真正受伤害的推手。你让他们多点亲子活动，有多少家长具备相应的专业知识和技能，单就耐心这一点恐怕也很少有人能做到。

通过网络平台就不是为了捆绑和控制。泰德·丁特史密斯在《未来的学校》中的这段话："几年前，美国大学界曾掀起一场慕课风潮，而结果却不尽如人意。观看讲座视频，每隔几分钟暂停一下，进行几道选择题小测试——这样的学习方法根本没办法带来什么革命性的变化。"任何缺乏实际需求的教学形式都是有无益。"停课不停学"，课是课，学是学，孩子们需要学的未必是"我们"给他的课，而是做事做人的规矩。

再者，讲理不如讲规则。

教育孩子的第一条守则就是要及时有效地对孩子错误的行为进行批评指正。父母在认同孩子情绪时，要慢慢安抚孩子，让孩子尽量保持平静，然后坚持自己的底线，让孩子认识到自己现在的行为是不好的。孩子在看电视或玩手机，父母叫他去休息或吃饭的时候，孩子的反应非常的暴躁，甚至会对父母发脾气。

父母要认同孩子的情绪：看得正认真，却受到了干扰，这种不痛快是正常的。

父母先跟孩子约定看电视或玩手机的时间，按照约定做事。想起来就管、就粗暴阻止，对孩子来说是"没头没脑""无理取闹"的行为。

这时候，如果父母再暴躁地去否定孩子"被打扰"的情绪，很容易跟孩子产生隔阂，让孩子离父母越来越远。

很多父母对孩子有一定的偏见。在我小的时候，长辈们常常说的一句话是"这么小的孩子，懂啥呀！"一句话就把孩子的快乐、难过、痛苦、幸福的感受通通给抹杀掉了，这也就会导致孩子在面对强烈的情绪时，不知所措甚至有些自我嫌弃。父母正视孩子的情绪，认同孩子的情绪，再对孩子慢慢进行引导和教育，会让孩子变得更加优秀。

即使没有看到改变，也要坚持，坚持做该做的事儿，有一天改变突然发生，那是量变到质变的发生，努力得到回报的结果。我们的家的女儿从小不吃鸡蛋，小时候喂了就吐，大了强调吃就不高兴，这事情一直没解决好，说起来也是家庭教育无方。直到上高中的一天，一下子吃鸡蛋了，她说突然觉得父母叨叨的吃鸡蛋有道理，就吃了，就这么简单。

这件事看起来匪夷所思，其实印证了教育总是有效果的，无论正向反向还是负向，不管当下还是未来，在一个人的生命中有些事情急不得。人们在教育孩子上很容易产生失望——我说得他不听，哪有那么多的时间跟你废话？我们都意识到了耐心的重要，孩子们用各种变故不断挑战我们的耐心。这个过程尤其需要修养以及生活智慧。

第三节　每一位家长都是儿童一生的参与者

有些家长推诿教育责任习惯于说——做父母的太忙了，孩子交给学校，孩子听老师的，老师您费心了。事实上，爸爸太忙，交给妈妈。自己的爸爸妈妈太忙，交给人家的爸爸（妈妈）。曾国藩家书写了什么？圣贤怎么说的，我是怎么做的，你前一次来信说的事情我怎么看，建议你怎么做。比起来，没有曾国藩的境界，但是可以学习人家心里始终认为教育孩子是为人父母的责任，不能耳提面命那就书信教导，一样的亲情传递，一样的循循善诱。像我的一位在外做工程的朋友，半年时间见不到家人，一有时间必要和儿子通电话：过得怎么样啊，有困难吗？爸爸不在家你是家里男子汉，要理解帮助妈妈等等。而且，回来必带礼物，或者书或者带着看电影，一起散步谈心。其实一句话，你爱谁，心就在哪里，乐意想尽一切办法保持联系，亲子父子之间交流不断，感情不变。

身教重于言教，父母的家教也是如此。学校门口道路为双向道路，中间有绿化带隔开，许多家长为了接送方便把孩子放在绿化带一侧，儿童不由自主横穿马路，既不安全又不文明。借着疫情防控要求，复学之始，反复在群里、一封信里要求儿童在东西两侧固定地点列队入学。让孩子离学校远一些做入学准备，可以让"上学"这件事有仪式感；列队有序进入，就是再给孩子规范教育；这个过程初时觉着麻烦，但是当家长认识到安全比方便重要，教育孩子比成人自己的需要重要，这件小事也就是一件有利于孩子成长的好事了，广大家长也会逐渐理解。

学校教育就是从一点一滴小事做起，从一言一行的规范开始的。基于要求需要赢得家长理解配合，除了合适的方式告知以外，还要通过多种方式引导家长建立科学健康的育儿

理念，从给自己的孩子做好榜样的高度上，从身教重于言教的家庭教育实践上，真正让家长和学校做一条板凳，一个鼻孔出气，建立教育共识是实现家校共育的基础。像入校定点列队要求，出现个别家长任性乱为的现象。一位老年人就以孩子没说我们不知道为理由试图强要横穿而入，对值班老师的提醒极不耐烦。我们就警告老者要在孩子面前保持合适的教育者身份，小时候守规矩，长大才能守规则，这个道理用教育者自己的模范遵守比平时一千次说教更有效。

细观家长在选择道路问题上的表现，不同的人认识问题层次、处理事情的档次可见高下。有的强词夺理"这里有路为什么不让走"，有的似乎与执勤老师开玩笑"明天你不值班就可以走吧"，有的更是让孩子趁人不注意硬闯，还有的表情冷淡，气鼓鼓地吼叫，似在指桑骂槐"死样你听不见啊，快点上车"，有的前一天被挡在界限外，第二天依然心存侥幸地逡巡而过，这些现象如果报以看戏的心态来看可以称得上人间好戏。家长朋友或许不以为然，这一点细节能把孩子怎么样？小朋友的直观思维特点是他们很容易感受到来自成人的善意恶意，遭受的待遇来自自私还是公正。有句话"你今天的形象就是我明天的样子"。图便利的自私，乘人不备的投机，蛮横无理的拳头逻辑，自然流露出的对教师的不屑等等，一切无知无畏的代价就是搬起石头砸自己的脚。家长对待学校要求的态度，决定了他们怎样面对教师对自己孩子的教育与管理，影响着家庭如何看待学校的失误，本质上不同家庭的家风深刻影响了这个家庭的孩子，未来如何处理与他人的关系、如何面对影响自己利益的人和事。

往大处说，全国疫情防控战很重要的一点经验就是全国上下按照中央要求"令行禁止"，没有一点共识，国家秩序人民安全面临巨大风险。往小处说，服从学校的教育要求，就是在教育自己的孩子懂得敬畏科学、敬畏规则，表面上是尊师重教的教育，实质上是在告诉幼小知识最宝贵、成长最重要，这就是懂得崇德尚善的意义啊！例如，按时到校的意思就是按照学校要求的时间段到校，既不要早于约定的最先时间，也不要迟于约定的最末时间。有的家长在儿童面前歪曲认识，什么老师的意思就是不要迟到，为了自己方便把孩子扔在校门口就走，心里还有对学校的不忿。儿童的健康成长需要每一个家庭重视孩子的思想道德教育，与学校教育要求同频共振。对家长的教育要求应该普及到每一个家庭成员，与孩子朝夕相处的老人更不能忽略，事实证明"隔代亲"教育的隐患造成的危害在于教育下一代的不理性和任性。

家长玻璃心，儿童玻璃人。一次中午入校的时候，少先队辅导员把不穿校服和乱穿队列的儿童留下，进行个别说教。一位男家长冲过警戒线，走到老师和儿童面前干涉："大热的太阳，让孩子在这晒着，抓紧让孩子进去。"第二个堂而皇之的理由："那边也有不穿校服的孩子，他们都进去了，为什么留下我们的孩子在这挨晒？"

作为家长，干预学校老师教育孩子，十分不明智。且不说，在学校门口已经不属于公共区域，虽不在教室，辅导员指导儿童了解规则就是活动教育，这位家长的不明智在于在自己孩子面前显示了他作为父母的骄纵与冲动。其次，所谓有的管有的不管就更是一种强词夺理，像小孩子一样的幼稚和蛮横，"我这样做不对他那样做也不对，为什么只罚我不罚他"，交警不能够把所有违犯交通规则的现象发现并进行处置，但是你要是被交警处罚不会用这样的理由逃脱处罚吧，说白了这就叫作成人的任性吧。家长玻璃心，给予孩子的不是理性地保护，更把所谓教育规则抛在脑后，处于老师、家长两种声音下的儿童获得的体验起初是混乱的，随后在家庭持续"不讲理"的教育力之下，发展为骄横和自私，那个时候，就有人要为这样的行为吃代价了。

对教育的投入决定未来孩子一生的高度。在投入孩子教育上很多人表现出来的自信其实是一种无知。"无知"不是完全不知道，有一种无知叫作"自以为是"。"不知道什么时候开始，整个社会都在给人们讲述这样一个奋斗努力的故事，告诉所有人你不努力就一定不行，事实上，谁都清楚，当下不努力有多爽！"在教育孩子这件事上，每位家长要付出的总量本质上一样，也就是说，前期过得越省心、越偷懒，后期要付出的代价就越大。通俗一点讲：投资孩子，就是投资自己后半生的幸福。这里可不是说养儿防老，也不是要加重家长的焦虑感。更不是引用这样的论调，让家长更加疯狂地投入到报辅导班、上网课的追求之中。

教育效果呈现具有滞后性，但也具有不可重复性、不可逆反性，这样的特性造成学校与家庭的焦虑。因此，坚定一个信念，最好的家庭教育投入就是：学习，读书。家长和孩子一起的成长才是有希望突破阶层的提升。努力很累，教育孩子很累，陪伴孩子成长很累。重视孩子的教育一定会给你带来不一样的回报。无知的代价最大。

家长和孩子的共同生长。家校合育也有很多特别的节点和事件，像重大节日的亲情情结，就可以作为良好家风教育的植入点。家庭教育也需要提前备课，没有提前的预设，便没有预期的教育效果。例如春节不仅仅是家人团聚热闹祥和的传统佳节，家人和爸爸妈妈坐下来一家人说说知心话，辞旧迎新共同展望新的一年也会有一些话要说。记得爸爸妈妈或者长辈们过年对你说过什么难忘的话？这就是父母家教的高光时刻啊！感受家庭生活中的美好、善良、温情和有爱的事情，认识被管理、被照顾、被约束、被训斥等不愉悦背后人的本意、初衷。回味自己生活空间里的满意、美好、幸福和不乐意等，思考充实的方法和进步的东西。在父母的引领下，看懂社会生活中的美好、善良和并不美好的事情，懂得思考和分辨。

为了孩子的健康成长，每一个教育者都有责任以正确的方式传达真理、善良、敬畏和遵循。当今少年儿童所处的社会环境和时代与往时不同，但人的发展和受教育的基本规律一直没变，每个人都是孩子一生的参与者，不能置身事外，也不可以自以为是。

父母常常会自以为"正确"的误导。

那是七夕节的前一天晚上，爸爸在外面应酬，突然收到女儿的短信："爸爸，明天是七夕节，给我妈买束花呗！"爸爸心领神会马上回信息：好的，你去办，我付费，我知道你是最棒的女儿，相信你去办好。到家后女儿告诉爸爸定了 200 多元一束的，卖花的阿姨给了优惠价 108 元。爸爸建议女儿给妈妈说 68 元。

第二天，爸爸怕妈妈心疼钱，提前发了短信："有时候孩子的做法在我们成人看来可能不那么合适，但不能叫原则性错误，那就不必太计较！孩子自有一代新人的认识和价值观，将来大了还会有更多殊异，我们当父母的要学会——和顺。"立即收到回复短信："你和孩子不会真送我花吧？真烦，因为这事不知说过多少回了，228 元！真得谢谢你们！你该不该做正确的引导？下午你回来去付钱！"

孩子妈妈认为买花是一件花钱求形式、出力不讨好的做法，钱花了就没了，鲜花很快会枯萎，纯属浪费，花同样的钱不如买盆花或者塑料花，时间长，大家都能享受！

孩子不会用金钱衡量心情，甚至简单地认为表示爱的方式就是要在节日送花。

制止孩子用她认为的方式表达，成人的观点好像是对的，但是给孩子的影响可能很负面。她也许会认为，不必追求形式去爱？那将来，她会不会因为有人天天给她送花她不以为然，而喜欢那个天天送地瓜的？也许，她会认为，表达爱要顾及很多，其实每个人都有自己表达爱意的方式，你可以喜欢也可以不喜欢，但不要拒绝甚至打击他人以自己认为正确的方式表达的善意。即使这种方式并不是你所喜欢的，只要没有造成根本性的实质伤害，接受别人的善意就是一种真善。

这件事作为妈妈的观点貌似正确，其实没有站在孩子所处的立场处理问题。智慧的父母宁可浪费金钱也要给孩子正向的影响，而不会斤斤计较为了省钱给孩子留下错误的价值观。

第四节　家校沟通容易走入的若干误区

现代教育倡导家校协同的教育，苏联教育家苏霍姆林斯基曾指出："只有在这样的条件下才能实现和谐的全面的发展，就是两个教育者——学校和家庭，不仅要一致行动，要向儿童提出同样的要求，而且要志同道合，抱着一致的想念，始终从同一的原则出发，无论在教育的目的上，过程上还是手段上，都不要发生分歧。"由此可见，建立沟通在家校

协同过程中起到非常重要的作用。

但是，在实践过程中，家校之间各自的教育条件、环境、方法等方面皆有显著不同，从而导致了不融合、不通畅、不对等这样的情况普遍发生，使家校沟通走入了许多误区，为家校协同的教育造成了困难、干扰甚至破坏。以下是常见的几种误区：

误区一：讨论成绩高低多，沟通成长进步少。家长和老师见面只沟通学习成绩好坏，不沟通成长，认为学习就是为了提高成绩、考上大学；考试是儿童当下最重要的任务；成绩高了就可以赢得未来各种竞争。

解析问题：唯成绩论，唯分数高，这样的沟通前提，在事实上的确迎合了一部分老师和家长的意愿。表面上看是双方话题统一，重点明确，沟通顺畅，而实际上往往忽略了儿童成长最重要身心、心理、道德发展等因素，导致儿童被迫压制各种愿望和想法，只能聚焦学习和成绩提高，心理和行为问题越来越多。即使是成绩优秀的儿童，其责任感、想象力、道德文明乃至社会人的行为规范及人性等均出现很大的欠缺。

误区二：家校认识不均等，目标不一致。一部分教师认为家校沟通的主要目的是让家长服从管理，学校和老师占领导地位，家长要配合学校和老师完成布置的工作，很少询问和倾听家长对教育的看法。许多家长也认为教育是学校和老师的事情，自己只需要将工作做好，把孩子身体照顾好就行了。甚至不少家长认为，家校联系只是一种形式而已，没有实际的意义。于是，教育因此而缺少了完整性。

解析问题：传统教育对家长和教师关系的定位就体现在这种不平等、不一致上，教师是为了树立权威，家长要言听计从。在这种理念指导下，沟通是指令式的，不是双向交流，而是单项告知，以此为出发点的沟通，一方认为理所当然，以说服、训导的方式达成让对方接受意见。一方认为事不关己，把家校沟通归结为一种形式主义，只是象征性做了沟通的行为，内心却不愿深度融入家校沟通之中，，形成了认识上的脱节。

误区三：家校界限不明确，家事、琐事找学校。在这类表现上，有的婆媳不和找到老师，告状、揭短，相互埋怨，对管教孩子的失误推诿指责；有讨账要债打官司的，找到学校要求校方提供所需信息，为一己私利施压教师和校方；有夫妻离异争夺抚养权的，跑到学校要求教师袒护，让学校提供佐证；有孩子在家与家长发生矛盾冲突的，家长给班主任打电话没教育好……

解析问题：当下教育的确在一定范围内存在着"家长越位、老师让位、儿童错位"的问题，本该家庭该做的事却交给校外培训机构，本该孩子做的事却有不少是家长代劳，本该家庭内部解决的问题却硬将教师拉入其中，这样的状态既让教师承受了额外的压力和责任，又使教育无法专一、专注，在混乱的状态中孩子最终也可能会迷失了方向。在教育中最重要的是各自守好自己的站位，老师该管的事情留在学校，家长的责任留在家里。

误区四：家校联系的主动权只在老师，家访不受欢迎，访校成了受训。教师扮演了"独裁"代言人的角色。家校沟通内容片面，一是教师在个别沟通中表达的负面信息占据了绝大多数，自觉回避了对优点的关注，理所当然认为孩子的进步家长一定知道，有必要沟通的应该只是问题和缺点。长久下来，家长产生一种"条件反射"，即接到家访的讯息或约定，立刻联想到孩子出现问题了。二是教师反映问题时往往只陈述现象，过于强调情况发生过程，类似语言常见"他最近又退步了，上课总是说话、做小动作""他近几天总是跟同学闹别扭，特别不听话"等等。家访成了教师向家长告状，导致很多情况下都是老师在家长面前讲话，家长多半是被动地听。这样的沟通往往会以家长对孩子的责骂或访后惩罚告终，不但问题得不到本质上的改善，还容易导致孩子记恨老师，家庭排斥家访，甚至会放弃配合，丧失沟通信心，对教师的评价也会随之降低。

解析问题：家长不是教师的教育对象，家长是教师、学校的教育伙伴，家长在其子女的教育过程中与教师具有完全平等的伙伴关系，家校沟通也只能以这种平等的伙伴关系才能达到理想的目的。教师要端正态度，考虑家长对问题的可接受性，不要把自己和家长的关系看成雇佣和被雇佣的关系，更不要把家长推到自己的对立面去。

误区五：违背教育发展和儿童成长的规律，轻易给儿童"定性"。家校沟通，也不乏这样的情况：儿童偷拿了同学的橡皮，教师告诉家长"这孩子品质太坏了"；一年级儿童家庭作业完成的速度慢，家长告诉老师"我这孩子是慢性子，做事拖拖拉拉的，怎么催也催不动"；儿童学习成绩不高，体育方面却挺好，教师告诉家长："你的孩子以后只能考体育生了，你最好提前给他计划一下吧"。

解析问题：这样的沟通里，用一个事例、一个表现、一个问题、一个点去概括儿童各方面的发展与变化，给儿童做性格、品德、职业、人生等"定性"，看似是抓住了"关键点"，其实也是"一叶障目不见泰山"的典型体现。定性者从主观上放大了问题的影响，忽略了这些问题在人生发展轴线上的有限长度。反而这种定性，最容易造成对儿童的误解、误导甚至伤害，造成更加持久的负面影响。

误区六：互相质疑教育能力，放大失误，加深质疑。有的教师十分关注家长的学历、职业、职位、家庭条件等，并以此来评价和定性家长的教育能力，如了解到儿童家长是个体户、清洁工、小学学历、普通工人等，就认为他们不能提供给儿童优秀的家庭教育，这样家庭里很难有优秀的儿童，于是在评价上以印象代入，不能理性交流。也有的家长十分关注教师的资历、学历、经历、性格、专业背景等，并以此来评价和定性教师的教育能力，如了解到教师毕业于非 211 或 985 大学、刚刚参加工作、第一次当班主任、上一届成绩一般、平时不苟言笑等，就认为他们不可能成为优秀的教育者，孩子遇上后是一种吃亏或倒霉，与老师交流时不屑一顾、甚至盛气凌人，遇到老师言行失误，立刻认定其品行不佳、能力不行。

解析问题："人不可貌相，海水不可斗量"，对待儿童，我们要抛弃"轻易定性"的观念，家长和老师之间沟通时，对待彼此也应当遵循这一原则。教育因不同的条件和背景而发生差异，但不是因此决定了人的优劣，家校沟通，老师和家长双方应相互信任和尊重，营造合力。老师也是普通人，不能把教师当做万能的圣贤。是普通人，就有平凡的喜怒哀乐，就有情绪不高甚至失言、失误、犯错的时候。在出现这些情况时，家长要明确并相信，绝大多数教师所有的言行是不以伤害为目的的，绝大多数教师的状态是不断学习、不断成长的，教师对家长亦然。只有彼此尊重，并且营造尊重的环境，才是教育该有的氛围，才能创造优质的教育条件。

家校之间，沟通是汇集力量的过程。家校之间，要建立畅通的沟通渠道，进行平等的、积极的沟通，双方都要改变理念和思维方法，耐心倾听和理解对方。学校教育需要家庭来巩固和延伸，家庭教育需要学校来验证和矫正，少一些沟通的误区，就多一分协同育人的成就。因此双方必须携起手来，共同面对。

第五节　非常情况下的家庭生活

疫情来临的时候，校园在社区里，家庭就成了课堂。居家学习成为常态，家长既是家长又是班主任、导师甚至是一个人的校长，一方面负责监督线上课堂，一方面照顾线下生活，既管家又育儿，仿佛一下子回到了农耕文明。

"小神兽"的称谓暗含着许多家长莫名的焦虑、无奈和对教育助力的"盼望"。"家庭生活和教育"这张命题试卷，忽然间就这样现实地摆在了我们面前，有的人游刃有余、淡定自若，有的还沉溺于短暂的悠闲不能自拔、手足无措，更多的还有对自己忽然间掌握了全方位教育的权杖感到储备不足、急需充电、渴望有人与你携手同行。

一、非常时期居家学习的背景和现实意义

"非常时期"，百年不遇的重大突发公共卫生事件，"生命安全"成为每一个人和国家社会的头等大事，造成了人们工作、学习与生活规律的大变化，也可能带来社会发展的大

转型。

起初，它引起了一定程度的社会恐慌，后来，国家行之有效的组织激发了全社会战疫的斗志和力量；生活物资、学习资料的通常渠道阻塞迟滞，新的途径新业态逆生长；一些生命猝然离去，突然人人都可能面对与亲人朋友的生死告别，逆行英雄的涌现、火神山、雷神山等战役工程奇迹，三万多名医护工作队伍驰援湖北的强大动员力。

这个"非常时期"，带来的冲击迅速抵达世界一百多个国家，动荡人们的认知，刷洗着明天的日历。对于学校教育，被隔离在复工复产之后最后出境的一个战区，战备与战时交互的处境，使整个体系也在焦虑之中。怎样做好停课不停学，科学做好居家学习，教育部提出"停课不停教 停课不停学"的明确要求，"上网课""老师直播"，对于教师，我们这个角色不能缺位啊！对儿童，"不停学"，生命不息学习不止、成长不停，这是对所有老师、家长、儿童的动员。不停学的要求把学习的范畴捅出来一片新的蓝天，向生活要学习的资源、从时事中提炼学习资源，因为非常时期也平常，"生活就是教育，就是教材"，"教育反哺生活"。

二、"网课""直播教学"占位线上教学，补位教育的空白

空中课堂、心理疏导、防疫宣教，从学校到家庭我们都行动起来了。手机、平板、电脑、智能电视各种武器都上阵，听直播，看回放，上微课，完成线上作业，无接触升旗仪式，网上主题班会以及颁发电子奖状等，居家学习规定动作和自选动作异常丰富。家庭成员难得的"长相守"，家庭关系密切交往，围着爱人、老人，陪着宠物，看着孩子，不少人还有了幸福感飙升的感觉。其实，谁不喜欢居家呢？小神兽们最不喜欢。孩子天性喜动不喜静，限制自由最可恶。

孩子的成长决定于家长和家庭教育的认识，对吗？

不对。儿童特点可塑性强，就像向日葵一样，家庭教育、学校教育、社会教育，谁的吸引力强，就被谁所影响。学校教育薄弱而家庭教育有力的时候，其实是一种"此消彼不长"的现象。

家长有"家长规"：

1. *陪伴最重要*。小学阶段最优越的家庭环境不是殷实的物质条件，也不是可以借力丰富的资源，甚至家长的懂教育都不是最有用的支援，最好的教育是给孩子稳定而温暖的家庭环境，父母良好的关系，对孩子亲情陪伴，都是孩子成长最好的家庭力量。

2. *对老师的正确理解*。孩子在学校里遇到的困难、困扰甚至受到委屈，都会成为孩子在父母面前撒娇要支持的理由。正确引导孩子理性看待教师的影响，不在简单的对错是

非判断，学会"理解"万岁。

3. **耐心**。每一个孩子是不同的个体，有的在小学阶段发展得慢一些，或者在一些方面晚一些，都是正常的生命现象。就像我们的大部分都是普通人一样，大部分孩子在智力发展上也都是普通的大多数。这是规律，但不是成功学。不要奢望自己的孩子一下子就成为"不一样的烟火"。

实话施说：

"父母爱自己的子女，喜欢给他吃肥美的食物，穿温厚的衣服。这固然不错，子女身体上的要求，父母能使他们满足，不能说这并不是爱。但是能够给子女以教育，更是深沉强烈的爱，因为饱了他们心灵的饥饿，暖了他们心灵的寒冷了。"

建设团结起来一起面向未来教育的群体。习主席指出，办好教育事业，家庭、学校、政府、社会都有责任。家校社会牵手与链接、陪伴、共建共享、共同成长。交接、交心、交融——家庭学校社会教育的一致性实施，实现家校同频规划，促进孩子健康成长。

第七章 非常学校文化

第一节 小燕衔泥筑文化

学校新建像在一张白纸上涂鸦，作为学校的第一画手面临着两种选择——大笔一挥随意写就还是精心构图工笔细描。我相信学校文化自己长出来，是"人"的文化，墙壁空空但不可以随性覆盖，长廊绕绕当需师生真情流露。学校文化的创作者不是校长而是师生，更不是一下子刷标语、满墙贴，而是捕捉端倪、渐续养成的过程。两方面的领导没有过度定调，留给实践者徐徐图来，这是学校文化建设的幸运，否则领导出题我等怎能不认真应试？学校文化建设就像燕子垒窝，师生"苟日新，日日新，又日新"接续传承，积淀下去，逐渐浮上水面，进而凝固成教育、环境、人文、历史等多种元素交融并存的综合体。

小学直观教育为主要形式的要求，决定了环境文化创造的有意为之、形式再造。营造环境首先要明确为育人而造，其次要为儿童所欣赏，内涵与载体渐积渐丰，创作者要有雕琢的工匠精神等等，拒绝"眼球"工程，小心以"成人之心"度未成年人之心。

一、色亮丽，音缭绕

小学生的活泼向上，最常见的一种是体现在对明亮色彩的喜爱。例如宣传栏选用红黄蓝鲜亮色调，造型卡通不呆板。网上购买的 20 面校园大风车置于喷泉前，风动叶转，泉水奔流，彰显小学生天性的灵动。学校建筑为镂空见长，连廊百米透视亮堂，花草绕柱画作满墙，展示出自然和谐的生态美、师生原创的自然美，以及处处可见诗词歌赋等传统文化的格调美。

校园的活泼，不仅是有静态的文化，心理学音乐疗法理论提示我们，动听的音乐、清婉的歌声，对人的内心是一种熏陶与感染。因此，学校组织教师精选课前、课间、午间、午后主题音乐，营造家园温馨的感觉。利用早午课前十分钟，自主学唱童谣儿歌，打造了"不用老师教的音乐课"。儿童日日听、天天练，自然学会了《大中国》《中华孝道》《国家》等 50 余首经典或流行歌曲。

二、亲时代，重传承

学校教育既提倡弘扬与传承优秀传统文化，又倡导接轨现代文明、社会发展。为此，学校将古诗古训、名家名言、励志雅文等优秀传统文化集中规划，结合小学生日常行为习

惯养成与少先队队员作风要求等内容，散播文化于楼间、教室、走廊、绿地等地方，潜移默化教育人、熏陶人。楼层号与古诗句相结合，儿童化的文明提示与功能室相结合，儿童创意作品与教室文化结合，校园景观与励志雅文相结合，构建具有鲜明风格的标志文化、墙壁文化、办公室文化，让校园空间发挥最大育人效应。

注重载体创设，减少使用 KT 板、墙面贴等"一次性文化"，创造性搭建展示载体，以网格、软木、布料等利于维护的材料作底，做到有展有收，能换能新，助力校园实现文化传承和积累。

三、人为本，共生长

文化的美，也体现在师生语言、思想、行为的进步与美。学校坚持把以人为本作为文化提质的根基，处处彰显人文与理性，以美生美，美美与共，促进师生共同生长。管理层倡导教师主动宣传，提炼思想，以学做美篇的形式培养审美、表现优美，"人人一美篇 人人美一篇"，通过一次次精心雕琢，整体提升教师对人、对事、对思想的品味。学校立足"自然生长 生命成长"的构想，专设 40 个生长箱，50 多种种植作物，组织学生参与课程建设，持续播种、护植、观察、记录、分享，在体验呵护的过程中培养自我审视的视角，内化思想与生命的美。生长课程成为校园最有价值的特色课程和文化景观。学校改革课间操，引入深受儿童喜爱的《生长吧》韵律操，师生齐动，既满足了小学生对肢体动作技巧的愿望，又弥补了原有广播操乐感单调的不足。

四、课程文化添异彩

怀特海认为小学、中学、大学三个阶段应该分别属于浪漫期、精密期、展望期。这有点像受教育的节奏。小学阶段叫做浪漫期。这时候孩子充满想象力、好奇心以及敏感度，所以要多给他们一些空间，让他们多看一些卡通、童话、漫画，刺激他们的想象，让他们过得自由自在。这个阶段的教育只有两个重点：一个是体育，一个是音乐。体育让他们身体健康，音乐让他们心灵和谐。这种观点跟古希腊时代柏拉图所说的非常类似。

孩子是天生的艺术家，保护艺术兴趣，培养适合才艺，有利于形成健全人格。艺术是人类可以用来消化自己的有害气体、呼吸生命之自由的方便之门，小朋友学习掌握这种最适合表达情绪的工具，能在小学阶段开始最好。艺术的直观，不单纯是与生俱来的天分，先天禀赋加上后天的学习，就能成就一个人健康和谐的艺术素养，一生安乐。

艺术教育，以文学、音乐、美术等为艺术手段和内容的审美教育活动。美育的重要组成部分。任务是培养审美观念、鉴赏能力和创作能力。以培养鉴赏能力为主，创作能力为

辅，使受教育者在欣赏优秀艺术品的实践中学习审美知识，形成审美能力。傅作义将军有一段教育感言："小学多重美育，发展其健硕纯善之身心；初中着重生活，启迪其做事做人之认识；而高中则以不窒碍文科天才之进取，约略侧重理科为原则。盱衡国势，不得不然。"

音乐体育美术学科，在学校里被称作小科、副科。小科有小儿科的意思，副科与主课的主要相比较而言，重要性被降低，位置被轻视。

音体美等学科实际上是为孩子生命增长亮色的光彩的学科。就一所学校而言，音体美等学科在教师专业发展中往往"人气效应"不足，接受统一指导的机会不多。面对这样的现状，如何助推音体美学科教师专业发展？

将音体美学科教师"并联"组成多学科研训共同体，采取观摩、沙龙、论坛、展评等方式，统一安排时间、地点、人员、主题、步骤组织系列研训活动。这样能减少学科"独来独往"的随意性，拓宽音体美教师专业发展的受益面。在学科服务"串联"中整合资源。相对于"主科"，音体美学科存在因教师人数少而教研方式单一的窘境。为此，可以通过建立教研服务组织的纵向联系，在本学科教研服务"串联"中统合资源，提高学科研训的综合效益。"串联"增进了学科教研人员与学科专兼任教师的联络。就研训过程与成效而言，"串联"统合有助于教研重心下移，研训资源精准利用；有助于专家型教师直接参与校本教研，引导课程校本化实施，提高"备—教—学—评"的整合效益。

棋类课程是静的课程，就像巍巍泰山矗立在那里，他什么都不说，人们要抬起头仰望，俯下身子膜拜；棋类课程是动的课程，他岿然不动，却有无穷无尽的力量朝向远方，那擎天倒海的气势，使人不敢亵玩焉。中国象棋两人对弈，多人观战，易于安排；中国象棋有着悠久的历史，承扬着楚汉争雄的历史典故、排兵布阵攻城拔寨古代军事思想，既是优秀传统文化的载体，又是娱乐健身的传统体育项目，既修身又养性。

学校提出崇文尚武的办学理念，就是希望所有儿童都能找到适合自己的体育运动爱好，坚持锻炼，坚强精神强健体魄，实现身心和谐发展。举办中国象棋比赛，一是以比赛促进象棋课程质量提高，发展中国象棋等课程文化，为培育"生动成长，向上向善"学校文化厚植传统文化基因。二是继续加强研究和部署，通过开设各类传统文化课程，进一步丰富课余生活，也是希望同学们在传统体育项目的竞技中体会到智力运动的妙处，动中取静，静定生慧，为更多儿童的特色发展和个性化成长搭建坚实的平台。通过这些活动拉近了校长与儿童之间的距离，营造了平等、宽松的氛围，接近于儿童的内心，这正体现了"教育就是服务业，儿童就是我们服务的对象，推进新课程改革首先必须构建和谐平等的师生关系"这一办学理念。作为校长带头实践这一理念，为学校广大教师树立良好师生关

系的榜样。

音体美学科教师"联训"有利于实现教师间、教师与教研团队间、不同学科教研团队间连接互通、相互促进，实现了教研效能的最大化。当然，面对学科教研资源不充分不均衡与日益增长的教师专业发展需求之间的矛盾，音体美学科教师"联训"还需要进一步通过主题教研、专项培训等提升专业化程度，多维度、多渠道为音体美教师专业成长搭建平台。

第二节　文化建设得法但无定法

一、号准脉，开对方

学校文化是一种有意安排或特意引导而形成的文化，它对生活和工作于其中的人，尤其对儿童个性和品德的陶冶具有巨大的作用。校风的影响更为明显。校风是学校中物质文化、制度文化、精神文化的统一体，是经过长期实践形成的。校风一旦形成往往代代相传，具有不易消散的特点，良好的校风对师生能起到潜移默化的影响。

二、委托于你

学校的灵魂是什么？文化；学校的文化又是什么呢？那些人、那些物、那些事、那些活动、那些声音……都是文化的元素。这是我的一个基本的判断。"一花一世界，一叶一菩提。"道是如此，文化亦是。一棵树、一句话、一个标识、一个动作、一门课程……都是文化的表达和外显。其实，文化是内生的，是开放的，也是内聚的。当校园特色文化将师生从粗糙的生活中挣脱出来，从自我的设限中解放出来，走向高雅、精致、优美时，文化就实现了自我的涅槃与超越。

三、一口吞还是慢慢嚼

校园特色文化建设开始于"文化自觉"。费孝通认为："'文化自觉'就是生活在一定文化中的人对其文化有'自知之明'，明白它的来历、形成的过程，所具有的特色和它的发展的趋向。"每一所学校都或高或低或厚或薄或优或劣地存有文化。唤醒、甄别、抉择、优化，是我们义不容辞的责任与使命。办有根的教育，让每个人有文化的归属感。这就是

学校文化的终极关怀和根本理想。校园特色文化建设，当然也得经过"清洗""磨炼"的过程，"洗练"出校园文化建设的"意义"，"洗练"出校园文化生活的"深刻"，"洗练"出校园中人的气质、物的价值、事的趣味。

四、知微见著与宏大叙事

在校园文化细节上下功夫，一是以儿童视角，贴近儿童生活，做好设计和选材。作为建设者应该围绕学校核心办学理念用心琢磨，反复研究。二是使用的素材应该是鲜活的，富有美感的，能吸引儿童的。三是注重因地制宜，突出校本和地方特色，植入泰山文化等元素。如北教学楼一楼东西楼梯间可以设计建设图书角或者英语角等。北教学楼原来的西墙可以根据圆形窗户等特征彩绘等。班级文化长廊，在形状和材质上再进行持续的改进，展现儿童动手动脑的成果。

面向儿童的学校特色文化建设，需要一种"大教育"的情怀，需要从学科本位走向课程引领。这样的课程文化，是科学与人文的整合，超越了知识本位和学科中心，师生一起亲历、体验、探索和创造，以人的发展和自我实现为最终目的，具备弹性的、动态的、开放的、鲜活的特征。

第三节　关联万物的大文化格局

协作办学为什么选择了北实小？

泰安市实验学校隶属于市教育局管理，老百姓随口叫的"北实小"，称得上本地的资深"名优特"。60年代建校时，从后来被称作"南实小"分流出来一部分老师和儿童组建的新校，毗邻原市委市政府办公楼及宿舍，为方便众多机关事业单位职工子女入学，布局在距离岱庙二三百米之遥的黄金地段。改革开放之后，省级实验学校、教育实验等机缘尽致、政策红利尽享，后人事管理制度改革、课堂教学改革等办学改革实践领先，成长起优秀教师队伍和干部人才，加之社会各界厚爱青睐，尽享雨水之利，得天时地利人和，成为名校。因协作办学之故，派出支教之事落地泰安高新区，大约如同一场意外之恋。这种结缘，以"市直对区直，名校援新校，公办助公办"的创意，落子时豪气万千，意图在促进义务教育均衡发展进行一次创新实验。看起来又像是几方的交换，交换各自的价值。

表面上，新校的启用，似乎是北实小对新校的权威接管、新学校与新家长的一次亲密

磨合、携手启程，像极了一次甜蜜的新婚之旅。北实小组建支教团队斗志满满、信心百倍，高新区社会事业局积极对接、指导筹建，各种扑面而来的拍手叫好和家长络绎不绝的访校问询，如同给这段新旅程燃放的希望礼花，给人增添了无比美好的联想和期待。

然而，在实际航行中，我们更发现在这片充满希望的新地域，也仍然存在着各种不期而遇的挑战和困难。新理念新文化与旧思想旧习惯的对立，新招入师生与分流借调师生的融合，老经验老做法在新区域新环境的适用，这一个个直抵决心、关乎信心、影响发展的现实课题，考验着新团队的领导力、战斗力和创造力。

学校首年启用时，教师配备一部分来源于高新区统一招考，一部分来自区内其他学校分流借调，教师能力水平参差不齐。特别是对于十几名分流过来的教师，并非全部都是业务骨干。据了解，有的教师在原单位工作态度不积极，长期慵懒懈怠、不思进取；有的脾气刚烈，个性强，不合群，顶撞领导、抵触工作的事时有发生；有的业务水平不高，观念陈旧，对待工作如同混饭吃。这样一部分老师，面对新环境、新领导、新思路、新举措不愿"履新"，在新岗位上度过一段"隐蔽期"，迅速回到以往的自由散漫状态。有的私建小群发泄情绪，有时一人不满合伙质问，有的以叫板校长不服评价证明自己，有时明里服从暗地里拖延应付，在常规教学工作中，有的对待家长和儿童依然惯用颐指气使拒人千里之外的冷漠方式机械处理家校关系，引起家长不满，甚至有的家长质疑教师能力投诉学校使用教师不当。这些，如同一张张理想遭遇现实的考卷，一个接一个摆在支教团队的面前，一个都不少，一个都不简单——

如果不能巩固信任，家长和社会最初的期待将会异化为不满；

校长为首的管理层如果给人以三年会走五年会交给高新区的猜测，军心不稳，威信不牢，逐渐失去管理的合法性；

教师群体融合时间不够长，心难安、思不同，职业要求尚不能全员达标，走向专业化、团队化更需假以时日。

危中有机，乱中有局，作为校长，要做学校管理"道"和"术"的思考：

一边是渴望融入、期待成长、唯愿人生选择正确、追求职业幸福的青年教师，一边是沉溺现状、不思改变、自我感觉良好，甚至暗行党同伐异的个性教师，孰重孰非，怎样既有统一步伐又有个性张扬？

一边是希望孩子步入好学校、遇上好老师、发生真成长的"挑剔"家长，一边是观望不语、试看北实小到底为何有名、能有怎样施展的教育同行，内忧外患，经不得一点儿错判和失误；

一边是自主招生、从头培养的新招儿童，一边是半路接手、成绩和习惯问题重重的"分流"、插班儿童，孰重孰轻，不分亲生后养，如何让老师们一碗水端平，持久以爱心待

儿童、以公正对家长？

　　让儿童对新学校产生亲密的归属感，由陌生到喜欢，才算成功。

　　解决教师对教育管理差异的认识偏差，由消极至上进，才叫成功。

　　给学校发展源源不断注入文化认同和信念动力，才可能成功。

　　这些思考，并非口号，而实在是一直萦绕在心头的难题，更迫使我们支教团队一贯战战兢兢，恐怕意外犯下颠覆性错误。在治理学校过程中，以求实务虚"双响炮"打法发力，赢得人心，造成了力争上游、生机勃勃的局面。

第四节　从复制到重构——课改文化在这里生长

　　泰安市实验学校脱胎于另一所同城百年名校，2004 年与市直一所完全中学合并，90 年代就被确定为省级重点实验学校。特殊的发展历史和多学段办学结构造就了融合多元的办学文化。2012 年初学校开始推行"思维碰撞"课堂改革，"在教学文化重构方面进行了有益尝试"，经验总结获得国家级教学成果二等奖，学习借鉴的学校、同行涉及省内外多地，出现了数位具有全国影响的名师和专家。

　　实验学校在高新区办一所新学校，成熟的办学思想和实践经验拿来可用，此谓近水楼台的优势；同时管理同频、教研同步、专家骨干资源同享的协作办学实践，使学校健康迅速发展起来。但学校文化需要适合的土壤播下合适的种子，在师生共同创造下慢慢长成自己的文化。文化是整体的系统的全面的文化，需要在足够的时空中弥漫延伸，像空气一样自然而然地在这里。但，不妨碍有些文化的内容超前成熟，比如课改文化。

　　对于万境这所新建学校，谈教学改革是糊弄人的，任何教学实践的开始应是调研基础上的量体定衣，不论泰安市实验学校的课改，还是万境教育教学秩序的初构，"具体问题具体分析和一切从实际出发"的方法论是教育要遵循的。所以，作为课堂改革的亲历者之一，如何将课改经验与课改精神在万境落地生根，一味复制是不行的，学校文化、教师队伍、儿童差异等各方面的不同，需要我们审视、习得而后重构，否则南橘北枳。在办学实践中学习借鉴了来自以下方面的经验：

一、学习决策者推进课堂教学改革的勇气，让教育研究成为一种文化自觉

教学理念是人们对教学和学习活动内在规律认识的集中体现，是教师对教学活动的看法和持有的基本态度和观念，是从事教学活动的信念。改革的成败取决于其中的"人"做什么和想什么。学校课堂教学改革如果不彻底地质疑、挑战或替代课堂教学中原有的价值、观念、思想，就必然导致新改革只是适应旧规范，"穿新鞋，走老路"，使改革流于形式，甚至失败。

由于泰安市实验学校是一所城市优势学校，是传统意义上"挤破头"的"好学校"，优质学校搞改革，风险比薄弱学校会更大。在这种情况下，人们喜欢选择"固守"而不是"改革"。传统观念的顽固性让很多管理者望而生畏，人之本性中固有的懒惰让很多人本能地拒斥改革。改革刚刚起步，不同的声音就出现了，指责、质疑声不断："简直是没事找事。""教学成绩已经很高了，改好了也不是课改的功劳，失败了责任谁也负不起。""学校已经得到泰城人民认可，不要瞎折腾。""班额太大，无法课改。""教师工作量太大，课堂改造适合小班化。"

开弓没有回头箭，长征之路永向前。领导班子在前面引领：我们不仅能做，而且做得更好；不照抄搬运，必须创新和超越；不走颠覆之路，借鉴已有的经验，走优化组合之路。

任何对固有利益的破除都是改革，而改革需要决心和勇气。教学方式的变革分为内源性变革和外源性变革。实验学校的变革外源性因素居多。主导性的、自在性强的教学方式处于优势地位。改革的初始阶段以行政化驱动促使教师改变角色定位，然后通过改革所带来的实际变化，以及师生关系等成果引领走向文化自觉，经过数年的探索改变教师教学行为方式，建立起新的更加健康的课堂教儿童态。提出"思维碰撞"课堂改革，是一种以问题发现为资源，以思维对话为载体，以交互反馈为保障，以能力评价为机制，旨在培养儿童批判性思维和独立思考能力的教学改进，目标是为儿童建设一段健康、科学、积极有为的义务教育生涯。"思维碰撞"课堂主张从"贮存"到"产出"的学习理念，以学习成果产出导向的教学，强调儿童在搜集、探究、展示、反馈中获得学习"成果"，体验到习得的成就感，达到建构知识、启迪思维、提升智慧、养育人格的目的。

最初的教学理念重构引发老师们的极大不适应，有的老师说："不让用过去的教法，课都不会上了。"有的老师说"我的上课任务完不成了，好痛苦！"有的老师说"不能用原来的教案，改用学业纸，忙死了，累死了！"

随后，因为教学成绩没有得到明显改善引发家长（社会层面）的质疑，其中部分儿童成为课改的未获利者，他们提出反对的声音一段时间十分强大，以至于影响了学校改革者的策略调整，加大了学业纸设计使用的量，加强儿童应试能力培养等。以语文教学为例，思维碰撞课堂理念的实践活跃了课堂，课堂学习自由度的提升，优秀儿童或者善于表现的儿童如鱼得水，教师认为"表演性的活动"属于语文"学科性的活动"，热闹中有思维成果展现，展示性课堂能够呈现丰富的评点素材，这一点深受研究者们的喜欢，学校课改案例被广泛分享，不同的人都能有所斩获。一些教师因为搭乘课改专列走向成长的快车道，学校专门设立课改奖项，整个学校改革热度沸腾，在最鼎盛时期，华师大的知名教授团队亲临学校为课改题写"大道至简"的评价，不知道她老人家是提醒还是点评，但是从此事件之后，由于主管部门的忽略和点评，对于办学质量下降的质疑一浪高过一浪，可以说逐渐进入后课改时代的至暗时刻。

改革给了万境创立品牌的可用之策，也给了我们少走弯路的可鉴之镜。在万境，我主要提出树立正确的儿童观、课堂教学观、课程观和育人观。

育人观：对儿童的培育，需要从多个方面去落脚。首先，育人的主体是教师，要给教师一个正确的导向，让教育的过程多一些科学理念，多一些规范约束。我一直倡导"让每一个孩子享受平等的教育"这一育人思想，追求"成长共有 舞台共享"的教育格局，这是有原因的。当前，不少教师仍习惯于凭印象、借成绩、以固有的价值评价标准来给儿童定优劣、定好恶，具有这样一种思维定性的老师，往往就轻易给儿童贴上了黑标签。比如把调皮的、有习惯顽疾的甚至有身心缺陷问题的，当做自己教育的负担、累赘、班级的倒霉。有位老师因为长期管理不得法，放任某个儿童的行为，在经历了许多次师生冲突后，向我哭诉孩子给带来的种种压力，意图达到让儿童换班或转学等结果。有的老师习惯于旧经验，凡事只选优秀的，搁置落后的，逐渐形成了"好"的儿童有舞台，撑台面；"不好的"儿童靠后站，当观众。有的教师长期以成绩判定人，对儿童的评价仅停留于测验、考试的成绩方面，忽视了提供多元评价途径，让儿童感受激励和成长。类似这样的例子一直都有，而它带给我们的启示是，"不平等"的教育观，撕裂了教育平等的法律威严，扭曲了义务教育的根本准则。因此，我要给教师一个鲜明的育人准则，确立了"崇尚科学 崇德尚善 崇文尚武"的办学理念，把"生动生长 向上向善"作为校训，把"行远必自迩 登高必自卑"作为行为指南，让育人的导向更具体、更清晰。

育人，也要考虑环境文化的教育力。我们始终坚信文化的生成，是一个需要厚积慢养的过程。学校要坚持基于育人需求、基于儿童个性的校园文化建设，追求文化内涵的渐积渐丰，重视成熟文化的雕琢过程，没有必要大搞"眼球"工程、成人化商业化建造。因为

学校文化是环境文化、人本文化等多种元素交融并存的综合体，它本就是因育人而生，因育人而成。一味求快、求新、求满、求眼前一亮的文化建设，如果不是基于为儿童的成长服务，为育人质量的提升服务，其生成与传承都是问题。在以往的办学实践中，学校的文化雏形大多依托于广告文化公司的整体包装，商业化制造的痕迹浓重，既有产品的复制频率高，而学校往往也没有投入很高的精力去挖掘和提炼，基本满足于一步到位的包装形式，忽略了自有文化的创设，淡化了校园文化的深度与层次，缺失了对教育氛围的深入研究。所以，在育人环境的打造上，我们提出了让校园文化的塑造原生于"育人需求"和"审美追求"。一是以全员参与的文化构成代替个体包揽的文化包装，让儿童的艺术、文学作品上板、上墙，处处生成自我群体的自信。让教师的美术、书法、墙绘、文学作品穿插亮相，让教师的形象光鲜起来，营造教师就是榜样的氛围，让教师也体会共建文化的成就感。二是以更高的审美标准和创造性思维营造有深度、可持续的文化氛围。所有的楼号均源于含有数字的诗词，所有的诗词都有相应的景观解读，所有的温馨提示、环境说明均有诗文佳句烘托意境，儿童以此为启发，创作诗歌，解读诗词，构想情境，提高了审美的高度和文化的厚度，使育人的环境更加宜人。

儿童观：孔子提倡"有教无类"，儿童都是平等的，给儿童适合的教育，他总会超出我们对他原有的能力认识。我们建校时接纳的首批儿童曾被寄于了厚望，却不是应所有人的期望而来。原来，除了自主新招第一届一年级新生，其他的近200名二三年级儿童，都是为解决原学校大班额问题而分流过来的。这种分，却不是平等的分。他们中的绝大部分都是在原班级成绩后十名的儿童，被劝导，被说服，他们最终离开了原来的班级，加入了"分流"的群体中。传言说，来的都是"差生"，来的都是人家不要的儿童。但是，我们认识到，他们都是带着希望而来，我们更应给予充分的信任。作为校长，我率先加入了"分流"组建班级的教师队伍，与其他新入职同事共同肩负起了启迪儿童、激发学志的重任。以教学的活力衍射学习的活力，让儿童感受到师情的温暖，教育的包容，从而淡化儿童的陌生感、距离感，让他们重新感受到学习的快乐，校园的欢乐。曾经打过老师、骂过家长的家豪等三四个儿童，来到半年彻底改掉骂人打架的陋习，既担当班级节目主持人，又加入了学校足球队等，让人刮目相看。曾经因落后而沉默、失落的志远、平安等十多人，在课堂上逐渐打开了话语，新的班级、新的老师让他们萌生了亲切的归属感和接纳力。曾经日常测验20分、50分、70分的大昊等二十多个儿童，经过教师耐心的辅导和指点，自信地步入80分、90分的行列。面对一个个富有朝气的新老教师，儿童在富有人文气息的课堂中重拾自信，学习的热情得到了唤醒，"差别"的长度逐渐缩短，学习的意志与斗志在校园里获得激发，这些儿童于2020年7月顺利毕业。儿童对教师饱含感激，对学校充满留恋，对前途抱有期待，这样的结果，是我们树立平等的儿童观最好的印证。

课程观：在万境，我们着眼于丰富而健全的学科课程体系的建设，首先体现在我们尊重课程设置的科学性，落实课程安排的必要性。始终强调均衡的课程架构，不做有偏向的课程设置导向，让儿童培养全面发展的观念，学校和老师自身首先不偏科，让"像重视语数外一样重视音体美"的观点得到普及。学校所在的高新区，一直以来都有着对语数外的天然偏爱，测验、考试、作业、假期等，一切"占据"的表现都能跟语数外挂钩，形成了"三科一霸天 只求考高分"的局面。儿童因此无论在精神面貌、个性张扬还是在创新实践、研究探索等方面，都表现出与市区学校儿童显著的差距。所以，我们办学决不能让家长和老师都觉得体育课时玩耍，美术课是画画，音乐课是唱歌，这种单一片面的描述本身就贬低了课程本身的价值。我们向家长和老师公开传递课程价值，转换认知：体育是一门关乎生命健康的课程，是最有价值的培养毅力、磨砺品性的课程。美术和音乐都是关于审美艺术的课程，是雕琢修养、提升品位的高级学科。任何一门课程，一定有着它特有的文化厚度和知识深度，让师生、家长正确认识它，是构建完善课程体系的关键。

对课程体系的理解，也催生了我们对活动系列化、课程系列化的研究与实践。学校着眼于儿童个性发展需求，精心打造学科延伸课程。少先队课程，主打升旗、劳动、礼仪、科学、节日体验等为主题的课程建设，以覆盖全体儿童为特征，以系列化、递进式为标准，让儿童在参与中获得深刻感悟和思考。比如，升旗课程，班级集体承担任务，分为仪式前的调查、拟稿、训练，仪式中的宣讲、教育和动员，仪式后的行动、示范和反思，所有儿童既是教育发声者，又是过程体验者，形成了有内涵的课程结构。学校也特别注重发挥设施设备优势，开设三点半课程和社团课程，让教师成为课程开发的主体，让专业人士融入教育的团队，成功开设了足球、网球、游泳、围棋、创客、陶艺、舞蹈等延伸课程，把播种兴趣、普及技能作为根本目标，以艺体、文化课程为导线，为全体师生搭建了体验平台，增强了教师教育创新的内驱力，丰富了儿童课内外文化生活，并用生动的事实佐证了"素质教育＞应试教育"的道理——不但没有耽误学科成绩，反而促成了学校各科成绩在区域内名列前茅的可喜佳绩；不但没有影响教师教学，反而提升了教师职业幸福感和成就感。

课堂教学观：我们并不推崇完全翻转的课堂改造，也不盲目追求单一模式的教学风格。课堂，本身是基于儿童为主体的存在，但凡优质的课堂教学，一定是以生为本，关注学情，立足儿童学习习惯养成和思维品质的提升。与教师在交流中沟通逐步确立儿童立场，强化课堂的人文性和平等文化，随后根据大多数教师的课堂改善情况强调上金课不要上注水课。经历了"原有教师的满堂灌、新教师的无模式—随堂听课观测记录（即时点评

的方式)—教师示范—研讨—课堂再呈现"的教研探索。如果说有什么模式的创造,就是在思维碰撞课堂强调教师学科组教研上抓的实,每周半天无课日研讨雷打不动,以优秀教师陪伴、教师相互陪伴为特点,打造教师成长共进的火车队列,精制"车头带",全员"跑得快"。陪伴,让新老教师充分结合自身发展的需求与状态,及时吸收新理念、新思想,高效转化优秀的经验做法,最快切准课堂教学的规律和标尺,逐步形成适合个人的学科教学风格。坚持三年,教师从不会交流到侃侃而谈,学科教研从聚焦课例到逐渐形成教育主张,陪伴式教研促进了教师队伍整体上的学术水平发展进步。

二、立足于人的教育服务于人的成长,持续改进课程和课堂教学

叶澜教授勉励学校课改要"大道至简"。一项改革只有调动全体教师的积极性,形成事实上的全员参与,才能让各项实践措施行稳致远,教育理念与教学方法融入教师从教行为,逐渐成长为学校文化。

教师的教与儿童的学不是局限在知识的传递上,更多考虑的是提供怎样的机会使儿童增长经验、获得知识、发展情意、完善人格。让儿童在思考中变得高贵而美丽。这样的教育不仅促进了好儿童的发展,更激发了弱势群体的学习热情。让所有儿童在学习共同体中快乐成长。

教师真教研和真课改。实验学校的课改一直是在"顶层设计"的框架下进行的。学校走过了一条"从外表到核心、从非正式到本质"之路,是一步一步探索过来的。学校常规管理的丝丝入扣,让改革任务有布置、有落实,稳步推进。"思维碰撞"课堂的研究与行动,悄然改变了学校的教研文化,老师们进行行动研究的劲头更浓了。教研活动的有效开展,使学校老师的研究工作告别了"散兵游泳"的状态,走上了"团体作战"之路。

任何改革都会有行为改变,被改变总是让人不舒服的。拥护的老师认为:"思维碰撞"课堂上,给儿童留有了足够的个性化空间,让儿童有独特的体验与思考,儿童有质疑的自由、表达的自由以及人格成长的自由。一个有生命自觉的人会说自己的话、真实的话、有创见的话,获得正义以及在自己头脑中进行批判性思维的勇气,获得形成健全个性的能力。

反对的老师发现:那些落落大方、谈兴浓厚的儿童往往早就解决了学习的难题,此时更愿意以"小老师"的姿态去"帮助"落后的同学,这样的成就感不正是青春期孩子所渴望的吗?至于合作能力更像是强者更强弱者更弱的游戏;那百分之二十课堂活跃者喜欢辩论、时刻质疑的儿童,占据了课堂上百分之八十的时间发言,尽情发挥的少数代替了沉

默的大多数；学业纸和思维导图，像是在展现自己得意的创作作品，耍"酷"扮靓竞相绽放……热闹之后的是什么呢？

学校课堂教学改革最大的帮手是谁呢？是校外专家、教师还是家长？家长因为不理解可能要去打市长热线，教师因为不理解可能会消极怠工，校外专家因为对校情理解不透说出来的计策可能没有可行性。

1. **儿童是改革中最重要的同盟军**。最配合学校课程改革的是儿童，儿童是最值得信赖的改革伙伴，这可能是因为改革顺应了儿童的发展需求，引领儿童走向了生命的自觉。儿童的表现既让老师惊喜又让老师害怕，惊喜是因为想不到儿童会展示得如此精彩，甚至超过老师，害怕是因为这样的教学方式老师会时时刻刻面临儿童的挑战，必须做好充分准备。

作为新建学校，怎样快速提升教师专业水平，就像新兵训练一样，要找到一种教研套路，把全体教师的心凝聚起来，教育教学的基本功练扎实，为学校发展提供源源不断的动力资源。围绕课例研讨的形式开展师本校本教研，创新教学管理形式，为教师搭建独立钻研思考、创造的空间和有效合作的平台，催生新型教研文化。

哈佛商学院将最早产生于医学领域的案例研究引入教学领域来培养和教育儿童，每年每位哈佛商学院的儿童都要研究300多个案例，完成一致性群体在场集体专业学习。这种共同研究的方式围绕学习主题解构案例建设新知，大面积提高学习者解决问题的能力，学术研究、实践操作等得到集中高效的训练。教育界，课例研究最早起源于日本，日本的中小学教师从最初的"讲授式教学模式"转变为"理解式教学模式"，不仅促进了教师的专业发展，而且提高了儿童的学习能力，并促使课例研究逐渐在更多国家发展起来。虽然课例研究在国内外不同地区的研究形式和内涵描述各不相同，但其实质基本是一致的，即以教师真实的课堂教学过程作为研究对象，旨在通过合作性研究，化解教学难题，改进教学方式，提高教学质量和重建教学范式。

课例是"原汁原味"的教学，是教师课堂教学"轨迹"的真实反映，是日常课堂教学的例子，通过课例能够真实记录课堂教学的过程。课例是我们课例研究的主要内容和载体，课例研究以观察为手段，以教学问题为对象，以互动对话为特征，以行为改变（教学行为与学习行为）为目的，通过详实记录，在进行课例研究时，围绕课例对一节课的课前、课中和课后做研讨，对教学策略和教学问题进行反思，改善课堂教学中教与学的问题，从而更好地促进儿童的学科能力发展和教师的专业发展。

课例研究易组织、效益高。围绕一节课展开，研究"如何上好一节课"，准确捕捉一节课中出现的教育问题，小切口强聚焦。就像军事研究"不谋一域者不足以谋全局"，聚

焦一两个教学问题，以是否真正促进儿童的真实发展为目标，把握课堂教学规律。

　　万境的老师们是重组后进入学校，面对新秩序、面对全新的教学探索，大家从靠等拖的工作中慢慢走向独立思考、主动担当，走过了抵触—出汗—磨炼—蜕变的成长过程。

　　"万境"基于对改进课堂教学、激发"学志"精神的理解把握，既要培养儿童的求同思维，从起始学段抓牢抓实良好学习习惯培养；更要培养小学生的批判性思维，尊重个体差异、解放儿童的创造力。自始至终追求常规常态课堂教学的高品质，就把培养儿童的批判性思维作为教育与课堂教学的重要目标之一。

　　教研组听课研讨紧盯课堂优质问题的呈现与主题活动的实施，关注教师的问（设计）与答（评价）中思维流量以改善师生课堂中教的行为（高新区教师以往的课堂角色、课堂语言等，现在课堂中教师的环节逻辑，与生对话交流），提升教师自身的思维品质。

　　例：

　　教师："我看看谁坐好了?!"（说这句话之前加上一个气生词"哎"再拖长音）

　　这句话啰嗦的意思不明（小学生听不明白老师是问谁坐好了还是坐好了，或者只是觉得老师情绪不好、要发火了）

　　其次，指令性不强（让谁？做什么？怎么做）。

　　可以说：看看谁坐得正！

　　再换一句：谁安静　谁坐正

　　再换一句：谁坐得正，表扬刘小腾

　　谁安静，表扬赵雅珊……

2. 课堂上儿童思维梯度的呈现

　　这个思维梯度既是课程本身包含的能力的不断上升目标，也包括学段所要实现的思维能力目标，更指课堂中思维的激活——思考的深入——思考成果的可视化呈现。

　　小学数学课学习《带小括号的四则混合运算》，"有小括号的先算小括号内的再算小括号外的"，解决运算顺序的问题有的老师几句话就说完了，其他时间用在做题和订正；有的老师注意教算法又教算理，多了些例题讲解，算理说得清楚也占不了多少时间。数学学习价值最优化选择是让儿童自己探究，先有个从旧知到新知的过程，既完成没有括号的普通四则混合运算，说说算理。随后出具带小括号和不带小括号的混合运算，正常的学习过程会有一些儿童试错，启发儿童针对得出的不同答案的讨论和建议就格外重要了。这个过程说明儿童自己的学优于教师的教，哪怕是简单的一句话告诉儿童就可以完成的事儿。

3. 质疑不能是纯粹的否定，是批判基础上的建设

　　思维碰撞的课堂，往往我们会以质疑对方为手段，儿童乐于指出问题，有时候质疑会

成为批判会。思维品质的提升赖于思维能力的训练，于是我们在集体教研和教师培训中，强调教师课堂引导要注意：引导儿童质疑，这种质疑是有理有据的质疑，"质疑什么——为什么——如何怎样"，并在课堂上反复指导训练。这样的过程，儿童思维可视化，思维品质和道德修养才能都得以提升，课堂教学水准也得以提升。改革的过程，可以是改变自身适应环境，也可以利用环境优化自身。我们的教育和一切教育改革要有一种超越功利的价值取向，卢梭的《爱弥儿》"道德就是对秩序的爱。""哪里有情感和智慧，哪里就有某种道德的秩序。"改革不应该是简单地打乱旧秩序，而应是重塑道德的秩序，通过改和变凝聚更多数人的力量，维护道德的秩序。顶层设计不可能完美，但尊重规律、秉承核心理念不动摇，有为儿童一生奠基的信念，有关照生命成长的意念，决定着我们一切教育行为的价值是有益的，有意义的。努力前行，让教书育人情感更醇厚，让学校教育更有智慧。

第五节　校内冲突制造撕裂学校文化的风险

学校，最有文化的场所；教师，以文化人的"文化人"。每一个人都渴望像鸟儿一样，在安全祥和的环境里自由自在地呼吸。具有健康生态的学校，其特色各不相同，但居其所在应当感受到对生命的自然属性尊重，和谐人文环境的创造，学校文化滋润下的生命个体实现"身、心、灵"的生长。作为管理者应当理解生命的社会属性，在社会运行规律的范畴下行使行政权力，发挥出每个人的最大效能，实现人的系统的健康运行。

然而，教师作为学校主体的生命活动是复杂的，生命趋利避害的私欲与教育的公益性之间存有不可调和的矛盾。管理者与被管理者之间矛盾的爆发，不可避免，可能以偶然或极端的方式，撕裂人际关系，考验着管理者的控制能力，暴露出普通学校生活状态下潜藏着的矛盾和诉求。这类矛盾在专业研究领域统称为"组织冲突"，即组织内部成员之间、成员个人与组织之间、组织中不同团体之间，由于利益上的矛盾或认识上的不一致而造成的彼此抵触、争执或攻击的组织行为。

以教师之间口角引起肢体冲突的突发事件为例。

背景资料：事发学校是一所成立未满三年的新建小学，学校所在区域以支教形式从地区名校引入管理团队，组成领导班子进行委托管理。在校教师一方面源于区域内统一借调，另一方面来自社会招考。本案例中的两个当事人，女中层干部来自支教团队，女教师来自区内学校调入。

事情源起：学校分管工作的女中层干部检查游泳课上课情况，发现某班未按计划上课，立即向该班班主任女教师核实情况并询问原因，发现其已组织儿童放学离校。后又到学校电子备课室继续追问她为什么不按规定组织上课。此时电子备课室里7位老师正开始检查教师备课作业情况，双方在室内发生了口角直至肢体冲突。女教师随后电话告知家属自己被打，女中层也怒气未消，双方被在场教师暂时劝开。

校长谈话劝解：女老师带领其家属进入学校，正遇上准备下班返程的校长。女老师表达说自己被打了，她的家属要找对方理论，校长先把女教师约到办公室询问有没有受伤，简单沟通之后，劝解情绪激动的家属保持冷静，要相信学校会妥善处理，提醒其采取理性方式解决问题。随后校长先后与两位当事人、在场教师分别座谈，初步了解事件经过。

还原事件发生过程：次日上午，技术人员调取学校监控录像。学校领导反复查看后发现视频记录与谈话了解的情况不一致，随后找来所有在场教师再次回忆确认（其中有两人距离当事人最近且一直在进行劝解）。在场教师观看监控视频后，均表示事发突然，没有记清楚。学校也回应冲突双方要求，组织两位当事人分别观看录像，女中层表示反思自己的工作，对被打可以不再追究，对不听劝阻打人的做法自觉进行反省。女老师坚持说只有自己被打，表示继续讨要说法。

结合现场监控录像和在场教师口述，事情基本经过大致是这样的：女中层先走进室内，与女老师小声对话交流，后转身离开，走至门口时与女老师口角升级，双方言语过激，女中层随后挣脱两位在场教师劝阻径直冲到女教师跟前继续理论。后女老师用手中的笔指点女中层面部，女中层抓过笔丢掉，女老师随即一掌打在女中层头部致其趔趄后退，至此言语冲突立即升级为肢体冲突——女中层明显被激怒，不顾身边人劝阻，抓起桌上书本几次抛向女老师，并甩手打了女老师一巴掌。此后，在场教师上前继续劝阻，双方均未再动手，女中层被在现场的老师拉住，劝离。

外部发力持续发酵：女教师家属与弟弟在事发后的几天内多次在校门口出现，向校长表达诉求。校长表态学校将按规定进行处理，家属不应参与要冷静等候结果。女教师家属不顾校方努力调查和调解的事实，向支教学校、上级教育主管部门、派出所等表达诉求要求介入，认为自己是受害方，责任都在对方，学校应尽快处理，后又给出最后时限。因马上面临端午假期，本着息事宁人的态度，学校三名副校长通过各种渠道安抚劝解女教师一方，同时反复做女干部思想工作且进行批评教育，责成其做好当众道歉的准备。校长应女老师个人要求，约定时间与其在办公室进行深谈，分析利害、回应诉求、表明态度、提供建议，女老师对谈话内容表示接受，对学校在端午节后反馈处理意见没有异议，愉快轻松离开办公室。然而不到十分钟转头回来，女教师家属不同意，要求今天必须给出意见，后

在学校大门口其女教师家属拦住校长要求下午四点之前给出意见，否则责任自负云云。

学校坚定站位积极处置：事发后，学校班子几次开会研究，形成共识：其一坚持从维护学校形象、为两位教师以及全体教师负责的态度，不拘于个人情绪，不耽于成见，积极耐心细致地做思想工作，公平公正地回应各方诉求；其二，不因为多方压力和外部干扰而自乱阵脚，以处理问题、解决矛盾、回归秩序为核心，摈弃个人偏见，保持思维定力，积极稳妥推进事情向好的方向发展。

端午节后返校当天下午，学校组织事件发生时所有在场人员，听当事人反省表态。女中层对自己工作沟通方式不对、不顾劝阻用粗暴方式宣泄情绪、未能避免冲突发生对学校造成的不好影响进行了反省，向所有老师表达歉意。在场教师表示希望双方和解，回归正常工作。女老师表示不接受，将继续追究，会议未结束即离场。

班子进一步研究，认为双方均存在违反纪律或师德的问题，应遵照有关工作流程进行处理和做出处分。女老师及其家属表现出对学校和班子不信任，向上级越级反映，提出重新公开道歉、给女干部处分、将女干部调离等要求，事件处理进入僵持状态，学校无力感陡增。

后续处理：事件已在校内陆续传开，在校内"捂"不住的时候，学校积极向上级汇报，取得解决问题的原则性共识：成立工作专班；要求当事双方理性认识和处置，相信学校会实事求是、不会偏袒也不会随意处置。教育广大干部党员有责任和义务维护学校团结、和谐的好局面，对于煽风点火、造谣生事等破坏学校形象和安定的，要求干部和党员同志对于教师中出现违犯社会公德、教师师德以及校规校纪的做坚决斗争；表明学校的底线态度——不管什么原因，在校内工作时出现谩骂、打架等违背师德的行为都是错误的，对于中层干部首先提出批评，这一表态试图安抚激动的一方，有点儿希望以妥协取得和解的意思；支教团队是组织任命的，从校长到管理干部都不是临时工，学校发展离不了严明纪律和严格的管理制度，党员和干部理应维护好，发挥模范带头作用，故意不完成教育教学任务的行为是错误的，提醒不管什么人都不可以超越集体和制度乱作为，所有人不管什么原因，有意见的可以提，可以向校长或者支委会的其他领导提，有事情也可以按照程序逐级反映，但是不允许不负责任地推波助澜或损害学校和教育系统形象。

之后，学校再次组织劝解，并根据劝导情况做出处理意见，在学校党务、政务公示栏公示，明确了双方都有责任，一方是中层干部负有主要责任，按照公务人员处分条例给予警告处分。对另一方当事女老师不做处分，进行谈话教育。针对此事件的发生，再次指出教师之间发生冲突是在工作时间和工作场所，学校作为管理方一直积极处理。而女教师家属作为非单位内人员，自始至终深度干预背后操控，致使学校工作处处被动，几次做好女教师的工作，都被他当面或背后挑起怒火，让一件不大的事情持续发酵。他到处上访：必须在某某时间给结果，否则云云。他肆无忌惮：我是自由职业，有的是时间，我的气出不来，就没完，我不怕，咱们掰掰腕子。散布"把你们几个校长的媳妇叫过来我打上两拳"等等威胁的话。组织他内弟工作时间闯入学校大喊大叫，几次三番地越位指责侮辱学校领导和管理人员。匿名发帖污蔑学校办学不规范等。其妻子在整个事件中变成他的棋子，任其摆布，造成学校工作被动。作为公民应当遵纪守法，应遵循良风良俗，维护社会和谐。作为经营者也应承担社会责任，与人为善，而不是故意制造事端，甚至造谣诬陷，影响社会稳定，制造恶劣影响。女老师作为共产党员，政治意识和政治站位低，他对象当着她的面攻击支部委员会和学校领导，没有任何态度。

女中层干部对该结果没有意见，女老师表示不满意。有的老师表示认同，有的表示虽然并不希望双方因此受到非常严重的处分，但是本次事件对学校产生了一定不良影响，在教师群体中引发了很多议论，如果不尽快解决，将产生更多更坏的影响。学校一开始的价值选择是奔着"大事化小小事化了"的调解原则，后来不得不在各种力量作用下作出处理意见。这个过程反复斟酌，找理找依据，参照公务活动处分条例和教师法等希望双方接受教训，化解矛盾，回归正常工作和生活。

教师冲突对学校组织建设和文化建设的冲击与启示：

学校教师之间发生口角进而造成肢体冲突，表面看起来是个体在处理矛盾上反应不当引起的，再深下去看到因为工作造成的冲突，处置不当偶然发生，继续深究有可能发现矛盾爆发造成的关系紧张，其深层次原因源于学校各种角色产生的心理冲突或文化冲突。

研究认为，组织冲突是一个从知觉到情绪，再到行为的心理演变过程，特别是当组织中不同个体的目标互不兼容、相互干扰时，就会引发冲突。在本案例中，由于介入冲突的个体因各自独自的背景和经历而持有不同的信念和态度，这种"差异化"是造成矛盾激化的重要因素。再者，矛盾冲突的双方缺乏有效沟通的能力或动机，各自容易根据已有的心理定式来解释和预期对方的行为。心理定式是一种先入之见，带有主观性，并伴有一定的情绪色彩，更容易造成误解，引起冲突，交流上的持续不顺畅则会削弱双方做进一步沟通的动机，强化已有的心理定式，加剧冲突。

在本案例中，学校立足事件本身，试图不断打破和纠正双方的心理定式，采取积极干预的冲突管理方式，以此赢得问题的解决和秩序的回归。从组织建设和文化建设的层面，都力图达到正面影响消减负面冲击的最好效果。

处置原则：首先，追求最高价值依然是面向未来和为全体负责，维护团结稳定局面。其次，作为应急处置，首先要控制事态，我们采取相应对策：一是保持对话；二是向上级

积极说明情况；三是做底线思维预警机制。再者，当事态进一步公开化，处置专班就要组成，把危机处置作为教育大家、维护团结、凝聚人心的机遇，主动做工作：一是对当事人双方做耐心细致的工作，教育她们认识到自己错误，渐渐引导到以大局为重的共识上来；二是与双方关系密切的干部群众做思想沟通，既是听取意见建议的过程，又是了解思想动态的过程；三是限制清楚事件的边界，既要就事论事又要跳出成见、偏见的框框，把纪律挺在前面，又把群众工作艺术作为检验领导班子智力水平的标准。

1. *强调高级目标，引导性回避"伤害"定性问题，减少差异分化。* 适当绕开打与被打的感觉伤害认定，突出强调更高级的目标，聚焦对工作问题产生的回顾和思考，聚焦对个人利益与集体利益的比较和反省，提高对共同目标的认同感，尽可能消除目标差异化。

2. *明确规则程序，强化统一领导，策略性普及规则意识。* 在如何进行管理方面，管理思想的古典理论家亨利·法约尔曾提出著名的"14条管理原则"，其中"权利与责任的原则""纪律原则""统一指挥原则""统一领导原则""个人利益服从整体利益的原则"、"公平原则"都是其中的重要内容。学校在事件发生后做出处理，并不是为了简单地实现"立信立威"，警醒另一方的被管理者。加拿大作家格拉德威尔发现那些超牛的人面对很艰难的沟通场景，比如对方情绪激动，根本不听你的，你要做的不是去显示权威掌控局面，而是先了解对方看到的是什么，因势利导发信号，去引导对方把对方带回到一个正常的节奏里。以一种很温和但是坚定的态度，去引导对方，"要先进入到对方的世界，再把他带出来。"显然，在某一个时刻作为管理者，我们的无效沟通一定程度上是造成事件走向另外轨道的因素之一。

这件事情发酵成不得不组织处理和治安处置的时候，已经走向了多方利益最小化的境地。超越规则地谋求单方面利益最大化，本身对于解决问题增添了很多复杂的不确定因素，使得整体利益反而最小化。事实证明，人民内部矛盾在人民内部解决，本着这个原则去努力的话，相关方都可以实现利益最大化。把矛盾上交，制造冲突升级，以及外部势力的干预，类似推波助澜的不明智举措，事实上会把事情搞大搞乱，走向一股洪流裹挟下的失控，最终结果也不过是形成新的平衡。最后，各方回到事情原点看一看，起因与结果看起来模糊，感觉疼痛的大概只剩下那些事件发展过程中鸿毛蟹钳吧。

钱钟书有句话，"天下没有偶然，那不过是化了妆的戴了面具的必然。"此事件虽属偶发，却也有必然。其一，一直有一种心思埋藏在教师心底，即支教团队毕竟是过客，校长也不是绝对管家，基于这样的心理，有的暴露出各种不服气，质疑管理方法，复制过来叫做水土不服；有的公德意识和规则意识淡薄，担心因此而被"穿小鞋儿"；有的缺少必要的敬畏之心，放任情绪破坏已有的道德秩序。一个是教师肢体冲突，一个是教师不完成教

育教学任务，这两个事件冲击了努力营造的崇德尚善的文化环境，造成了学校公共资源的消耗，给一些事件相关人在道德判断、立场选择上以莫大的困扰，甚至有撕裂关系协同与人心凝聚的风险。其二，日常的学校生活中，除了明面的法规和纪律，在管理实践中，还有潜在的处事规则，"干部"代表了治校理事的取向，"班主任"身份能作办学思想和教育理念的发言人。这两种身份的代表，在此次突发事件中的表现，既有偶然性，有背后埋藏已久的个人矛盾，也能够反映出管理与被管理这对关系不可调和的博弈。其三，事情的发展和影响，并没有因为处理意见的公布而乐观地结束。女教师家属深度干预，没有对女老师退一步的劝解，针对女干部和学校领导层各种匿名或口头的举报成为其新的施压方式。另一重要方面，在学校教师群体中，多数人的密切关注，以及从事情发生发展中感受着事件双方的痛苦，管理者被管理者两种群体的情绪表达，加深了把支教团队作为一个"团队"的刻板印象，给学校成长中的活力文化带来威胁，未来一段时间继续挑战着领导者的人格见识和治理水平。

第六节　基于使命与认同的主体文化

"协作"办学的动议来自领导对于区域教育发展的建议，前期五矿地产做了市场调查，选择在市直学校中小学教育口碑最好的学校，这个想法源于他们在湖南长沙的经验。随后，泰安市实验学校怀着一份责任担当应承下来，都是公办学校国有资源，理应为社会发展做一份贡献，作为一所建校近六十年的名校，派出得力骨干凭借先进的教育教学理念和管理经验，做一次管理复制的尝试，最重要的是有公办学校办一所公办学校的政策兜底，双方形成共识，就有了这次办学实践的落地开花。

协作而不是合作。协作有个主次之分，支教团队相较于其他办学形式多了一点帮助者的意思，办学主体对支教团队多了一份客情。这种身份有点像是林黛玉失去双亲住进宁国府，大家看在老太太的面子上很亲，其实没人把她当做贾府的人。坦率地讲，我和我的团队是带着一种市直名校的优越感来的，但是没有把这种优越作为显摆的筹码，而是让普遍存在的自我感觉良好，转化为一种创先争优的意识，和超越常规快速发展的生产力。其实，市直学校大部分领导干部中普遍存在着一种天然的优越意识，不求有功但求无过的保守意识，不思担当不愿突破一味求稳的意识。造成这样的精神状态有客观条件的影响，也有历史文化的浸润，还有干部自身的个性追求差异。其次，既然出来了，就有一种闯一闯的内在需要。干出点特色，拿出点儿经验，这也算得上图名不图利吧。实验学校的实践和研究在哪里，现在有了思维碰撞课堂的刚刚探索，这种获取成功的模式值得学习和肯定。儿童体质提升方面、全员导师制、文明礼仪教育（问好、文明乘车、文明卫生习惯养成教育）、家长委员会、儿童组织、教职工代表会等，好些现成的经验拿来就变成了合作办学的现代管理制度。再者，学校管理不能丢开制度和常规无限放大学校文化管理的优势。长期农业社会文明影响，使我们的教师和管理干部都习惯于行为的随意性，缺乏规范的意识、守规则的自觉意识。这需要长期的工业文明的教育和影响，至少还要有一代人的努力。我们深受原来学校四制改革竞争上岗的影响，在意识上牢牢树立的满工作量工作和绩效考核为先的管理方式，都发挥了显而易见的作用，在新校建设发展中破土、生长、开花。

三年多的办学证明一所新建学校即使在形式上分置所有权、使用权和管理权，实质上也能够减少有形之手的过度干预，提升管理效能，但总是在爆发力上受局限，就像中国球队的前锋临到射门总是软绵绵的。在体制机制上，高新区财政供养和公办编制人员配备，行政隶属高新区社会事务服务中心统筹，日常管理权委托给市直学校，学校深陷当地人的另眼相看又不敢掏心窝子大把撒银子的局面，有一种让你高兴就是不可以尽欢的拘束和压抑。这样的学校治理样式，我这个校长与包工头的角色相近。

有人讲过这样一个故事：

20世纪八90年代农村供电水平还不高，经常停电。一个村子里原来有一个电工，过年过节电量不足，大家都会找上他，保证最短时间推上电闸，带来足够的照明光亮。后来村子里兴办了几家企业，外来人口也增加了，供电用户多了，一个电工忙不过来，供电部门就又招录了一个电工。过了一段时间，大家发现，两个电工似乎都很忙，但是用户家停电总次数似乎更多了，恢复供电的间隔时间更长了。与此对照的是其他落后村子几乎很少停电，供电服务更有保障。大家百思不得其解。后来新任的管区书记出了个主意，任命其中资历老的那个供电工人为某某村供电小组组长，供电服务出了问题先找他，服务满意先表扬他。任命效果立竿见影，时间不长，再也没有人反映供电矛盾了。

合作能走多远，要看赋权有多久，还看托付有多坚决。

2014年，当时的高新区社会事业局代表高新区管工委与泰安市实验学校确定协作办学关系，协议约定的相关内容主要明确了事权和所有权的分置，实验学校派出的支教团队只有管理的合理性。实际情况是学校主要受区域教育办公室（一个既缺人手职能有不完善的机构）节制，学校没有实现本质上的独立办学，广大家长和教职工的预期一直不稳定——什么时候撤走校长和支教团队，到时这个学校还是北实小办学吗?

建校以来，教育系统及家长中一直有"学校是北实小办学"的观点，作为包工头既要理顺与雇主的关系，又要兼顾原学校的需求，管理文化实有冲突。有的老师说，北实小那一套不适合高新区，有的干部建议抓紧买印刷试卷机器，否则考试成绩一定干不过其他学校。

高新区需要一所优质学校，但是优质学校成长需要时间更需要呵护。人力与财力的倾斜，政策的包容才能有发展的速度与质量。

第一年暑期，学校校舍建设尚未完工，教育主管部门害怕新校招不满儿童，精心组织了一次分流儿童家长会议，转入部分兄弟学校的在读儿童。组织者公开的分流原则是"居住就近，自愿选择"，但坊间传闻有人积极推动的"倒数儿童、刺头老师"一股脑的派来，老师分派搞突然袭击，一张单子派遣，作为"外来户"被黑的第一把。现在反思我当时没有反手之力，为什么不提出主动去选老师等等呢？

经过几年带动、指导、融合，分流来的老师都在任上，一名教师能力太薄，改教书法，另一名因为与原学校领导冲突分流到乡镇的音乐老师从班主任回归音乐以外，其他的纷纷走上班主任岗位，成为骨干力量。以解决大班额的名目分流来的儿童，有的在校长室外撒尿，有的天天在教室里面壁思过，有的儿童家长经常告老师告学校……，而今每一个儿童都能被尊重，魏某同学语文数学考及格了，张某某当上了升旗主持人，儿童在学校找到了自信，家长更满意了。

建校招生不超过一年，有关部门对于万境水岸小学的待遇就"一视同仁"了：经费按人均、大项目要申报审批，预算一个样儿，2019年同样有了代课教师，申报市文明校园被书面报告到市文明办撤回资格；各类教师评优选模、儿童活动评比等一视同仁，选择评委、比赛场地等可以看出不公开不透明……种种迹象令人感觉不是所谓的"高看一眼"，而是要"看你有多能"。

所谓政策创新更是艰难。作为包工头被委任为校长的任职文件从2018年11月开始，因为建校时候设施设计不合理，我们在使用中央空调的时候发现有四十万左右的电缆没有铺设，找施工方回复说该项工程已经结算没法再投入，找区内主管说没有这项费用去要找承建方。为了投入正常使用，电话请示有关部门的负责人，实施施工，结果后来这位同志说"我不知道，谁让弄的？"为此，高新区领导批评我："你不能先斩后奏自己做主"。又被黑了一把。从此，我知道所有的事情都有规矩有程序，多汇报多请示，可是请示报告打过一大堆，没见过批复一回。学校教育具有学术性和专业性，当校长的需要留一点单纯和专一，面对办学过程中人财物的驾驭我觉得自己很无力，一次一次泥牛入海的官僚功夫领教了。

来当这个包工头，是被学校一把手硬逼来的，原话是"学校班子里就你年轻，你不去谁去"。其他同志是在"算支教，每年两万补助，作为晋升职称的条件"吸引下和党委班

子决定硬派来的，第一年 7 人，第二年和第三年共 5 人。按照双方签订的协作办学协议，第一年的支教费是从给北实小品牌使用费中从北实小支出的，在去年的市直学校审计中，认为不合规矩，虽没有处罚但北实小向高新区领导建议在高新区发放，高新区领导答应想办法，现在高新区有关同志说没有依据啊不合规啊等等，让我来想办法。这是黑三把啊。北实小方面一直有一种声音，支什么教办什么学，可别种好了别人的田荒了自家的地！第二年学校办起来了招生还不错，所谓支持明显衰减，班子成员掣肘，主要领导说过撤回来不干了。从区里来看，其实学校办起来了，对于办一所更知名学校的愿望不强烈，甚至有的学校校长和其他同志建言，让北实小的回去就行，给咱政策咱们高新区教育人一样干得好。双方领导都觉得没有继续一起过的必要，就像貌合神离的夫妻仅剩下一纸协议维系着面子上的合作而已，我夹在缝隙里既要保护好外派支教团队的心气又要稳定万境水岸小学88 名教师的人心，渐渐无力。仿佛看到某些来高新区办学合作者的昨天就是我的明天，这是继续挨黑的节奏啊。

第七节　文化有其规：三年突变，五年聚变，十年切换

从第三年开始，校舍和设施陆续出现一些过期、损坏、破败的现象。小的苗头，像连廊外墙的砖瓦像得了鳞片病一样毫无征兆地崩裂掉落。操场折陷则是大一点的破损，300 米长的塑胶操场，从局部高低不平到出现断缝，再到边缘部分的起皮张口，有一种急速老化的发展迹象。学校处于地势最低的地方，建设的时候为了节约成本没有垫埋夯实土石，一方面遭遇雨水倒灌，小河填满万境，其中遭受浸泡的操场首当其冲；另一方面积水渗透让松软的地基暴露真实面目，出现塌陷在所难免。其他还有：运转时间长了发现信息网络中枢运转平台放在教学楼三楼，既不方便又有隐患；广播站建在一楼角上距离操场最远的西侧，而且选用了无线接收，信号不好，还超考验工作人员的眼力和脚力；几百处水管水龙头度过它们的验收时限纷纷老化失业，长流水、喷流水和滴漏纷至沓来；一场疾风暴雨还检验出地面不平且雨水管道处于最高处，造成的积水滋润了楼梯，墙面从白脸变作花脸；配套绿化的树木花草病死、枯死、旱死的，也来赶热闹，原来有的地方土壤稀薄，有的地方深沟顶上植树，有的地方混凝土上种草。一句话，新学校赶着时间建设竣工，有着急忙慌地投入使用，一些皮儿汤的工程早早地现出了原形。

物有时限，老化难免。人也有变化，其心躁乱。从一开始抱着梦想期待和一些对新环

境的胆怯，到一点点积累起来的不满意，干部教师的心里头都有一些变化，有积极的也有消极的，或显于前台或隐于幕后，内心的渴求要求有所变化。

三年左右，学校文化有突变。万境水岸的教师公认的积极向上的状态，儿童眼界大开的姿态，以及家长对学校关注的热烈，都在影响着学校以及整个区域教育的生态。那么五年之后，那时候学校招生学位超饱和，教师数量到了一百二三十人的时候，稳定下来的规模将产生稳定的文化因子，形成文化的聚变，对于学校管理将是新的机遇和挑战。再到办学十年的时候呢，在我们眼里，一所成熟文化引领下的学校，将有她的名声，就是绝大多数人认为的有特别性格和气质的学校了。

实话施说：

1. 教育固然有一点缓不济急之嫌，然而总是我们程途中的一盏灯，能够照着我们的四周使之光亮起来，又能照见我们的目的地，使我们增加前进的勇气。我们有了它，虽然感觉现在站得不大稳定，但并不感觉空虚，因为完美的秩序和境界出现在我们的想象中了。

2. 《操场游过一群鱼》

一夜暴雨倾盆过后，学校门前的路面都是积水，像两条窄窄的河，印证了这个曾经叫做"洪沟"的地方，水汪汪、人旺旺。

万境水真多，众志能成城。

喜欢上学的孩子们，早早来到学校。天公作美，此时雨停了。

孩子们踮着脚走过水浅的地方。

男老师抱起胆小的女生。

保安爷爷揽过紧张的娃娃。

"不怕不怕，到了学校就像到了家。"

护学的老师。

从凌晨就在工作的保安。

操场游过了一群鱼，有的留下来了，有的到了我们的喷泉池里。

鱼儿鱼儿留下来。

草儿离不开土，鱼儿离不开水。

即使是一只"水牛"，也不能停止奋斗。

感谢辛勤工作的他们！

五矿地产的朋友们从昨天到今天一直在找排水的办法。这是一片洼地，可不仅仅是"财富"聚集的估值洼地，还有七百多名师生的安全牵动着大家。一场暴雨冲刷后，可以检验很多东西。设计的前瞻性，建设质量是否过硬，责任担当等等，令虚假无法遁形。

无论窗外怎样狂风暴雨，只要有课堂的地方就有我们孩子的琅琅书声。伴着校外池塘里的蛙鸣，无惧风雨、美丽兼程。

3. 凡人看到伏在榆木桌上写作和坐在红木桌前写作的不同，看不出作品的意义价值来。就像写下这一些关于学校文化的文字，找到一些文化的碎片，还没有接近文化的精髓，毕竟文化的话题太宏大，不是我等小知识分子把玩的东西。但是，我们能深刻地感受到文化的根性，她决定了人生和事业能走多远，一生要寻根，一世难免俗。传播发展文化本就是教育功能之一，教育者在其中受其长失，不可辱没了责任使命。

4. 教师是学校文化教师的主力军。新建学校要建设"功成不必在我"的先进文化。每一个人来到新校都是"新人"，但是不自然地会做新旧对比，大约就像离婚再婚的人吧，开始一段新感情开始小心翼翼，随后怅然若失，再往后经常会有莫名的不满意。因其有旧习在身，常常惯性思考惯性做事，发生冲突就不可避免。调来的老师身上这样痕迹更明显，改变原来的行为是一件痛苦的事儿，改变一个成年人的认知就更难了。不适应的行为，来自固化已久的成见，要破除改进工作方式的藩篱，除了行政命令的调控，还要有容忍各种冲突矛盾的准备。因此，参加公开招考进来的老师，比起原在岗的更好塑造。

5. 不用先进文化引领教师，必然让落后文化侵占教师思想。教师要崇尚科学，锤炼科学施教的本领。主流历史观的三段论告诉我们组织变革往往从器物、制度到思想，或循序推进或交叉行进。我国的传统文化中缺乏逻辑，缺乏理性精神，亦即科学精神。崇尚科学，就是培养个人独立自主的思考方式、批判理性的精神。小学教师容易感情用事，这样的工作风格并不利于儿童的发展。

第八章　非常调动

第一节 男园长领导红色娘子军

2021 年 1 月 5 日，一个普通的工作日，上午万境水岸小学正在举行教师研究课，第二节是一节语文课《坐井观天》，青蛙和小鸟，一个坐在井底无理由的开心生活，自以为"天如井口"，小鸟作为一个见过"世面"的诚恳告诉青蛙天是"无边无际"的，青蛙却以为小鸟好说大话，十分可笑。随后我点评了刘老师的课堂，提醒几个方面：说得慢说不出来的学生不可一概地"坐下想想"论处；对故事寓意的理解最好放在分角色朗读中体悟，对话中体会角色的心理；语文课不是讲说课、实验课，体悟也结合学生的生活，先入格再出格，如果课文本身没有理解到位，老早的拓展没有意义。没有嚼碎的吞咽就像是填饱肚子而已，你没有品味到美食就叫做"暴殄"。

除此之外，我对这个寓言故事有些体会：第一，没有比较就没有伤害。小鸟的天地显然广阔于青蛙的境地，但是青蛙在自己能力范围内的世界里挺幸福的，安全而又稳定，是一种小确幸。第二，有理不在声高。教师评价说，它的声音不宏亮，所以说得没有道理。

第三节课刚刚进行了一会儿，10：21 收到一条微信信息：哥，11 点来办公室。

先来到分管局领导办公室，领导说："会华同志，组织决定让你挑个重担，到市直机关幼儿园任职，先担任启用工作领导小组组长。这是组织的信任，也是一份考验。市委和组织部领导都很重视幼儿园班子配备。你要发挥优势把工作做好。下午去报到！局长在办公室等你呢，让科长领你去吧。"

来到局长办公室，人事科长给倒了杯水就关门离开了。局长说："幼儿园九月份归了教育局管理。12 月底，市委教育工委主要领导视察幼儿园，对幼儿园建设和发展很不满意，对班子特别是主要领导的表现不满意，原本是要全国范围内遴选园长，但是时间紧张，局里决定在市直学校选拔一名同志，现在决定由你先担任幼儿园启用工作领导小组组长，这既是一个重要机遇又是一个挑战。备受关注就不能干不好，你担任领导小组组长的第一个任务是确保春季顺利开园。"

有人说幼儿教师当久了，做事的智商 3 到 6 岁，幼稚而又单纯。简单的幸福才是真正的幸福，像儿童一样的天真快乐，返璞归真求大道，一不小心就掉进福袋来了，幼儿园就是我新的境遇，在这样的单纯环境里，荡涤过度的欲望，平衡了多余的得失心，简单起来也就快乐起来了！

没有"突然"也来不及感受突然，二十几年在一个单位从普通老师做到新校校长，一直从事小学教育，切换到学前教育领域，职业素养的学习与积累原本处在一个厚积薄发的关键时期，领导问我有没有失落的感觉。说实话心里还是有落差的，就连老母亲也觉着从小学留级到了幼儿园是不是犯了什么错误？

自然而然，顺天应人。办园理念先行，自然而然就是要尊重教育规律和人的发展的规律，顺天应人就是要围绕着人的发展为了人的成长而努力。

一、从研究者到改革实践者的转身

静心在研究里，围绕教育教学的主题分解出影响因素来，进而研究不同变量的影响，从中提取一种或几种熟悉的切入点，细致描述出来，重点强调出来，就成了自己的学术成果。这样一个过程迁移到做事过程中就成了一种行为模式，奔着问题去，循着线索来，持之以恒地凿井直到打到充足的水，就具备了相应的学术水平和地位。学术思维是线状的路径。

管理上的问题从来不是一条直线可以描述清楚的。上上下下左左右右里里外外以及过去现在与未来等等，构成一个多维坐标。高效的管理就是综合各种条件后恰当的定位。管理思维是平衡各种利益后的选择，选择就是管理。

一所幼儿园需要关注哪些关系呢？

这所幼儿园属于教育局主管不足一年。迁建新园这个工程牵涉多个利益相关方。如果把幼儿园这个科级单位看作一个即将结婚成家的家族人，出资方是他的大舅，建设方是他的大伯，大伯把建园这件事儿交给了他表哥，结果大舅的资金一块儿把表侄子（对门邻居）的院子一块儿给盖起来了。设计、施工这些事儿"他"亲娘和后娘都无奈地叨叨过。我们用一种世俗的关系所描画的还仅仅是建设这件事儿，从管理面对的上下级关系上讲，这个历史左右着幼儿园社会影响力。

来到幼儿园半年后，对教师队伍的状况有了一些有趣的发现：五分之二的教职工和原来主管部门关系，或是后代或是调入，五分之二的是五十岁以上的老教师，五分之二的是某所院校毕业的，五分之二是单身女职工。

大家口中的"八年抗战"周转办园的过去，是大家心里的不堪回首之痛。在外租房周转办园八年的经历，让一支队伍长期游离于专业队伍之外，在极差的物质条件和外部环境之下，发展动力不足、做事的章法混乱，战斗力下降到海平面附近。

一楼三口教室没有室内卫生间，几十名幼儿园在老师的带领下排着队上厕所，老师再端着便盆到楼上倒掉，冲刷干净。这个情景深深刻在我的脑海里。

来得突然，离开得突然。交接工作大约进行了一周，主要是和园长之间的工作交接。档案之类我就委托办公室的老师代为接收，事务性的工作延续之前的习惯，没有变化，其他的主要是园长讲述周转办园的各种不容易，特别是有一个叫做王某磊的诈骗几十万的管理费个人挥霍，算是一个大雷。到了第五天的样子，快下班了，教育局要报一个表格需要盖章，公章一直在园长手里，就拜托工作人员取来公章在新园里用完了，在一名副园长的见证下，我第一次武断地使用领导小组组长的权力，要求这名工作人员从此刻起保管公章，为我负责、为幼儿园负责。

二、怪事一大堆，墙倒众人推

一些事故渐渐就发展成了故事。

王某磊，一个从未谋面的幼儿园工作人员，他在来幼儿园之前做过社会服务人员，有营养师证和育婴证等社会服务类资格。有些匪夷所思某年的幼儿园保教人员招聘就需要相关证件报名，最后王某磊过关斩将收获了正式编制的果实。有些人觉着这个男性优势明显实力非凡确有过人之处，有人觉着走了狗屎运捡了漏儿，有人觉着本是配角反客为主乘了势，还有人觉着纯属意外对幼儿园纯是个妖精害人。不管怎样，幼儿园终于来了一个男职工，此前只有一个临近退休的老司机。这个男职工简直万千宠爱于一身，管食堂管招生，实在是顶梁柱一枚。但是，谁也没想到，从2019年起，他开始私自预收押金，美其名曰占学位。一些准家长就信了他，从两千到八千不等，一年半的时间七十多万元（法院认定）据为己有挥霍一空。这件事儿也成了七十三年办园历史上的第一大丑闻吧。

一年以后，瞒天过海的"巧记"败露，王某磊被召见。在领导面前，王某磊痛哭流涕领导保证，卖房卖肾也要还上，还煞有介事地到银行营业厅办理过房产抵押，园里工作人员自己说亲眼所见，当时还有中介在场呢。

2021年的年中，王某磊自动投案后11个月开庭审理，安排幼儿园副园长和两名教职工代表旁听，身边人身边事儿接受风险教育。以此事为例，在班子民主生活会上我分享了"遵循规律、遵守规则、遵照党章"的体会，办园治园要遵循教育规律和儿童发展规律；办事做人要守规则，法律是国家层面上的规则，公德是世俗社会层面的规则，园规园纪就是单位工作层面的规则；作为一名党员干部，遵照党章要求，更高更严格约束自己，在道德上高标准生活上高品位。

以人为鉴可知得失。如果可以有如果，那么王某磊事件会不会出现，或者会不会发展到令人诧异的情况？这个人的作妖一年多的时间，工作人员提醒、领导几次约谈直至最后园长翻脸通牒之后，他反而变本加厉，疯狂诈骗的金额是之前的两倍多。究竟是遇人不淑

还是管人不住呢？假如有一个"包公"，或有一个"爱管闲事儿"的公知，又加入发现后抛弃幻想，不以妇人之仁对待一名"违法"分子，事情又会怎样呢？

幼儿园核定编织 68，没有设置中小学高级教师。按照有关政策是可以设置不超过百分之十的高级教师职称的。有的同志说以前园里是有一个名额的，但是后来不知道为什么就一个也没有了。又一个同志说可能是因为名额太少，有的领导觉着竞争压力大，干脆放弃这一个名额，大家都在中级职称上共进退就好了。

有的同志说，怪诞的事儿还不止这一个。

那一年，因二胎放开后，入园高峰到来，为了解决好新小班的问题，做了大量工作，把升入大班的孩子都劝说到另外一所幼儿园去了，美其名曰幼小衔接。听说，求着人家接收又求着家长转园。

前一年 12 月下旬，市委领导要来视察幼儿园建设情况，雇请物业公司打扫楼内卫生，建筑公司居然不让用他们在幼儿园内打的水井，交涉无果，寒冬腊月不得不从对面的小区内用车运水来干活儿。建设方撤离场地的时候，不仅偷锁了大门，还以三千元的价格"卖水"井给幼儿园。

在正式被任命为园长之前的一天，我和另一位同志因为排污问题拜访设计院的设计人员，设计院的院领导、幼儿园建设设计师们五六人一起接待了我们，院领导说从三年前开始设计到现在完工，这是第一次见到幼儿园的领导、听到幼儿园的意见。

2003 年的时候，分园被拆迁有一个会议纪要要给地给建设新园，那个时候还是有好几个建设指挥部负责的，后来所有指挥部撤掉归了拆迁办公室统一管理，但是后来幼儿园及上级部门没有持续主张拆迁补偿的权力，我们再找出这个会议纪要来但是却没有其他协议之类有力的东西，这件事儿在走访老园长老干部的时候被提起来，她们心里都不甘心。

幼儿园被欺负惯了，我可不是来受欺负的。童年的记忆，有些是被邻家欺负的痛楚，这种痛楚造成我的一种性格，就是有时候会急于表现自己不想受欺负。来自原生家庭的影响造成了我看问题极易去设想对方是不是出于敌意或轻蔑来做事。

某个早晨，一上班我发现北面山坡上有机械在挖石头，询问后被告知这是之前埋在这里的石头，还说是买的前面建筑公司的。我告诉他们，即使一千个理由也不能大摇大摆地进家门取东西，你说是你的就是你的吗？在农村生活，空白场地上放块石头都可以宣示使用权，何况我们还安装了隔离栏，未打招呼就进来施工实在是明目张胆的强盗行为，是可忍孰不可忍。

我很狭隘地想：显然，这些人欺负惯了女人和孩子，根本认为理所应当。尽管后来老板道歉，停止挖掘撤出了机械，总还是觉得这种情况十分可笑。

暑期末临近开学，区里有关部门现场调研门前道路通行情况，又是某办事处的领导反复强调这是教育部门招标的道路。我就又忍不住了向区领导说，这个工程就是项目里的，我们作为使用方，主管部门本来没有一直也没有招过标什么的。那位办事处领导截断我的话说："园长你就别说了，都是领导安排的这个都知道，我们这不是在研究怎么完善设施吗？花五千块钱都得招标我们也没有办法。"区领导问："这个事儿多少钱？三万来块，你就直说，能办吧?!"应了那句话：老大难老大难，老大出面就不难。旁观整个过程的 L 老师忿忿地说，不就是个乡镇干部吗？他怎么这样给园长你说话呢……只要事儿办了，咱受点儿抢白怕什么呢。其实小伙子不知道，乡镇干部都了不得，能力强心理素质高让人办不成事儿的能耐超高，这不最后人家上车前伸出手和咱握手像没事儿一样笑嘻嘻地寒暄告别呢。

人说：好人用好招，坏人用孬招。一次次不得不既当教书先生又要与搞工程的打交道，就得不断学习不断强大自己的内心。既然这样我们也用不着装斯文，把自己真当文化人。说起来我们的有事儿就只有一点：不用为五斗米折腰，这样就可以放下架子操练起来。每一项工程的情况我们像解题一样一点点地搜集材料，写报告写说明，一级级反映，向一个个相关领导那里发信息、求背书。

三、一切皆有解

中秋节前有一批猕猴桃送到幼儿园，东西不贵，三四十块钱的东西，但是余下来 10 箱。有的同志认为连厨房的工作人员都发了，保洁和保安工作比较辛苦表现也不错，应该发给他们。幼儿园直接与物业公司安保公司签订了劳务合同，在平时的管理中有什么管理问题尽量通过公事公办的途径进行反馈沟通，如果过于亲密就把劳务聘用的关系变成了直接聘用的关系，在管理上会出现过度依赖。其次，物业和安保公司的人员变化很大，不同于我们直接劳务购买的人员，稳定的单位对单位的关系，职责分辨清楚，降低单位与个人产生劳动关系争议的概率。

被否决之后，有的同志似乎不理解，为什么宁肯烂掉也不发给有关人员呢？

从没有困难到"无解"问题，遇到的难题看上去"复杂"的问题，问题的复杂往往是由一系列简单的问题组成，再简单的问题堆积到一起，在理不清头绪的时候我们往往会上头、烦恼、着急上火。思考之所以困难，主要受到情绪感知干扰，于是各种负面情绪左右下，独立批判性思维或者创造性思维，一下子哑火了。

一个人思考的时候，冷静理性面对最为重要，克服固有思维的局限，从认清问题开始，分析问题产生的因素，罗列一个个简单而直接的焦点，分清主观、客观，轻重缓急一

个一个摆出来，再难的问题也有解决之道，并且不止一个呢！

八个月后的秋季开学，市政协主席来园教师节慰问。秘书长之前在高新区任职的老领导，尽管官方场合一见面还是很亲热地拍拍我的肩膀，笑着说，你来这里了！

在新区办小学的时候，给时任书记的他写过信，当面汇报过办学的想法，给我很多指导。有人劝说你一个小学校长给区领导汇报什么工作，有困难他也不会亲自解决。基层领导都懂得老大难老大难，老大出面就不难！再难办的事儿，只要找到高一级别的一把手，就都不是事儿了，这算不上投机取巧更不能叫做巴结领导，因为我们的出发点是为了"公"而不是个人私利。

找领导这件事儿，很多人是有心结的，要是领导不给办甚至要给脸色怎么办？没关系，那种被拒绝的情况只会给我们带来经历，在一定程度上讲，没给帮忙其实在情理上亏欠了咱的。当然，这个前提建立在对方是一个有公心或有责任感的基础上。

市领导走了一圈合影后离开了幼儿园。有的同志不理解，市领导只出个面没有实质性地帮什么忙啊！我们要的就是接待工作的督促和提升！为了迎接市领导，前些天的加班有了理由，美化绿化提标增速，全体员工有了一个阶段性工作目标，常规工作更细、更严了。借腿搓麻绳，这个大腿粗得很，借来的力道就大了。

管理的问题是一个系统思维的过程，一件事儿的前中后都可以做出文章来，用不用心，结合点找得准不准，考验领导者的眼光和执行力。有一颗孩童心，事情就没有那么难，《围炉夜话》有云，"通达者无执滞心，本色人无做作气"。

美国管理学家哈罗德·孔茨说过：领导力是一种影响力，是影响人们心甘情愿和满怀热情，为实现组织目标而努力的艺术或者过程。有时候事缓则圆，要把这个事情做的圆润，各方都接触起来比较容易，需要缓一缓。有时候要事优先，要把事情做出高效率高质量来，那就要去急办，这样显得急躁了些，办事效率高的时候很大可能照顾不到方方面面的感受。

第二节 没有规矩不成方圆

一个血淋淋的新闻，主题我管它叫"当母老虎遇到真老虎"：某女在八达岭野生动物园跟老公发生口角，一言不和就下车去拉老公车门，瞬间就被老虎拖走，她的老母亲救女心切冲出去，当场毙命。可怜这个老人，可怜女人年幼的孩子，可怜那个背负骂名的老

公，甚至可怜那只还不知道自己捅了多大篓子的老虎，独独这个用生命演绎"不作不死"的女人，不值得任何同情，天大的事，也不能在景区下车，特别是猛虎区，这就是规则。破坏规则就是伤人和自害。

郭德纲有句戏谑的话——千万要远离那些不守规则的人，因为雷劈他的时候，可能会连累到你。那些守规矩的人让人尊敬，也会让那些恣意妄为者恐惧，他们爱惜自己的名誉就像鸟儿爱惜自己的羽毛。"孔子忍渴于贪泉，曾参回车于胜母，恶其名也。"影响名声的事儿不能做，古人都知道。老百姓都知道干什么的你得回避什么。比如，厨房的工作人员不带着深色袋子和布兜上下班，班里的保育老师不吃小朋友剩下的水果、不喝为小朋友提供的牛奶，教师不和小朋友一起吃饭，就是预防"无私有弊"这个道理。

一、管出效益，理出正气

世界上难有完美的管理者，就算是像杰克·韦尔奇这样的传奇 CEO，其工作生涯中也犯过大大小小的错误。更可怕的是，有的管理者天天忙于事务性安排与回馈，但是管理效果却很差，究根到底其实缺少明晰的思路，没在建立制度文化上着力，看起来人治的味道很足，这样的管理就是盲目的。

看上去：大包大揽。

很多管理者是因为自身的业务能力或者专业能力升职上来的，在原本的工作中一直是工作的佼佼者。正因为出色的工作能力，从优秀教师或教研员成为管理者之后想当然地更加努力地工作，感觉其他人理念跟不上，或是能力不济，就包揽工作。看上去省了劲儿干了事儿，还赢得了能干的美名，其实"好心"地把其他人锻炼机会剥夺了。教职工长期得不到足够的发展机会，人人思谋着从领导手里抢表现，整个团队的效益降低，这种管理者就是典型的做好事还要挨骂的代表，最后往往会变成自己累死、"员工"闲死、"老板"骂死。举个例子：小班孩子进餐，到底是小朋友自己盛饭还是老师包办好呢？从速度和安全性上来看，老师来处置又快又安全，从促进孩子发展来说放手是必须的。教师（家长）早放手孩子早成长。当老师的就是不甘心，这种心结与大包大揽一类的领导类似，说白了就是家长作风在惯性奔跑。

经常看走眼：错把意愿当能力。

有些员工对待某类特殊的工作非常积极，并且会主动向管理者申请相应的工作。有些管理者一时被这种工作意愿所迷惑，恐怕挫伤了积极性，不做能力评估，直接将工作交给员工，结果没有真枪实弹地感受过事物本质就急于上手，害了事业伤了自己。

错误的民主：放养员工。

管理者的职责首先要承担起"管"和"理"的责任，先把大家拧成一股绳，再让群体走向无管理的卓越。有的管理者被自由与民主的美好理念所囿，认为过于放养是一种民主作风的体现。其实一般情况下普通教职工因为所处的地位和承担角色，缺乏团队意识和全局观念，他们会根据自己的想法去做工作。换句话说，每个人首先想到自己的利益是正常的人性，而有效管理就是要实现首先顾全集体利益的基础上再来讲个人利益。

"权"为谁所用？同事提醒我："幼儿转园毕业等退餐费、管理费，必须有你签字才行。"我一直对这个事有所觉察，但是没有重视，不是标榜自己不贪权恋权，而是出于一种思考：负责的同志和相关的同志是怎么认为的？她们也觉着正常该如此吗？如果是，我何必去改变呢？食堂管理也发现了做主的人不少，采买和保管是一个人，食堂工作人员自己处置剩余食材等。

前几天厨房里有一位面点师辞职了。然后其他人员感觉人手少了。到了星期五吃水饺的时候水饺包不出来了，看起来像是表达情绪，且不是第一次。一段时间不断发牢骚嫌人手少，就用怠工的对方式以至影响到小朋友吃饭，好几次不得不临时抽调人员帮厨，这样被绑架的管理，触碰了教育者的底线——任何人不应该以小朋友为筹码，表达所谓个人诉求。通过影响孩子吃饭的方式来要挟管理者，其心可诛！

管理当中有一些事儿不太引人注意，就以这个苗头的重视来看有人以为我小题大做。管理者要透过细节看本质和一件事情中的相关人的倾向性。在关键的岗位上，人的能力可以不足，但是表现出来的人的品质和态度应当是正当的。态度端正，这是第一位的，能力小，我们就用他的长处，能力小，能力差，可以着手培养自我成长。但是绝不能用以恶劣的态度，有隐患的品质视若不见，隐患酿成祸患。关键位置必须留给好品质的人。

为什么学校里出现师德失范的问题，管理者把鞭子举得高高的最终却轻轻地放下了？其中一个重要原因是校园里的一些伤害不好举证，同一个事件如果没有明显的实证，当事方和旁观者均可以生出来截然不同的解读。一次，分管园长发现大班的五个孩子在吃饭的时间站在教室一侧，三位老师轮番训话。老师解释说，这几个小朋友从做操到吃饭之前一直不听话，让他们站站警醒他们，长长教训，并没有打骂，算不上体罚。另外的老师说，我们看到某老师在教育小朋友觉得应当，虽然这位老师态度很严厉，但是小朋友并没有害怕，还在嘻嘻哈哈呢，我就吓唬其中一个把他送到别的班里去。随后查看回放监控视频，只见老师拽着一个男孩的胳膊，向外走。看到的视频有18分钟左右，其他小朋友不时关注，这段时间基本吃完饭了。

在校园里发生的激烈事件，从来就不是一件单纯的双方事件。教师所谓教育的行为，涉及到的孩子直接受到打击，但其实受到影响的还有见到这个事件的其他小朋友，特别脆

弱的留下阴影，粗枝大叶的当做笑话留在记忆里，条件合适的时候还会蹦出来，反思起来不是什么教益只是伤害。

二、不畏浮云遮望眼，无限风景在险峰

不干这种事——有的幼儿园让孩子家长买湿巾纸巾消毒液，在群里晒图："谁谁谁的家长送来了毛巾肥皂"，连小朋友回家都知道给爸爸妈妈下达任务："我们班里的拖把用坏了，老师问哪个小朋友的爸爸妈妈能送班里来"。教师节到了，小朋友送鲜花给老师，全部都给退回来，告诉小朋友，不要给老师送花儿，不如送实际能用的东西。小朋友们很失落，家长朋友瞬间明白了。这可不是为集体做点事儿的集体教育，3 到 6 岁幼儿没有这样的"集体"意识，他们只会学到攀比，学会向爸爸妈妈撒娇使性子解决问题。说的严重点，有意引导小孩子去做本该幼儿园解决的问题，如同教育的"恶"。

幼儿园里倡导亲子活动，家长们比孩子更快地熟悉了，相互加微信经常交流育儿经，成了一种自组织。有一位小朋友过生日，她的家长向其他家长发出邀请，在五星级酒店预定房间，给每个小朋友准备礼物。过生日那天，十来个家长带着十来个孩子好不热闹，这一大笔花销并不会仅仅一次，一年当十来场盛宴依次排开，一个比一个标准高，后生的嫉妒生日靠前的，不过这个击鼓传花的游戏真的不怎么好玩儿。满足了家长的虚荣心，浪费了小朋友的纯真，这样存在巨大泡沫的感情越吃越大，最终不过是一场游戏一场梦。这种事儿，班主任要去引导，建立健康的同学情，家长组织定位应适当，不可以发展为传递庸俗价值的关系。

学校里的校长园长千万不要把自己当成"领导"，就是一个代表，顶多称得上专业发展的领路人，或者把自己当什么角色都可以，但不要当成首长甚至土皇帝。因为，在学校里"专制"是个坏东西，它阻碍了上下贯通的联系，破坏了健康生态，即使能在一段时间内促进发展，长远来看专制之后就剩下一地鸡毛。要发挥教师的积极性和创造性，学校教育才真正走上正确发展之路，具有了持续发展的动力。既然民主是个好东西，为什么难以充分实施呢？

在幼儿园，吃、喝、拉、撒、睡，都是大学问。一日常规生活教育中，从小班的孩子开始培养自主取餐的能力，让小朋友自己盛菜自己舀粥，有的老师害怕粥热烫着孩子，有的看到个别小朋友动作笨拙，或者因为安全或者因为效率，总忍不住越俎代庖亲自上手，教师放不开手小朋友就不成长，这是一条铁律。

校长放不开手也是担心"一抓就死一放就乱"的心理作祟，亲自抓亲自指导，既有力又高效，看起来实施民主走一些程序，费一些时间，感觉起来像在走弯路。以人为本的民

主管理，从人治走向法治的需要，这个科学的道路上快就是慢，慢就是快。

三、打破既有平衡，撬动发展欲求

一个单位，都是一个既定平衡场。被调动担任领导小组组长，尽管是主要领导，在这个既定场中也只是一个新人，如果不能打破既定平衡局面，就只能按部就班。只有打破这一局面，建立一个新的属于自己的平衡局面，才有可能迈开大步，让自己的"园长"生涯迈上一级新台阶。

第一年，我这个新任"船长"来不及锚钉深港，着急忙慌地填补船底漏洞。首先要消除那些可能造成倾覆的风险，第一位的就是诈骗家长报名费的事件。这个事情社会影响糟糕，上级部门挠头又不便于出头过多。之前定了两个原则但是没有纸面上的丁点儿佐证，一个是保证上交押金的孩子上学，一个是不能让家长受到损失。这两条原则当然是为了稳定。即使那些押金顶了管理费如期入园的幼儿家长一点儿都不给面子，他们心里既觉得应该，又觉着这个幼儿园做了什么掉价的事儿，让家长看轻了。那些还不到入园时间的幼儿家长更是理直气壮，他们用了"非常"手段得来了机会，还要怪这个机会不明不白，且没有得到"上帝"般的待遇，一样有怨气。因为前面已经出现了押金抵管理费的事实，原本我处理起来装傻，随波逐流应付也说得过去，但是这就像明知不可而为之，将来有人较个真——拿着财政钱去填窟窿，知道不该不对还要去做，是不是错上加错？前面有车有辙，如果后面发现南辕北辙了还要跟跑吗？这件事，很考验脑子是不是清楚，说到底这个锅谁来背都得往我身上推。经过各种请示和咨询后，我还是采取依法依规完善好，尽管没有要来护身符，还是找到了正确路径，说到底就是有些事情该让人知道的就要让人家知道，不亮家丑"家"不和谐。班子会数次通报情况和风险，集体研究解决方式；纪委调查我们积极配合，准确留痕不藏着掖着；法院判决收到后第一时间报告并采取措施，及时跟进，避免再次后知后觉；家长申请司法仲裁，我们积极面对，动之以情赢得合作良机，避免抢跑过度。

第二个大漏可以说正风偏弱。人数不多，却长期以来存在或明或暗的小团体。存在即合理，因为同学、同乡或者都是老一辈的子女等，有些感情戏不断上演。前些年的考核优秀基本没有量化成绩，靠部分人投票决定的；一到评优选模的时候就开始拉票打招呼，有的公开讲这次让谁上不选谁上；在群里公开树旗帜——这次我报名了，吓得年轻的不敢报，好像一报名就在和谁抢一样；真到无记名打分行使民主权利的时候，又会出现一半的废票。上梁不正下梁歪，主要负责人当然是团队风气的第一建设者。在涉及原则和正风肃纪上不含糊不退缩。除了职级晋升，因为自己唯一够条件晋升五级，且作为一把手不占名

额，我参与申报。其他的荣誉和评推我都往后闪退，即使有机会外出当评委也让给其他老同志，并且劝阻副园长们荣誉上多让。在推选的程序上逐步完善，事前公示方案，组织按照程序，力求全过程不掺杂个人好恶。竭力做到多元评价、透明推荐。

第三个大漏是缺钱。人穷志短，马瘦毛长。长期的穷日子过惯了，巧妇难为无米之炊，很多事情不求精致，草草上马又草草收场。

第三节　教师状态左右保教生态

一位班主任老师早上迎接小朋友入园的时候，向我吐槽搭班保育员能力差，有他的地方就有危险。又以昨天户外活动时发生意外受伤情况为例，意思就是因为人不对才会出现不好的状况。又说我们之前全班三个人各负其责，人家其他班儿的都是个个顶用。我当时讲得比较严厉。我第一个，你对这个老师不是一天两天的了解了，你知道他在安全方面可能会有问题，那么就在安排他工作的时候，户外活动的时候，得有预知他可能会造成的问题。作为班长、班主任，要去关注这块儿。不能说我知道他不行，就等着它出问题，把问题端给业务员的领导，让业务员的领导看看，你不换人就会出问题，这种想法很危险。

早上这一幕发生之后，这位老师和不同的人吐槽说园长批评他了，他干班级工作多么不容易啊，也有老师或者是干部向我反映：园长你训了他以后，他不断的说这个说那个。我说哦，这个事情发生后我也想看看大家对这个事儿的反应。因为在幼儿园儿里，它总会发生这样那样的事情，那么这个事情发生之后大家的态度如何？既是一种立场的反应，也是每个人不同价值标准的一种表现。如果都是平平常常的，司空见惯的平淡，是检验不出谁是有担当的，谁是能做事儿的，也检验不出每个人在这个事情表现当中的不同。

有位班主任安排本班家长当"义工"。本班家长来班里当"义工"，就容易出现教育价值偏离，就像老师教自己的孩子一个道理，班级里对师幼关系就掺了情感，即使当事人再理性，孩子们会有自己的感觉，他们想当然地觉着那是谁的妈妈而不是"我们"的老师。

早上围着幼儿园的院子转一圈，看着花草满元树木参差的环境心里有一种别样的满足。七点半开始小朋友陆续入园，一般是先大班再中班最后小班入园，秋季学期初小班的家长可以领着进入幼儿园。七点五十左右中大班的小朋友入完园，就会从一楼二楼三楼把十几间教室全部走到，看看教师到位情况，再看看各班的精神状态。

　　这一天，走到曹老师班里，发现她班的阳台花草错落别致，十分吸引眼球，随口表扬阳台真漂亮，老师们都很高兴。想起一条管理的金条：每天发现老师们至少一条亮点进行表扬，让老师心情快乐了，小朋友们的日子就好过了。

　　来到梁老师的班里，首先看到圣荷小朋友在地上躺着，我就随口说了一句，他在听什么呢？小朋友说他喜欢在地上，我就说，原来他是大地的孩子啊。听到这句话圣荷就爬了起来和老师说这什么话。临近走出教室的时候发现在放床的区域规划出来一个表演区，登时觉得这个创意和有着舞蹈表演背景的两位老师有关系，她们一老一少一个善于排练舞蹈，一个善于表演鼓舞。再一条：扬长避短的管理才是高效管理，真正的文化自觉让人人各展所长、人尽其才，产生的管理效能可能是惊人的。

　　每天早上进班看孩子更是看老师，觉察老师的精神状态，嘘寒问暖她们新近遇到的身体上或生活上的问题，也许不能一下子提供帮助，只是倾听和关注就能引起老师积极情绪的启动。

　　某老师，您感冒好些了吧?！

　　你班小朋友问好的声音真洪亮！

　　你班今天园服穿得真整齐！

　　小某老师您今天真精神！

　　以后你们班就以老师名字为班名吧，就叫海燕班、霞姐班……

　　看似无厘头的玩笑也能让老师感觉到轻松，瞬间快乐的本事儿是幼儿园教师独有的本领，只要管理者多一些关注，做到以教师为根本，教师才能落实以幼儿为根本的理念。

第四节　向儿童学习

　　童年是一个人的故乡，总要回来。与童年和解，要到很多年后。教师职业的性质特点，不是和人打交道，而是和儿童打交道。《国际儿童公约》里的"儿童"，指的是十八岁（含十八岁）的人。无论小学还是在幼儿园服务对象都是特定年龄阶段的人，同样是和人打交道，师生关系却不同于社会上其他职业的从业者和服务对象关系。

　　有一年带队去韩国研学，见识了两国儿童的区别。我们的孩子到达机场大厅，真的是放风的感觉，一下子喧哗打闹起来，引起旁边旅客频频皱眉。刚巧有一队从日本飞抵青岛的低年级小学生20余人出入，自己背着包，鸦雀无声，带队的几个老师每人推着五六个

大箱子专注地跟随。两相比较，我们这些带队老师都很感慨。

有几个"领导"的孩子参加活动，年龄虽小但特权意识早已作祟，我们这些老师基本不管，要求又不严。有的孩子活泼得过分，自私的可以。早餐在景福宫附近的一家餐厅就餐。我们吃的是自助餐，餐馆里人声鼎沸，墙上赫然用中文写着"饭菜不要浪费"和"餐具放在此处"！一名女生中午不吃米饭，韩方人员惊讶地问为什么不吃？头也不抬回答说不愿吃，后来专门上了一份肉菜，才勉强吃完。另一名男生住在韩国小朋友家里，人家宴请，结果吃得太多，消化不良把肚子疼得要命，随后的活动都没法参加，只能卧床休息了。

一天下午到海滩捡贝壳，孩子们嫌累都不愿意走路，一辆改装拖拉机上挤下80多人，每运送一次要等待一个小时，很多孩子等得不耐烦，有的反复问为什么车还没来，有的手里摸起石头乱扔，有的相互追逐打闹，饭店的地面被砸破，房主门前的鹅卵石扔得到处都是。丁某带领着另一学生在下船时提前下来，两人跟着韩国导游下了船，直接到车上。A观点认为这种行为公然违反集体主义精神，应该跟着中国老师同学一起；B观点则认为懂得变通和直达目标，说明这两个同学的生活能力较强。带队老师一上来就劈头盖脸批评两人无组织无纪律，不服从统一指令，造成大家的恐慌。老师说：如果每个队员都像他想怎样就怎样，这个团会成什么样子？老师的担心和苦心，另一个同学坦然接受，而丁某并不服气。教育者习惯以成人的姿态用儿童解决不了的问题诘难他们，打击其自信，如其不服，惯用杀鸡骇猴，而让当事人和围观者皆畏惧，且不达目的不罢休。我看着情况有点僵化，就出来把丁某叫到一边，先平和地给他说，幸亏没有出现意外，老师和同学们就是有点担心，在安慰的基础上又和他分析了的所作所为，强调了直达目的（回到车上）的方式可以不止一种（全队集合一起乘车），但是一个团队要选择对于全体成员最有效的组织方式，如果你是一行的团长你会要求什么呢？孩子坦然接受了意见，又高高兴兴地回到集体中。第二天他老早就来到集合地点，整整比预定时间提前整整30分钟。

王某某在学校里知识面很宽，号称小博士。一位同学很幽默地说他——给他根木棍儿、戴上一副墨镜，就能当算命先生，养家糊口了。一次吃饭时，大家一到餐厅就蜂拥到餐桌旁抢饭抢菜吃，王同学很久找不到座位，却并不着急，后被我安排在身边，他吃了两份饭，沉稳得很。活动结束后，王同学在日记里写道："在韩国，米饭是必须要吃的，但它却是我最烦的食物，可是那天中午，我在老师身边挤到一个座位，感觉米饭真香，吃了个干干净净。"

有的人为文好为大言，为了说明自己的观点，在一定程度上把事情夸大或缩小。例如，爱把中国孩子和国外的孩子相比，像我们的教育不到位，不注重细节。不知说此话的

人在国外的表现能否打上满分？我们经常说"要把儿童当人"，这话也不全对。教师把儿童当人，比起过去把儿童当学习机器无疑是进步，但是要注意：第一，这里的人，是特定年龄阶段的儿童，而不是成人；第二，这里的人，是并未定型且还在成长中的人；第三，这里的人，必须被教育者细心关注其丰富精神世界的人，即他们是有个性的人。从事教师职业的人必须细之又细关注到每一个"人"的精神世界，以及精神世界的细微精妙之处。正因为如此，从事教育的人，就不能说是"普通的人"，而是能够洞察并合乎孩子心灵世界的人。

幼小阶段必备的仪式感，集体教育的集约性。几乎所有学校都会安排每周升旗仪式，这既是国家法律规定的落实，又是对儿童进行集体教育的机会。每次升旗仪式总有讲话或国旗下演讲，从一个人讲道理到许多同学举事例再逐步实现全班儿童人人参与个个亮相，达到参与其中获得真实体验的效果。参与者覆盖面的变化，改变的是教育形式，发生的是教育过程。笛卡儿告诉我们，"回到过程的教育才是有意义的"。那种以教师或管理者独角戏表演为主的说教式仪式教育，以为思想来自虚空的假设，有悖于思想道德源于实践的检验与验证。在扩大覆盖面的基础上，综合运用环境布置、多媒体气氛烘托，精心设计环节或不断创新流程等，营造恰当的仪式氛围，增强现场效果和情绪感染力，这些对于"形式"的重塑包装，强化了受教育者体验，优化教育效能。紧紧围绕教育主题的丰满和集中，尤其重视来源于生活具体人物具体文化符号的故事，运用深厚生活根基的故事去说服、启迪和引领，这些对于"内容"遴选的精益求精，就像给人家介绍对象一样，考察仪式设计者的眼力、心劲儿，选择实施精准切合教育要求与儿童成长需求的教育主题，体现一所学校办学水平的成熟度和档次级。

"道虽迩，不行不至；事虽小，不为不成。其为人也多暇日者，其出入不远矣。"一段时间以来，沉浸在工作取得成绩的懒散之中，竟然把写反思的习惯给荒废了。而今，读《认知觉醒》一书，重又拾起，坚持做好大脑联系，反思工作与生活，记下思考的线路，对得起这个百年未有之大变局的时代。

近一周推行了两个事情，一个是园长轮值制度，一个是家庭教育咨询师，园门口的即时指导。两件事似乎不同，但又有一个相同的目标，调动内部人力资源，发挥每个人的智慧。这个作用不能靠说服或是物质诱惑，主要通过新颖的玩法，激发人的兴趣，以尊重动员，好为人师的效果中持续发挥作用。

例如，一位家长十分着急，他看到老师分享的视频里，男孩一手拿筷子一手拿汤勺，先是夹取海参鸡蛋羹，没有成功，后又汤勺挖取到嘴里。家长因为孩子的洋相而焦虑，老师读出来的是孩子在探索的学习行为，这样情况下几句交流可以疏解家长的着急情绪，又能提醒家长看待孩子言行的另外视角，家园都有发现都有收获。

因为"口罩"的原因，家长在幼儿园大门口接送孩子，有的孩子会在门口哭闹，这时候家庭教育咨询师及时出现，安慰孩子，也在安抚家长。幼儿园就是不断有神奇事件发生的地方，孩子趴在老师怀里，哭着哭着就停了，挣扎着不想让老师抱着的一进教室就好了，在教室里哭着跑来跑去就是不出门的女孩还不让老师出门，也不让外人进门这样持续两周，然后自愈了。有个大班的女孩，喜欢玩沙水，一说收兵回班就干哭："啊啊啊我还要玩啊啊啊我还要玩"。老师哄着说现在回去吃饭明天再来，就是干哭，周围的小朋友习以为常，都懂得那就是她的语言，哭出了"大家"想喊没喊出来的心声。

最美不过幼儿园——大自然是最好的教育资源。大自然里的一株植物，哪怕是普通的灌木或是野蛮生长的不知名的野花野草，从出生开始就要经历残酷的自然竞争，即使稍微强壮之后还有各种病虫害的考验，还有其他物种的伤害，任何植物的一生都是伤痕累累的，但这也是壮美的一生，恰如人的一生。幼儿园的小朋友们在大自然的环境里经历着风雨，感受着自然的生命成长，这不是最好的育人环境吗？

来到幼儿园膝盖练得柔软了。因为要经常蹲下来听小朋友说话，园长叔叔好，园长老师好，园长爸爸好，园长姥姥好——在他心目中最亲的那个称呼要给园长留着，还会絮絮叨叨告诉我，他买新玩具了，他爸爸华为手机里存着各种游戏，妈妈也换新手机了，一百万呢。还有的告诉园长"拜拜"那是他搭建的小房子，这个用了很长时间呢！

来到幼儿园，话变得更多了。因为要回应每一个孩子，如果你不回答孩子他就一直看着你或者再一次次问你。我叫马鹤菲，我是15号，我叫董恩佑，下次再见，下下次再见就会迫不及待地问：你认识我吗？你知道我叫什么吗？

大班小朋友子墨和三黑看到园长就冲上来，手抓上身腿盘下身，像只不怀好意的猴子，越来越熟了，就肆无忌惮比谁得宠，从开始你巴拉我一下，后来演变成了你推我我推你的大动作。有一种亲近让人害怕，那就是小朋友把"园长"当成一件玩具，争抢占有为乐，异化了的攀比最终伤害到的是自己。

第五节　爱上幼儿园

早上的幼儿园是忙碌的，脚步匆匆的教师七点半前到岗到位，赶上周末或假期后上班的第一天，好多小朋友会有假期留恋带来的入园焦虑，要哭上几嗓子的。新进教师今天参

加全员培训，正赶上调休上班，幼儿园教师工作对象不同于中小学生，小朋友们一时一刻也不能离开老师的视线。培训方不以为意，罔顾幼儿园工作特点，一下子十位新教师请假，管理人员、厨房工作人员进班顶岗，造成一些混乱。

秋雨绵绵，让一片片草地上积水成洼，不知道是因为土层浅底下坚硬的的泰山石成了碗底，还是因为今年的雨水格外多，造成内涝。草涝发黄，人"涝"犯傻，阴雨天气下人的精气神都不怎么茁壮。

广场前的积木洒落在收纳柜外面，把小的放进柜子里，大的推到柜子底下，柜子里的东西胡乱地排放，就像一堆堆劈柴，被匆忙的主任堆砌在墙脚待烧。园区的道路被冲刷的干干净净，除了一个随手捡起的包装盒，湿漉漉的软塌塌的，手感实在是不舒服，在这样的一种情境下感觉四个垃圾桶都放置在厨房背后，十分怪异。这天早上随意穿了合唱演出的黑色长袖上衣，下身还是藏蓝色裤子，脚蹬黑色皮鞋，有的老师看到我归拢积木淋湿的裤脚和衣袖，说是发现幼儿园来了一匹"黑马"，冒雨干好事的样子很感动呢。日行一善，快乐心安！

每一个个体、每一所幼儿园在彼时彼地既是静止的又是变化的，虽如过客，却在一个时空的点上交汇，承载起属于自己的责任，呈现独特的痕迹。在九年一贯制义务教育的学校从教 25 年，创办公立小学担任校长三年半，学校规模达到 44 个教学班，顺风顺水地做专家型校长的愿景中徜徉的时候，一纸调令派到公办幼儿园担任男园长。每一个人在一定的时空节点下的生命印象都是特别的珍贵的。从认识到相知，我也在这种角色的调整当中体会到此时此地来到幼儿园的生命意义。渐渐爱上了幼儿园。

认识幼儿园，就要了解幼儿园的历史。历史不是我们的负累，而是我们丰富的财富。梳理幼儿园 73 年的办园历史，让全体教职工经常性地收到教育，回顾从战争年代到建设年代，走向新时代的过程中，"为党分忧、为民服务"这个办园初心十分耀眼，一直没有改变。这是最纯最真的红色基因，用红色基因团结广大教师，在这个初心引领下继续前行。在一个地级市拿出 68 个编制来办幼儿园。体现了学前教育公益性、普惠性，珍惜历史文化资源，把教育服务提升到新的层次，尽到更加广泛的社会责任。

认识幼儿园就要懂得学前教育的特殊价值和办学规律。一日生活皆课程。

爱上幼儿园。让老师爱上幼儿园。正是因为孩子小，更需要有高尚师德的、懂孩子的老师保护孩子、指导孩子、发展孩子。

让小朋友爱上幼儿园。创造安全温暖快乐的环境，小朋友愿意来上幼儿园，喜欢上幼儿园。让家长爱上幼儿园，就是要让家长放心，安心的前提是信任，信任的基础是了解。幼儿园主动开门办园，成立家委会伙委会等组织，开展开放日亲子日等活动，促进了解，全方位开放，让家长的监督成为一种常态，家长逐渐发展为义务监督员、宣传员、志愿者。让社会爱上幼儿园。

这不仅是一所幼儿园，这是一所几经易手、辗转多地、命运多舛的幼儿园，这是一所拥有七十多年办园历史的新单位，这也是一所人人思进等待花开的梦想花园。教育发展要求从幼有所教到幼有优教阔步迈进，这样一种历史背景下，幼儿园承担着更大的希望，发展迎来新的机遇，开启新的航程。按照市里的谋划部署，将以我园作为核心园成立教育集团，采取联合、聚合、融合等形式，逐步建立起"1+N+X"集团发展的模式，为千家万户提供更多的优质的教育服务。

实话施说：

小确幸其实是大不幸。短暂的得逞其实是失去的开始，追求面向未来的持久的真快乐，那就要去自我实现的事业追求。

有作为才能有地位，不作为只有被欺负被忽视被社会遗忘，要想回到过去的辉煌，就要加倍努力加倍创新。

幼儿园不应该是谁的自留地或后花园，这是我们大家的幼儿园，是属于全市人民的幼儿园。一块儿干一起走，一个团队共同理想下共同价值追求，遵守共同的规则，当我们回首往事的时候不会因为碌碌无为而悔恨。

看起来变化最大的是硬件，实际上变化最深刻的是人心。

以前你是谁不重要，忘掉你是谁！现在和未来的你才更重要，要知道我们是谁要到哪里去。英雄可以不问来处，但君子始终铭记终极关怀。